Karl Ballmer

Letzte Geheimnisse

Briefe und andere kleine Texte

1910 – 1954

Edition LGC
Siegen / Sancey le Grand
2022

Veröffentlicht aus dem Nachlass Karl Ballmers mit freundlicher Genehmigung des Staatsarchivs des Kantons Aargau (Schweiz). Die Herausgabe besorgten Martin Cuno und Peter Wyssling.

Die Neuherausgabe aller im Buch enthaltener Texte Karl Ballmers erfolgt unter weitestgehender Berücksichtigung des beim Staatsarchiv befindlichen umfangreichen Originalmaterials (Briefe verschiedener Absender, Manuskripte, Notizen, etc.).

Die Verfügungsrechte am schriftlichen Nachlass Karl Ballmers (1891-1958) befinden sich beim Staatsarchiv des Kantons Aargau. *Edition LGC* befasst sich mit Erfassung und verlegerischer Erschließung.

1. Auflage 2022

ISBN 978-3-930964-30-7

Auf unserer Website finden Sie weitere Informationen, insbesondere:

- Informationen zur Biographie und zum Nachlass Karl Ballmers
- Verzeichnis weiterer Schriften bei uns sowie in anderen Verlagen
- ergänzendes Material (z.B. von Ballmer besprochene Schriften anderer Autoren) zur vorliegenden Publikation

www.edition-lgc.de

Inhalt

Briefe an Hedwig Kleiner

An Hedwig Kleiner

München, 9. August 1910

Liebes Hedy!

Ich habe lange überlegt, ob es sich schickt, dass ich diese Zeilen schreibe; und wenn ich trotzdem schreibe, so geschieht es, weil ich wirklich keinen Grund finden kann, weshalb ich's unterlassen sollte. –

Wie Du weißt, bin ich seit April in München. Die Vorteile und Anregungen, die eine solche Stadt einem Studierenden in allen Beziehungen bietet, sind ja bekannt; und dass ich darüber recht glücklich bin, brauche ich wohl auch nicht zu sagen.

Beinahe wüsste ich daher an meiner gegenwärtigen Lage nichts auszusetzen, wenn ich nicht oft den Mangel an anregendem geistigen Verkehr bitter empfinden müsste.

Ich habe nämlich keinen Menschen hier, mit dem sich ein vernünftiges Wort reden ließe. Und öfters will es mir daher scheinen, als habe mein Niveau eine gewisse Ähnlichkeit mit einem fleißigen Ackergaul. Du lachst vielleicht über diesen unschönen Vergleich – mit Recht vielleicht, denn so schlimm wird es nicht sein – immerhin kann ich Dir versichern, dass es für einen Menschen, der sich doch schmeichelt, eigene Gedanken zu haben, durchaus nicht immer ein Vergnügen ist, stets nur Auge und Hand zu üben und zuzusehen wie geistige Eigenschaften brach liegen, oder was schlimmer wäre, – verkümmern.

Ich bin kein Optimist, habe vielleicht auch keinen Grund dazu.

So optimistisch jedoch bin ich, dass ich bestimmt glaube, dass Du gerne beitragen würdest, damit dies nicht geschieht. Dass Dir dies aber ein Leichtes ist, das weißt Du doch?

Wenn ich nicht irre, habe ich Dir schon einmal davon gesprochen, dass mich in letzter Zeit Spitteler stark beschäftigte. Ich habe auch geäußert, dass ich glücklich wäre, Spitteler auch in Deinem geistigen Besitz zu wissen.

Ich bemerke hier, dass ich ja nicht etwa für Spitteler „schwärme", weit entfernt, sondern: durch inniges Versenken in die Werke Spittelers und durch Vergleichen mit ähnlichen Werken, hat sich bei mir von dieser Persönlichkeit ein Bild entwickelt, so leuchtend, dass ich es für schön genug halte, um auch andere zu beglücken.

Und Zweck meines Schreibens ist es, Dich zu fragen, ob Du vielleicht Lust und Zeit habest und ob Dir Deine Eltern erlauben würden, dass ich in einem kleinen Briefwechsel Dich mit Spitteler, resp. seinen Hauptwerken, bekannt mache.

Sollte ich zu unbescheiden sein, so mag mich mein gegenwärtiges Einsiedlertum entschuldigen.

Einen freundlichen Gruß

Carl Ballmer

Meine Adresse:
C.B. München
Arcisstr. 46, IV.

An Hedwig Kleiner

Hamburg, 23. Februar 1927

Liebe Hedy!

Dein Brief kommt mir als das denkbar Unerwartetste. – Und trotzdem finde ich innerlich eigentlich keine Veranlassung, erstaunt zu sein. Es waren eben einfach unsere einstmaligen – nun viele Jahre zurückliegenden – Beziehungen zu keinem richtigen Abschluss gekommen. Und wenn es heute Deine Meinung sein sollte, dass menschliche Beziehungen letzten Endes nicht durch mancherlei zufällige äußerliche Momente ihre eigentliche Form haben können, sondern aus der vollen Freiheit der Individualitäten und Persönlichkeiten heraus gestaltet sein wollen, eine Aufgabe also, die für unsere Beziehungen noch offen steht und zu leisten ist, so kann ich Dir nur herzlichst beistimmen.

Um Deine Frage sachgemäß beantworten zu können, glaube ich, dass es nötig ist, dass ich einiges aufzeichne darüber, welches mein Lebensgang war seit dem Momente, als ich 1910 von München aus eine Korrespondenz über Spitteler anregte.

Meine Existenz, seit ich Frühjahr 1911 von München nach Aarau zurückkehrte, war bis in den Herbst 1918 eine einzige schwerste Krisis. Nicht so sehr, dass mir die Mittel fehlten zu einem ruhigen Studium, war der tiefere Grund einer grauenvollen Verzweiflung. Vielmehr war es die Verzweiflung, der menschlichen Existenz, so wie ich sie damals empfinden musste, überhaupt einen tragenden Sinn abzugewinnen. Der Spittelersche Pessimismus, bei Spitteler verklärt durch eine Scheinwelt des Schönen, war in mir erbarmungslose Wirklichkeit geworden. Zwischen 1911 und 1914 hielt ich mich in Bern, Zürich und Aarau abwechselnd auf, kurze Zeit im Kanton Bern bei dem Maler Cuno Amiet. Von 1914 bis 1918 im Herbst war meine Existenz die schwerste andauernde Selbstvernichtungskrise, mit tödlichen Eingriffen und Attentaten auf die physisch-leibliche Existenz. Einen größeren Teil meiner Militärpflicht und z.T. freiwilligen Dienst absolvierte ich in Bern beim Pressebureau des Armeestabes. In dieser Zeit schrieb ich für die Neue Helvetische Gesellschaft Zeitungsartikel und befasste mich mit den politischen und kulturellen Zeitfragen. Auf dem Boden solcher Betätigung sollten für mich Schicksalsentscheidungen reifen. Unter dem Wust der Kriegsliteratur hatte mich eine Broschüre von Roman Boos, Zürich, in eigentümlicher Weise gefesselt (Roman Boos, Der europäische Krieg und unser Schweizer Krieg, (Anspielung auf das Verhältnis Deutsch-Welsch)). Ich schrieb Boos, dass mich aus seinem kleinen Opus etwas wie geistige Heimatluft anwehe. Boos regte in der herzlichsten Weise persönliche Beziehungen an in seiner Antwort. Als ich bald darauf nach Zürich übersiedelte – eigentlich, um die seelische Behandlung Charlot Strassers, des Nervenarztes, den ich kennengelernt hatte, und der mich aufgefordert hatte, nach Zürich zu übersiedeln, zu genießen – gab es sich, dass ich im selben Hause wie Boos wohnte. Hier lernte ich allmählich auf die geistigen Hintergründe der Boos'schen Ideenwelt durchblicken: es war die geistige Persönlichkeit Dr. *Rudolf Steiners*, auf die ich da stieß. Meine Eindrücke waren etwa so, dass ich mir sagen musste: „abgesehen davon, ob ich das, was ich da als die Welt der Anthroposophie kennen lerne, unmittelbar verstehe oder nicht verstehe, das ist jedenfalls eminent *künstlerisch-wirklich.*" Den Namen Rudolf Steiners hörte ich bei Boos zum ersten Male (1917), nachdem ich öfters in Boos' Arbeitszimmer sein Bild gesehen hatte, ohne jedoch danach zu fragen. Als Soldat hatte ich 1914 schon – die 57er trieben sich ja in der Dornacher Gegend herum – den Dornacher Bau aufmerksam angesehen. Ich dachte, das Ganze wäre eine Sekte oder dergl., und für so etwas hatte ich nichts übrig. Mein Interesse für Dr. Steiner lehrte mich in Zürich bald einsehen, dass „Anthroposophen" gegenüber Dr. *Steiner selber* doch nur in zweiter oder dritter Linie interessieren könnten. Im Herbst 1918 lernte ich Dr. Steiner persönlich kennen, ich hatte mich ihm vorgestellt mit einer Abhandlung über die Darstellung des Menschen in der Malerei – ich hatte ja die ganzen Jahre nebenher immer auch gemalt. Nun hatte ich keinen Grund mehr, nicht in der intensivsten Weise das Studium dessen zu betreiben, was irgend von diesem Manne ausgeht. In dieser Zeit sollten sich für mich auch noch andere Schicksalsfäden knüpfen. In einem Kreise, der zum Studium bei Boos in Zürich sich zusammenfand, fand sich die Persönlichkeit, die dann der treue Freund wurde. Seit dem Frühjahr 1919 teilen wir gemeinschaftlich Sorgen, Arbeit und Studium. Mit Namen heißt der Freund Käthe van Cleef, aus Köln am Rh. Eine solche Freundschaft darfst Du Dir getragen denken von der anthroposophischen Grundauffassung, dass der Mensch als Mensch weder Mann noch Frau ist, sondern geistige Individualität. Frühjahr 1919 siedelten wir von Zürich nach Basel über, kurz darauf nach Dornach. In Dornach lebten wir bis Weihnacht 1920. Aus allem, was ich in Dornach erlebte, musste sich mir das allerintensivste Bedürfnis ergeben, durch die Erwerbung eines umfassenden Fundus an Wissen auf philosophischem und sonstigen wissenschaftlichen Gebieten mir die zureichenden Grundlagen zu verschaffen für eine absolut selbständige Beurteilung der von Dr. Steiner aufgerollten Erkenntnis- und Wissenschaftsprobleme. Ich denke, dass ich in den letzten sechs Jahren des intensivsten Studiums dies ausgiebig getan habe. Weihnacht 1920 sind wir in München. 1921 in Stuttgart und 1922 in Berlin, seit Sommer 1922 in Hamburg. Für ein zurückgezogenes Studium waren und sind die großen Städte der beste Aufenthaltsort, auch erleichterten die Valutaverhältnisse in Deutschland zeitweise manches. Van Cleef hatte mit dem Elternhause Schwierigkeiten wegen ihrer geistigen Interessen. Die Eltern, einer orthodoxen Konfession (israelitisch) angehörend, waren einmal nach Dornach gekommen, um sie kurzerhand mitzunehmen, worauf sie ihnen den Rücken gezeigt hat. Seither hat sie das Verhältnis – die Mutter ist Weihnacht 1926 gestorben – so weit eingerenkt, dass ihr der Genuss an dem zustehenden Vermögensteil gesichert ist. Damit leben z.Zt. die zwei Freunde. Wir haben zur Wohnung ein Atelier – ich male nebenher – mit ein paar Nebenräumen. Ich schreibe intensiv an einem erkenntnistheoretischen opus, das hoffentlich bald die endgültige Form haben wird.

Das ist so einiges, was ich der Beantwortung Deiner Frage vorausschicken muss. Mit Spitteler habe ich mich direkt etwa seit 1914 nicht mehr beschäftigt. Aber was die Art und Weise bestimmte, wie ich mich später mit Anthroposophie auseinandersetzte, das waren ganz und gar die Impulse, die durch Spitteler in mir erwachten: der Impuls zur Selbstverantwortlichkeit der ganz auf sich selbst gestellten Persönlichkeit. Der Prometheus-Trotz, bei Spitteler in Bildern sattester Schönheit sich aussprechend, in der Philosophie der Freiheit Rudolf Steiners tritt er auf als der allein sich selbst verantwortliche ursprüngliche menschliche Gedanke, um den den Menschen zu beneiden die „Götter" allen Anlass haben. Es ist gar nicht frivol gemeint, wenn ich es sage: Mir könnte kein Gott imponieren, der weniger könnte als ein Rudolf Steiner.

So ergibt sich also eigentlich aus ganz sachlichen Notwendigkeiten als das mögliche Thema einer Unterhaltung, zu der ich ganz selbstverständlich aus ganzem Herzen bereit bin, etwa dieses: „wie gelangt man durch Spitteler zu Rudolf Steiner?" Ich könnte mir keine dankbarere Aufgabe denken als die, zu diesem Thema alles herbeizutragen, was einen Sinn ergeben kann. Du sollst ganz gewiss von mir keine Dogmen aufgetischt bekommen, aber solche Charakteristiken, die die Stellungnahme des eigenverantwortlichen Denkens nicht bloß vertragen, sondern herausfordern. Mich haben solche Persönlichkeiten nie interessiert, die aus den Leistungen Dr. Steiners ein Hilfsmittel machen wollen zur Befriedigung egoistischer „religiöser" oder dergleichen Bedürfnisse. Ich weiß auch aus eigener Erfahrung, dass es manchem nicht ganz leicht fallen kann, manche Vorurteile, die sozusagen in der Luft liegen, und die dem freien Geiste die Entdeckung des freien Geistes Rudolf Steiners außerordentlich beschwerlich machen können, zu überwinden. Mit tiefster Befriedigung würde es mich erfüllen, wenn Du erzählen wolltest, wohin Dich selber Dein Spitteler-Studium geführt und in welche Bereiche Dich Deine geistige Entwicklung geführt hat. Schone nicht Papier und Feder und sei versichert, dass ich Dir auf alle Fragen und Probleme so gewissenhaft als es mir möglich ist, Red und Antwort stehen werde.

Für heute mit herzlichem Gruß!

Dein Karl Ballmer

P.S. Das beiliegende Bildchen zeigt den Freund im Jahre 1918, ich habe leider kein neueres. Da es das einzige ist, muss ich Dich um Zurücksendung bitten.

An Hedwig Kleiner

Hamburg, 3. März 1927

Liebe Hedy!

zunächst ein Äußerliches: Ich bitte um Deine Erlaubnis, in der Folge manches auf der Schreibmaschine schreiben zu dürfen, aus praktischen Gründen. –

Unterm 2. März schreibt mir mein anderer treuer Freund aus Basel: „Dieser Tage waren zwei Lehrerinnen aus Gränichen bei mir, die eine, Frl. Häusler von Aarau – vermutlich aus einer Arztfamilie – hat Dr. noch gehört seinerzeit in Aarau über Pädagogisches sprechen." Es handelt sich um das Folgende: Der Schreiber ist mein seit 1907 bewährter Freund Friedrich Widmer aus Gränichen; wir lernten uns seinerzeit im Gewerbemuseum Aarau kennen, waren zusammen an der Gewerbeschule in Basel und 1910/11 gemeinschaftlich in München. Seit 1917 (glaube ich) war Widmer Zeichenlehrer in Zofingen, der Nachfolger Rüetschis. 1926 ist er Mitbegründer der „Rudolf Steiner-Schule“ in Basel, einer Volksschule auf privater Grundlage nach dem Muster der Freien Waldorfschule in Stuttgart. Die Schule fing klein an, scheint sich aber rasch ausdehnen zu wollen. – Es scheint sich doch ganz schön zu treffen, dass Du von Kolleginnen im nahen Gränichen manches über ein Tätigkeitsgebiet Dr. Steiners zu erfahren leichte Gelegenheit hast, das Dich besonders interessieren muss. Dein Rudolf Steiner Studium scheint also von Anfang an unter einem glücklichen Stern zu stehen. Ich will Dir auch nicht verheimlichen, dass es mir gar nicht gleichgültig ist, dass Dein Brief, der Deine Zustimmung zur Unterhaltung über das Thema „Von Spitteler zu Rudolf Steiner“ enthält, datiert ist vom 27. Februar – das ist der Geburtstag Dr. Rudolf Steiners. Vielleicht gibt es eben doch – ohne dass man in banausische Spintisiererei zu verfallen brauchte – die Möglichkeit, Aspekte des Lebens zu gewinnen, die sonst für gewöhnlich übersehene Kleinigkeiten wichtig und interessant erscheinen lassen. –

Die Neubegründung unserer Freundschaft – das ist doch wohl die Erhebung derselben aus einem Traum-Stadium auf das Feld *bewusster* Wirklichkeit – denke ich mir so: Wirklich-geistige Beziehungen von Ich zu Ich sind ja heute nur denkbar auf Grund des Sichfindens in einer gemeinsamen *Ideen*-Welt –. Nur auf solcher Grundlage vermögen sich Gefühle in einer solchen Weise von Mensch zu Mensch zu betätigen, dass das Egoistische unserer gewöhnlichen bürgerlichen Persönlichkeit des äußeren Lebens nicht im Vordergrund zu stehen braucht, sondern dass wirklich der *Geistkern* des Menschen – der, nebenbei, weder männlich noch weiblich ist, in Aktion treten kann. Wo Menschen aus ihren geistigen Kernen heraus geistig handelnd wirken, da kann es auch keine Rivalität geben, da ist jeder nur darauf bedacht, dem andern zu nützen, dass er sich wirklich frei entfalte. Mit solchen Gedanken drücke ich auch diejenigen van Cleefs aus. Unser Schicksal, das uns in bestimmte – auch äußere Lebensverhältnisse hineingeführt hat, konnten wir nicht von Anfang an *bewusst* gestalten und formen. Aber das Höchste wäre, wenn wir dazu kämen, die *Weisheit* des Schicksals zu ahnen, um bedingungslos zu diesem Schicksal Ja sagen zu können. Die Schmerzen, die uns das Schicksal gebracht, verwandeln wir dann in innere Kraft. –

Morgen werde ich auf Deinen Brief ausführlicher eintreten.

An Hedwig Kleiner

Hamburg, 5. März 1927

… Du sagst, dass Du geneigt bist, „Sachen des Gefühls gegenüber Sachen des reinen Verstandes den Vorzug zu geben. Für Psychisches, Analysen, Selbsterkenntnis und Verantwortlichkeit und dergleichen kann ich mich immer lebhaft interessieren." Hierzu – muss ich sagen – kann ich Dich nur beglückwünschen. Es ist doch gerade eine anthroposophische Grundlehre, dass der „Verstand" in der Gestalt, wie er heutzutage, sei es in der „Wissenschaft", sei es im praktischen Leben, auftritt, nicht in der Lage ist, das Leben zu meistern. Das heißt, dass der „Verstand" keine Erkenntnisse liefert, welche die Erkenntnisbedürfnisse der gesunden Menschennatur befriedigen könnten. Aus dieser geistigen Situation der Gegenwart glauben allerhand „religiöse Bewegungen“ und auch allerhand vermodernde Kirchen Kapital schlagen zu sollen. Und ich bin nicht einmal ganz sicher, dass unter denen, die hauptsächlich deswegen vom Verstande loszukommen trachten, um sich mehr oder weniger nebulosen Schwärmereien zu verschreiben, nicht auch – Anthroposophen sind. Wenn Dr. Steiner dem Gegenwartsmenschen auf Grund auszubildender „hellseherischer“ Fähigkeiten die Erlangung von Erkenntnis höherer Welten in Aussicht stellt, so ist damit etwas gemeint, was Dir – wie ich Dich zu überzeugen hoffe – wie eine ganz selbstverständliche Sache vorkommen muss bei Deiner Grundeinstellung. Das Zauberwort, das wie ein Blitz die *Methode* der höheren Erkenntnisschulung beleuchtet, heißt in der Philosophie Dr. Steiners *„moralische Phantasie“*. Die moralische Phantasie ist das schöpferische Prinzip, das uns die Inhalte unseres Erlebens in einem viel bedeutsameren Lichte zeigt, als dies der flache „Verstand“ vermag. Sie ist der Urquell unserer „höheren Erkenntnisse“. Der Mensch mit einem *reichen* Innenleben steht ganz anders in der Welt und insbesondere anders zwischen anderen Menschen als derjenige, der nur wie ein leerer Automat mechanisch auf das von außen Kommende reagiert. In der heutigen bürgerlichen Welt ein achtbarer Mann sein, heißt aber kaum viel mehr, als wie ein Automat, der sozusagen auf die Normen dieses bürgerlichen Daseins durch Erziehung und Gewöhnung geeicht ist, auf eine Umwelt reagieren. Nur unter der Wucht besonderer Schicksalsschläge pflegt dieser heutige Mensch auf die Frage zu stoßen, ob nicht unserem Erleben vielleicht geistig-moralische Gesetzmäßigkeiten zugrunde liegen könnten, die wir mit unserem flachen Verstandesdenken einfach verschlafen. Dass wir aber mit unserem intimsten moralischen Wesen mit dabei sein könnten, damit solche Gesetzmäßigkeit überhaupt zustande kommt, daran denkt der heutige Mensch ganz und gar nicht. Dass wir mit unserem innersten Wesenskerne sozusagen im Zentrum und Herzpunkte der Welt verankert seien, dort, wo die Fäden des Schicksals gesponnen werden, dass wir es selber sind mit unserem eigentlichsten tieferen Wesen, die wir uns als die schicksalgestaltenden Mächte – durch Ereignisse und durch andere Menschen hindurch – entgegentreten: das ist eine Zumutung, welche die Fassungskraft auch des gutwilligen Menschen der Gegenwart beinahe übersteigt. Die Gründe dafür liegen in unserer „Bildung". Dieser Bildung gemäß denken wir, wenn von Gesetzmäßigkeiten in der Welt die Rede ist, an die banalen kausalen Naturgesetze. In der moralisch-geistigen Welt kennen wir keine Gesetze – weil wir gar keine suchen. Die „Vorsehung" und die „ausgleichende Gerechtigkeit" haben wir bislang einer erträumten Gottheit anheimgegeben. Aber die abendländischen Philosophen haben nachgerade zur Genüge gezeigt, dass der Inhalt der Gottesvorstellung lediglich der Inhalt unseres eigenen menschlichen Ich ist. „Menschen, die sich von Göttern regiert glauben, gibt es ohne Zahl; solche, die nicht selbständig, über den Kopf der Götter hinweg ein Urteil fällen, was diesen Göttern gefallen kann oder missfallen, gibt es nicht. Zum Herrn der Welt vermag der religiöse Mensch sich nicht aufzuschwingen; wohl aber bestimmt er die Neigungen der Weltherrscher aus eigener Machtvollkommenheit", sagt Dr. Rudolf Steiner. Du sagst, dass Dir Schopenhauer deswegen nicht liegt, weil er Pessimist ist, – aber die Optimismus-Pessimismus-Frage kann heute doch nur in der Weise entschieden werden, dass *wir selbst* es sind, die entschlossen sind, unserem Dasein einen Sinn zu geben, – den ihm kein Gott und keine Macht außer uns geben kann. Dem Optimismus öffnet Dr. Steiner ein ganz neues Betätigungsfeld, indem er die Entfaltung *neuer* Verantwortlichkeiten ermöglicht. Wenn wir uns erst durchdrungen haben mit der Einsicht, dass im Geistig-Sittlichen ebenso Gesetzmäßigkeit aufgefunden werden kann, wie wir es längst gewohnt sind in den Reichen der Natur, und wenn wir begreifen, dass wir diese Gesetzmäßigkeiten höherer Art allerdings nicht „entdecken“, wie man Naturgesetze entdeckt, sondern dass wir diese Gesetzmäßigkeiten *mit schaffen* müssen, dann haben wir freies Feld für die Erfüllung unseres Ichs mit neuen Verantwortlichkeiten. Denn Verantwortlichkeit kann ja nichts anderes heißen, als dass das Ich Inhalte als die seinigen betrachtet, die der banale Alltagsmensch entweder niemals erreicht oder die er den „Göttern“ zuschreibt. Dass für die Erreichung und Erringung neuer Ichinhalte ebenso zuverlässige Methoden ausgebildet werden müssen, leuchtet ein. Und dass die Aneignung neuer Ichinhalte begleitet sein muss von der schärfsten moralischen Kontrolle und von der Ausbildung ganz neuer moralischer Fähigkeiten, kann ebenfalls leicht einleuchten. Wer sich neue Inhalte nur erringen wollte auf Grund seiner egoistischen Wünsche nach Erkenntniserweiterung, würde irre gehen und würde, statt Gesetzmäßigkeiten zu schaffen, nur Verwirrung bringen in die geistige Welt. Wer Gesetzmäßigkeiten in den Beziehungen meinetwegen zu Menschen seiner Umgebung entdecken wollte, der müsste sich schon entschließen für die Iche seiner Nebenmenschen sich nicht weniger verantwortlich zu betrachten, als er sich vor sich selbst zu verantworten hat. Ist es aber denn nicht so, dass wir die intimsten Züge eines anderen Menschen dann erfassen, wenn wir ihn in seinen Handlungen so betrachten, als wären wir selber der andere Mensch. Ein anderes Ich aber wirklich geistig erfassen, das besagt in der Tat „Erlangung von Erkenntnissen höherer Welten“.

Spitteler – darin übereinstimmend mit Nietzsche – wusste im Grunde mit seinem prometheischen Impulse zur Verantwortlichkeit nichts Rechtes anzufangen; aber dass er diesen

Impuls dichterisch verklärt hat, und weil er in seiner Geistigkeit einen Wesensgrundzug des gesunden *schweizerischen* Fühlens zum Ausdruck gebracht, deswegen muss ich Spitteler lieben. An niemand besser als an Spitteler kann daher der Schweizer anknüpfen, wenn er Verständnis für die Wirkensimpulse Rudolf Steiners gewinnen will. – Ich schließe für heute und grüße herzlich. Und was ich Dich bitten möchte: Halte mit Kritik, Zweifel und Fragen nicht zurück!

D. K. Ballmer

An Hedwig Kleiner

Hamburg, 16. März 1927

Liebe Hedy!

Ob ich noch lachen kann? – – – Deinen Brief vom 21.II. hatte ich ganz selbstverständlich und ohne Bedenken als Geburtstagsgabe für *mich* genommen. – *Aber*: wenn man jemandem etwas auf den Geburtstagstisch weht, muss man sich vielleicht vorsehen, ob hinter diesem jemand nicht noch ein Anderer steht. Es wäre natürlich unverschämt und ein wenig taktlos, wenn ich behaupten würde, Dein Impuls habe Dich gar nicht zu mir, sondern zu jenem Andern führen wollen. Und trotzdem liegt der Fall so, dass *ich* ohne den Andern schlechterdings einfach nicht vorhanden wäre. Nämlich ob ich mit Dr. Steiner persönlich – in letzter Stunde für mich – bekannt wurde, war für mich eine Lebens- oder Tod-Frage. Nun hatte ich geschrieben, dass es mir nicht ohne Belang scheine, wenn jemand just am 27. Februar seinen Entschluss kund gibt, nichts gegen eine Unterhaltung über Rudolf Steiner zu haben. Ich trenne nun für mich exakt und scharf die zwei Dinge, die zunächst wirklich nichts miteinander zu tun haben: erstens, dass Du zum 23. Februar schriebst, welches Datum Du im Gedächtnis behalten, und zweitens, dass *mir* interessant war, dass Dein zweiter Brief vom 27. Februar datiert ist. Wenn ich Dir aber versichere, dass ich Deine Korrektur und Deinen Einwand auf meinen Mystizismus voraussah, so darfst Du mir glauben, dass ich dabei herzlich *lache*. – – Wenn man sich entschließt, auf Intimitäten des Lebens, die für gewöhnlich gänzlich unbeachtet bleiben, zu achten, wird man sich vor allem davor hüten müssen, nicht mit dem gesunden Menschenverstand in Konflikt zu kommen. Behält man festen Boden unter den Füßen und weiß man scharf auseinanderzuhalten, was vor dem gesunden Menschenverstand richtig ist und das andere, was für eine durchdringendere Beobachtung sinnvoll sein kann, so brauchen sich die beiden Welten nicht ins Gehege zu kommen: im Gegenteil, zuletzt muss je von der einen auf die andere Licht fallen und die beiden Welten können sich gegenseitig durchdringen. – Wenn ich denke, dass es sinnvoll sei, wenn jemand am 27. II. in eine schicksalsmäßige Auseinandersetzung mit Rudolf Steiner eintritt, so meine ich das so: Die Welt, von der geistigen Seite angesehen, ist ja durchaus eine strenge Einheit. Das *Vertrauen* in diese Gesetzmäßigkeit bildet die Grundlage für alles fruchtbare Philosophieren. Wir dürfen bloß die Einheit nicht abstrakt und leer auffassen, etwa wie die Leute von der Christian Science, die fortwährend leiern: alles ist Geist. Das ist natürlich grober Unfug. Es kommt darauf an, die

Konkretheit und Gegliedertheit des „Geistes" und nicht zuletzt dessen Anschaulichwerden im wirklichen Leben zu erfassen. Für eine konkrete Betrachtungsweise ist gar nicht unsinnig, zu sagen, dass es für eine sozusagen geistige „Geographie" ebenso Merkpunkte von besonderer Bedeutung, „strategische Punkte" sozusagen gibt, wie für die physische Geographie. Wenn etwa die ganze Welt den hundertsten Todestag von Schiller feiert oder dergleichen, so ist die dafür aufgewendete geistige Energie ohne Zweifel für die „geistige Welt" ein Ereignis ersten Ranges. Wir haben bloß keine Anschauung darüber, als heutige Menschen, inwiefern solche Energien echte Wirklichkeiten sind wie dasjenige, was wir sonst gewohnt sind „wirklich" zu nennen. Wenn Gedanken und Empfindungen Wirklichkeiten wären – und die ältere Menschheit betrachtete das in der Tat als etwas ganz selbstverständliches, erst die neuere Geistesentwicklung hat diese Anschauung verloren – dann wäre alles dasjenige, was etwa an einem 27. II. von vielen Tausenden von Menschen an Gedanken- und Empfindungsenergien aufgebracht wird, ein wesentliches Ereignis. Man könnte sagen, dass der 27. II. eine bestimmte geistige Physiognomie habe. So wie es aber nicht gleichgültig ist, ob ich eine und dieselbe Sache verrichte an diesem oder jenem Punkte der Erdoberfläche (das ist ja doch gerade mein Schicksal, ob ich mich nach Amerika oder sonstwohin verschlagen vorfinde, und von diesem Schicksal hängt jedenfalls *meine* „geistige Welt" ab), ebensowenig braucht es belanglos zu sein, dass ich zu einem bestimmten *Zeit*momente etwas verrichte. Wir müssen uns nur darüber klar sein, dass alle solchen Dinge nur insofern überhaupt da sind, als *wir selber sie bewusst ins Dasein rufen*. – Gegenüber den Naturereignissen bedarf es ja dieser unserer Produktion nicht; die Natur wirkt ohne unsere Initiative. Aber dadurch erst sind wir *Menschen*, dass wir zur Natur eine höhere Welt, unsere eigene – hinzuerschaffen. – Ich glaube also nicht, dass es vom gesunden Menschenverstande aus Schwierigkeiten gibt, die Welt interessanter und *reicher* an Inhalten zu finden, als das gewöhnliche Alltagsleben dies gewöhnt ist. Jeder Mensch, der sich unbefangen beobachtet, weiß doch, dass er eine und dieselbe Sache ganz anders bewertet, wenn sie ihm an einem beliebigen Tage oder wenn sie ihm an einem für ihn ausgezeichneten Tage (z.B. an seinem Geburtstage) zustößt. Es könnte aber auch sein, dass der Geburtstag eines bedeutenden Menschen *für die Welt* wesentlich wäre, viel wesentlicher etwa, als unser eigener Geburtstag. Warum sollten wir also nicht, wenn wir nicht uns selber für den Mittelpunkt der Welt halten, den durch einen Andern ausgezeichneten Tag als für die „geistige Geographie" belangvoll nehmen. Das wäre z.B. dann möglich, wenn wir überzeugt wären, dass letzten Endes nicht allein *wir* handelnd in der Welt auftreten, sondern dass *die Welt durch uns* handelt.

Dies nun wiederum wird Dir als eine rechte Anmaßung erscheinen müssen. Und doch ist es gar nicht so schlimm. Jeder einzelne Mensch handelt mit seinen geistig-sittlichen Intentionen durchaus aus dem geistigen Mittelpunkte der Welt heraus. Wir wissen es in der Regel bloß nicht. Wir glauben die Beweggründe unseres Handelns zu kennen und werden doch oft genug durch das Schicksal darüber belehrt, dass dieses unser Schicksal noch etwas ganz anderes mit uns wollte, als was uns *bewusst* war in unserem Handeln. Wenn wir eine Empfindung entwickeln können für den sinnvollen Gang unseres Schicksals, dann lernen wir einsehen, dass *wir selber* in unserem zunächst verborgenen tieferen Wesen im Grunde *viel weiser* sind, als wir es wissen. Sich in den bewussten Besitz dieser Weisheit zu setzen, das wäre geistige Entwicklung. Im mündlichen Gespräch werde ich Dir einmal anzudeuten versuchen, dass ich noch ganz andere und sehr konkrete Vorstellungen habe über die Impulse, die Dich veranlassten, zu schreiben. Ich würde Dir auseinanderzusetzen versuchen, dass zu unserem eigenen geistigen Wesen alles dasjenige innig mit dazugehört, womit wir uns je im Leben in Liebe verbunden hatten. Also alles, was wir in nicht-egoistischer Art als Brücken zu anderen Menschen je geschlagen haben, das ist ein Vorhandenes und Wirksames, insbesondere auch dann, wenn die betreffenden Menschen sogenannte Tote sind. Du kannst vermutlich nur erschrocken und staunend abwehren, dass hinter Deinem Entschlusse sogenannte Tote stehen könnten. Du darfst mich auch für diese Auffassung ruhig für verrückt halten, ich werde dann einmal soviele Stunden oder Tage als nötig mir die Zunge wund reden, um mich von dem Verdachte der Übergeschnapptheit rein zu kriegen. Das sind ja sehr sehr komplizierte Dinge und anfassen darf sie nur, wer seiner nüchternsten Verstandeskräfte absolut sicher ist. – – Wir handeln deswegen nicht unfrei, wenn in unsere Impulse diejenigen von anderen Menschen einfließen. Die Brücke, auf der die Verbindung geschieht zwischen uns und Anderen ist ja eine rein geistig verstandene Liebe, und wo diese wirksam ist, kann es keine Unfreiheit geben.

– –

Du frägst was ich male. – Eben bin ich dabei, ein paar Bilder zurechtzumachen für eine Ausstellung, die über Ostern in Dornach veranstaltet wird. Vielleicht liegt es nicht ganz außer dem Bereiche des Möglichen, dass Du Dir die unmittelbare Antwort durch Anschauung selbst gibst. Warum sollte Dich nicht ein Osterspaziergang nach Dornach bringen. Es lässt sich ja über Künstlerisches sowieso nichts Rechtes ausmachen, wenn man nicht die Anschauung zugrunde legen kann. Sollte ich allgemein etwas sagen über meine künstlerischen Intentionen, so wäre es etwa dieses: dass ich mir – und meinetwegen

Anderen – beim Bildermalen klar zu werden suche, dass die Welt, geistig angesehen, ganz anders aussieht als für den Photographenapparat; also im Grunde nichts anderes als was mich auch veranlasst zu schreiben. Mit Rührung denke ich heute an die Neujahrsgratulationen, die ich Dir seinerzeit verehrte. Als künstlerisch würde ich diese heute allerdings nicht mehr gelten lassen. Es waren ganz *ausgedachte* Legenden – und was für welche – die da der Darstellung zugrunde gelegt wurden, also in sinnliche Erscheinung umgesetzte Vorstellungen. Ich lernte im Laufe der Jahre den künstlerischen Produktionsprozess etwas anders auffassen. Vom Maler müsste ich heute sagen, dass er die Welt darstellt in dem Stadium, *wo sie noch nicht Gedanke, noch nicht Vorstellung geworden ist*. Also z.B. wenn der Maler ein Portrait malt, wird er just das malen, was der Photographenapparat oder was der bloß optische Augenvorgang (als Lieferant von Vorstellungen) nicht geben kann. – Außerdem: so wie ich nichts schreiben möchte, was sich nicht vor dem schärfsten kritischen Intellekt rechtfertigen lässt, so möchte ich auch nichts malen, was nicht dem geschulten ästhetischen Geschmack als unmittelbar *schön* erscheint. „Schön" kann eine künstlerische Darstellung sein, ob sie nun aus der Eiszeit oder von Negern oder aber von modernen Kulturmenschen stammt. Als unmittelbar schön in ganz direktem Sinne gilt mir z.B. im Aarauer Museum die Böcklinsche Muse des Anakreon. Du würdest wahrscheinlich lächeln, wenn Du meine Sachen sähest, dass die nun auch „schön" sein wollen, denn Böcklinisch sehen die nicht gerade aus. (Wenn Du nach Basel-Dornach kommen solltest, vergiss nicht die Basler Böcklin-Sammlung anzusehen!) In Parenthese bemerke ich, dass meine Sachen ganz und gar nicht „anthroposophisch" sind. Ich werde vermutlich überall mehr Gegenliebe finden für meine Bilder als bei Durchschnittsanthroposophen. Das ist aber nicht schlimm. Die Anthroposophen entgehen ja nicht immer ganz leicht der Gefahr, fertige Regeln haben zu wollen für Dinge, die nur ganz aus einer Individualität verstanden werden können. Ein Künstler ist schließlich eine Welt für sich, die nur aus sich selber heraus erbaut werden kann. Der *Kunstkritiker*, sagt Dr. Steiner irgendwo, habe nicht Regeln aufzustellen darüber was schön sei, sondern habe zum Ausdrucke zu bringen, was er *erlebt* vor einem Kunstwerke. – Ich möchte hier eine hübsche Anekdote erzählen: In Dornach 1920 hatte ich eine Zeitlang auch Kinder zu unterrichten, unter anderem zwei ungewöhnlich begabte Engländerinnen (aber auf deutsch N.B.). Es wurde da auch viel gezeichnet, und es entstanden sehr originelle Sachen. Dr. Steiner nahm dann die Zeichnungsblätter, eine ganze Mappe voll, persönlich mit sich nach Stuttgart, um sie den Lehrern an der dortigen Freien Waldorfschule zu demonstrieren. Die Waldorflehrer hatten nun selber von Dr. Steiner Anregungen bekommen für den Zeichenunterricht. Die von Dr. Steiner mitgebrachten Sachen schienen nun ganz und gar nicht nach denselben Regeln gemacht; es gab also ein fragendes Erstaunen. Der Tapferste riskierte es schließlich, diesen Tatbestand festzustellen und um Aufklärung zu bitten. Darauf soll Dr. St. ziemlich kurz und heiter erklärt haben: „So macht's eben der B." – Woraus jedenfalls hervorgeht, dass man als „Anhänger" St's nicht Gefahr lief, in seiner Freiheit beeinträchtigt zu werden.

25. März

Ich gehe sogar manchmal spazieren. Gewöhnlich sind wir dann zu viert: Eine pensionierte Seminarlehrerin (aus dem Elsass, durch das Kriegsende verschlagen), deren Nichte und van Cleef. Die Nichte kommt zu Ostern in die hiesige „Freie Goetheschule" (derselbe Schultyp wie die Waldorfschule und die Basler Schule). Sie spielt mit mir dann Indianer, Puppen mag sie nämlich nicht. Sie ist am Weihnachtstage geboren. Ihr

Papa war Pastor und vor ein paar Jahren gestorben. Ich habe öfters festgestellt zu van Cleef lange vor Deinem Brief, dass die Kleine *Dir* ähnlich sehe. Wenn Du uns mal ein Bildchen von Dir schickst, werden wir nachprüfen. – Herzlichen Dank für das gesandte Bildchen. Ist bei Euch das Gras schon so hoch?

Du hast nun wohl die Osterferien unmittelbar vor Dir, morgen wird wohl Schulschluss sein?

Ich denke, dass es zur Vorfrühlingslandschaft ganz gut passt, wenn mein Brief den Anlass abgibt, dass wir uns in Gedanken weiter unterhalten.

Herzlich
Dein

K. Ballmer

An Hedwig Kleiner

25. März 1927

Liebe Hedy!

Du glaubst gar nicht, welche Freude Du mir bereitest, indem Du einen Grundgedanken, der in meinem Briefe mehr angedeutet als scharf ausgesprochen war, so prompt herausgreifst und in den Mittelpunkt stellst. Ich meine die Definition des Begriffes der „höheren Welten". Ich glaube den Typus des modernen Menschen ziemlich gut zu kennen – nicht zuletzt an mir selber – dem ein solches Wort wie „höhere Welten" allerhand unbehagliche Reminiszenzen verursacht. Ich gestehe frei, dass dieser Begriff – seinem Namen nach, als er mir vor zehn Jahren entgegentrat – mein allerschärfstes Misstrauen herausforderte und meine schärfste Bereitschaft zur Kritik mobilisierte. Es war für mich ganz einfach klar, dass ich unter keinen Umständen irgendetwas als „höhere Welten" gelten lassen würde, was nicht mit dem Inhalt meines Ich zusammenfiel. Dass der Inhalt des Ich ein viel umfassenderer sein könne, als der hausbackene Alltagsverstand annimmt, und dass das Ich einer höheren Entwicklung fähig sei durch Leiden, war mir nicht fremd. Mir war aber auch klar, dass die Ausbreitung von Inhalten aus „höheren Welten" auf zahlreiche Menschen so wirken könne, dass diese Inhalte genommen wurden als etwas Objektives, als etwas von dem Ich desjenigen, der sich solche Inhalte zur Kenntnis nimmt, ganz unabhängiges. Nun hat es ja immer Menschen gegeben und wird immer solche geben, die für *wahr* dasjenige halten, was ein Anderer für sie gedacht hat. Dagegen ist nicht viel einzuwenden, nur waren mir selber diese Art Menschen stets uninteressant. Es sind nicht die schöpferischen Menschen, die so in der Welt stehen; man könnte sie die religiös gestimmten nennen. Dr. Steiner schildert einmal den Typus des religiösen Menschen in der folgenden Weise:

> „Der Mensch mag sich noch so unklar über sein Verhältnis zur Welt sein: er sucht doch *in sich* den Maßstab, mit dem er alle Dinge messen kann. Aus einer Art unbewussten Souveränitätsgefühles heraus entscheidet er über den absoluten Wert alles Geschehens. Man kann forschen wie man will: Menschen, die sich vom Göttern regiert glauben gibt es ohne Zahl; solche, die nicht selbständig, über den Kopf der Götter hinweg ein Urteil fällen, was diesen Göttern gefallen kann

oder missfallen, gibt es nicht. Zum Herrn der Welt vermag der religiöse Mensch sich nicht aufzuwerfen; wohl aber bestimmt er die Neigungen der Weltherrscher aus eigener Machtvollkommenheit.

Man braucht die religiös empfindenden Naturen nur zu betrachten, und man wird meine Behauptungen bestätigt finden. Wo hat es je Verkündiger von Göttern gegeben, die nicht zugleich ganz genau festgestellt hätten, was diesen Göttern gefällt und was ihnen zuwider ist. Jede Religion hat ihre Weisheit über das Weltall, und jede behauptet auch, dass diese Weisheit von einem Gotte oder mehreren Göttern stamme.

Will man den Standpunkt des religiösen Menschen charakterisieren, so muss man sagen: er versucht die Welt von sich aus zu beurteilen; aber er hat nicht den Mut, auch sich selbst die Verantwortung für dieses Urteil zuzuschreiben; deshalb erfindet er sich Wesen in der Außenwelt, denen er diese Verantwortung aufbürdet.

Durch diese Betrachtungen scheint mir die Frage beantwortet zu sein: was ist Religion? Der Inhalt der Religion entspringt aus dem menschlichen Geiste. Aber dieser Geist will sich diesen Ursprung nicht eingestehen. Der Mensch unterwirft sich seinen eigenen Gesetzen, aber er betrachtet diese Gesetze als fremde. Er setzt sich zum Herrscher über sich selbst ein. Jede Religion setzt das menschliche Ich zum Regenten der Welt ein. Ihr Wesen besteht eben darinnen, dass sie sich dieser Tatsache nicht bewusst ist. Sie betrachtet als Offenbarung von außen, was sie sich selber offenbart.

Der Mensch wünscht, dass er in der Welt oben an erster Stelle stehe. Aber er wagt es nicht, sich als den Gipfel der Schöpfung hinzustellen. Deshalb erfindet er sich Götter nach seinem Bilde und lässt von ihnen die Welt regieren. Indem er so denkt, denkt er religiös. –

> Das religiöse Denken wird von dem philosophischen Denken abgelöst."

Diese Äußerungen Dr. Steiners finden sich in einer Abhandlung, die 1899 veröffentlicht ist, und in der zur Darstellung kommt, wie das Ringen der abendländischen Philosophen nichts anderes ist als der Prozess des Sich-Losringens aus traditionellen Vorstellungen mit dem Endzweck: das selbstbewusste Ich zu erobern, um von diesem aus den Weltinhalt zu beurteilen. Man könnte sagen: wenn das methodische Prinzip der Weltregierung in der Vorzeit die Gotteserkenntnis war, so ist das entsprechende Prinzip der Zukunft: die *Selbsterkenntnis* des Menschen.

Eine solche Auffassung wirft natürlich sofort die Frage auf: kann denn überhaupt im Ernste der einzelne wirkliche Mensch als ein Ausdruck der „Welt", des Weltganzen verstanden werden? Ist denn nicht der einzelne Mensch ein bloßes Staubkörnchen im Gesamtgeschehen der Welt. Ja, die Denkgewohnheiten der Gegenwart gehen so weit, dass sie gar nicht daran zweifeln, dass der Weltprozess auch abrollen würde, wenn gar kein Mensch vorhanden wäre. Gar dasjenige, was der Mensch als sein geistiges Innere, als seine „geistige Welt" weiß, muss den Denkgewohnheiten des heutigen Durchschnittsmenschen als nicht mehr, denn als belanglose Zugabe zum „Weltprozess" erscheinen. Wer von uns denkt denn heutzutage etwa daran, dass ein Gedanke, den wir denken, nicht allein uns angeht, sondern dass er die Welt angeht, dass er etwas bedeutet im Haushaltungsbudget der Welt? Die Philosophen, die sogenannte Erkenntnistheorien aufstellen, haben stets nur darnach gefragt, ob es gelingen könne, das Wesen der Welt zu erkennen. Was die Welt sei *für den Menschen* fragten sie; nicht aber fragten sie, was das menschliche Geistesleben *für die Welt* bedeute.

Ganz auf dieser letzteren Fragestellung beruht nun aber die „Erkenntnistheorie“ Dr. Steiners. – Die Welt ist ein einheitlicher Organismus. Die Einheitlichkeit dieses Organismus ist in der Neuzeit vorzugsweise genialen Naturforschern aufgegangen. So etwa spricht der Naturforscher Goethe von dem großen einheitlichen Wesen der Natur, in welchem der Mensch als das vollkommenste Glied erscheint. Oder es betrachtet etwa Haeckel die Natur unter dem Gesichtspunkte der Entwicklung aus primitiven Zuständen der „Materie“ auf ihrem Wege durch die Pflanzenheit und Tierheit bis herauf zum selbstbewussten Menschen. Eine solche Anschauung wie etwa die Haeckelsche, die ja heute bis in den Schulunterricht hinein die herrschende ist, betrachtet demnach den Menschengeist, weil er in der Entwicklungsfolge zeitlich als ein Letztes auftritt, auch seinem Wesen nach als ein Spätprodukt der Weltentwicklung. Nun kann aber niemals eingesehen werden, wie aus einem Unvollkommenen – wenn man auf das *Ganze* blickt – ein Vollkommenes werden könne; dagegen macht die Vorstellung keine Schwierigkeit, dass aus einem Vollkommenen ein minder Vollkommenes hervorgehen kann. Würde aber daraus ein Denker den Schluss ziehen, dass es also wahrscheinlicher sei, dass das Vollkommene an den Anfang der Weltentwicklung zu stehen komme, weil dies *logisch* einleuchtender ist, so hätte sein Gedankenschluss keinen höheren Wert als eben den eines gewöhnlichen logischen Schlusses. Sein Gedanke wäre eine gewöhnliche philosophische Spekulation, die zu nichts verpflichten könnte. Man kann aber die Sache doch auch noch anders betrachten: alles Werden, und also auch das Werden des heutigen Weltzustandes müssen wir, wenn wir bloß bei den heutigen Denkgewohnheiten stehen bleiben, uns vorstellen als in der *Zeit* verlaufend. Die Zeit stellt sich der gewöhnliche Gedanke aber vor als einen Verlauf aus der Vergangenheit durch die Gegenwart in die Zukunft hinein. Eine intimere Betrachtung kennt aber noch einen anderen Aspekt des Wesens der Zeit: Wenn wir aus einer vollbewussten Idee heraus eine Handlung vollziehen, dann ist der *Endeffekt* dieser Handlung – sofern ich die Idee der Handlung als Vorstellung in meinem Kopfe trage – auf geistige Weise in mir vorhanden, bevor er in der äußeren Wirklichkeit auftritt. Man könnte sagen: die Folge ist vor der Ursache da, wenn ich als Ursache mich selber als ein in der äußeren Welt wirkend auftretendes körperliches Wesen betrachte, als die „Folge" aber die „Idee" meiner Handlung. Man hätte es also mit der radikalen *Umkehrung* des gewohnten Zeitverlaufes zu tun, nach welchem auf die Ursache die Wirkung folgt. Warum müssen wir nun aber eine solche Vorstellung von dem umgekehrten Zeitenverlauf als eine Phantasie verwerfen, wenn wir nach den heutigen Gewohnheiten denken? Deswegen müssen wir das, weil nach den heutigen Denkgewohnheiten niemand annimmt, dass eine „Idee", also z.B. die Idee einer Handlung, etwas „Wirkliches" sein könnte. Man sollte aber einmal den Versuch ernstlich machen, ob denn wirklich Ideen keine Wirklichkeiten sind. Es könnte z.B. geschehen, dass ein Mensch unter uns träte, der sich zur Aufgabe setzte, handelnd so unter die anderen Menschen zu treten, dass er jeden Einzelnen Anderen so betrachtete, als wäre der Andere er selbst. Die Ideen der Handlungen dieses Menschen wären dann sozusagen die „Iche" der anderen Menschen. Ein solcher Mensch würde schon zu spüren bekommen, dass die Ideen seiner Handlungen „Wirklichkeiten" sind, die Schmerzen und die Leiden, die er sich zuziehen würde, würden ihm deutlich werden lassen, dass in der Tat seine Ideen Realitäten sind. Indem er jeden Anderen voll und uneingeschränkt als das gelten lassen würde, was er ist, würde dieser Mensch fortwährend einen Teil seines Wesens zugunsten des Anderen preisgeben müssen, sofern der Andere auf einer weniger vollkommenen Stufe stünde. Nimm einmal an, ein solcher Mensch würde bestimmte Weltanschauungsideen vertreten. Was müsste geschehen? Die Anderen würden vermutlich nur ein annäherungsweises Verständnis dieser Ideen entwickeln, aber nichts würde sie hindern, die Ideen in der Welt so zu vertreten, als wären es wirklich die Ideen des Lehrers. Oder nimm einmal an, ein solcher Lehrer wäre genötigt, wenn er den Inhalt seines Ich ausbreitet vor den Andern, um überhaupt verstanden zu werden, sich der zu seiner Zeit gangbaren Sprache zu bedienen. Er müsste vielleicht der Darstellung seines Ichinhaltes die Form der „Theosophie" geben, dies aber müsste die „kritischen" Geister veranlassen, zu wähnen, da spreche einer von demselben, wovon die dekadenten Theologen sprechen, usw. – Zu den Weltanschauungsideen, die Dr. Steiner vertritt, gehört nun auch diejenige, dass das Vollkommenste in der Welt – das ist aber der menschliche Geist – auch das *Ursprünglichste ist.* – Nimm einmal an, die Welt hätte einen Zweck (die modernen Philosophen behaupten, sie hätte keinen); soll die Welt einen Zweck haben, so kann es nach dem bereits Entwickelten nur ein solcher sein, den ihr ein wirkliches menschliches Ich gibt. Das ist ungeheuerlich, nicht wahr, aber es ist halt so. Die Philosophen, die gar nicht daran denken, dass sich der Mensch zum Usurpator von Verantwortungen erheben könnte, die das religiöse Denken erträumten Göttern zuschreibt, weil es nicht mutvoll genug ist, die Inhalte des Ich auch als Ich anzusprechen – sollen so lange recht behalten bis einmal ein Mensch auftritt, der als den Weltzweck die Vollkommenheit des Ich darlebt. Ein Mensch, der als den Zweck der Welt sein Ich darlebte, könnte nicht im alten Stile nach der „Ursache" der Welt fragen. Für ihn ergäbe sich als Aufgabe, darzutun, dass die „gegebene" Welt nur solange fremde bloße Gegebenheit ist, als sie nicht in der Erkenntnis als ihren tiefsten Kern das – Ich selbst enthüllt. Für ein unentwickeltes Bewusstsein mag dann äußere „Ursache" irgendeiner Erscheinung sein, was bei tieferem Zusehen vielleicht als die

Folge einer vorgedachten Idee erweist. Es gehört freilich eine starke denkerische Anstrengung dazu, um den gebräuchlichen Zeitbegriff so zu verwandeln, dass keine Schwierigkeit besteht, an dem „Anfang" der Welt das *gegenwärtige* Ich zu finden. Es hätte auch gar keinen Sinn, sich solchen Gedanken hinzugeben, wenn nicht das unbesiegliche Vertrauen und die Gewissheit zugrunde läge, dass die erkennende Betätigung des Menschen in der Welt das Allerrealste ist.

Ich weiß wohl, dass solche „abstrakte" Gedanken scharfe Zumutungen sind, umso mehr als Du behauptest, dass Du im abstrakten Denken ungewohnt bist. Aber Du darfst Dich mit mir trösten: Wenn mir jemand vor etlichen Jahren, als mir alles „Wissenschaftliche" sozusagen das Lächerliche an sich selber war, zugemutet hätte, solche Dinge auch nur ernst zu nehmen, würde ich ihn ruhig für verrückt erklärt haben. Bis ich manche der elementarsten Sätze Dr. Steiners und anderer Denker auch nur verstand, musste ich sie eben hundert mal immer wieder lesen. Es war auch gar nicht etwa ein Interesse an solchen Gedanken, was mich mit ihnen mich zu beschäftigen veranlasste. Vielmehr suchte ich in solchen Gedanken lediglich nach einem brauchbaren Ausdrucksmittel, um vor mir selber allerhand geistige Dinge, von denen ich überrascht worden war, besser zu verstehen.

In Deinem Satze: „Noch fühle ich mich von dem *Schweizer Dichter* mehr angezogen, als von dem deutschen Philosophen" liegt für mich auf dem „deutschen Philosophen" ein gewisser bestimmter Gefühlsunterton. Ich will Dir meinerseits nicht verhehlen, dass auch für mich sich an das Wörtchen „deutsch" allerlei Imponderables knüpft, unbeschadet des Umstandes, dass ich – München eingerechnet – nun etwa acht Jahre in Deutschland zugebracht habe. „Deutsch" heißt für mich immer ein wenig sozusagen „stramm stehen“ vor irgendetwas, heißt unbedingten Respekt haben vor irgendetwas, das man nicht selbst ist. Besonders auf geistigem Gebiete liebe ich diesen Aspekt der Deutschheit nicht besonders, auch auf geistigem Gebiete gibt es ja ein „stramm stehen“, dem Andern die Verantwortung überlassen. Iche, Individualitäten werde ich ganz gewiss nicht in deutschen Gauen suchen gehen; die unpersönliche, oft genug an Feigheit grenzende Art des gegenwärtigen Deutschen verachte ich von Herzen. Die Art, wie gerade die typisch Deutschen das Erbe Dr. Steiners antreten, halte ich für durchaus problematisch und betrachte sie gar nicht als ein Letztes. Dass Dr. Steiner selber gar nicht Deutscher ist, war Dir wohl nicht bekannt. Seine Heimat ist Österreich und seine persönliche Art hatte viel mehr im besten Sinne etwas von der Herzhaftigkeit des Schweizers als von der des Musterdeutschen. In einem Buche „Mein Lebensgang“ schildert er seine Kindheit und seine Entwicklung. Sein Vater war Telegraphist bei der Eisenbahn an der ungarischen Grenze. Um 1890 kam Dr. Steiner nach Weimar, um im dortigen Goethe-Archiv zu arbeiten. Ab 1897 ist er in Berlin, und etwa von 1902 an eigentlich fast immer auf Reisen zwischen Sizilien und Christiania, Paris und Wien und Prag. Das „Goetheanum“ hätte zuerst in München entstehen sollen; die Münchner Pfaffen wussten es zu verhindern. Ein Basler stellte dann auf dem Dornacher Hügel Bauland zur Verfügung, und so kam das erste, in der Neujahrsnacht 1922/23 abgebrannte, Goetheanum nach der Schweiz. Heute ist der bedeutend größere Neuaufbau bereits unter Dach.

Für heute meinen herzlichen Gruß!
Dein

K.B.

An Hedwig Kleiner

Hamburg, den 28. April 1927

Liebe Hedy,

Mit Deiner Äußerung über Steffen hebt sich mir ein Stein von etlichem Gewichte von der Seele. – Ich hatte lange überlegt, ob ich die auf St. bezügliche Stelle in meinem letzten Briefe hinsetze oder ob ich mich mit derselben etwa einer unstatthaften „Beeinflussung" schuldig mache noch bevor Du das eigene Urteil über Steffen gebildet. Ich konnte dann aber die Stelle doch nicht unterdrücken. (Im Übrigen habe ich den bestimmten Eindruck, dass Du auf „Beeinflussungsmomente" leicht etwa ein Liedlein pfeifst.) Um mich kurz zu fassen, nachdem durch Mitteilung Deines Urteils Redefreiheit herrscht: ich mache mir soo nichts aus Steffen und habe mir nie etwas aus ihm gemacht. Oder deutlicher: er ist mir peinlich, nein: ich ekle mich vor der Art seines Geistes. –

Dja – und nun das Problem, das da entsteht? Ich bin mir vollständig klar und dulde weder Zweifel noch Einschränkung: weil Steffen aus *reinem Herzen* den Menschen Rud. Steiner verehrt, deshalb liebe ich Steffen aufrichtig, auch wenn das Schmerzen macht. Du denkst vielleicht, das sei eine Liebe, die sich Gewalt antut, und deswegen ebensogut eine fixe Idee zu nennen. Ich muss die Sache aber anders ansehen. Ich sagte Dir schon, dass es die Grundhaltung Dr. Steiners im geistigen Umgange mit anderen Menschen war, den tiefsten Kern des andern Menschen zur Entfaltung zu bringen und sich darleben zu lassen. Nun kann kein Mensch *mehr* sein als das, was er eben ist, und wenn einer bloß wirklich in höchster Potenz *ist* was er ist, hört für mich, wenn ich ihm gegenübertrete, jede Kritik auf. Ich glaube im Konkreten erlebt zu haben, dass der Mensch Rudolf Steiner ein reiner Spiegel war, an dem die Menschen im tiefsten Sinne zu sich selbst kommen konnten, jeder Einzelne. Es ist mir ganz unmöglich, mir den Gedanken zu versagen, dass etwa Dr. Steiner den Steffen nicht für einen knäblichen Knirps gehalten. Aber das war ja das Unerhörte, dass er mit den Knirpsen mancherlei Sorte mit derselben Sorgfalt umging, als wäre er selbst die Andern. Wenn dann die Andern waren, was sie im besten Falle waren, dann konnte er ja noch immer sie – beschenken. Das war ja der einzige Weg, aus dem Anderen mehr zu machen, als er schon war. – Nun verstehst oder ahnst Du vielleicht, warum ich mir Liebe abzwinge, wenn ich sehe, dass Steffen in dem größeren Anderen etwas wie sein besseres Ich verehrt und liebt. Freilich, diese Liebe Steffens zu dem Anderen Größeren ist vielleicht etwas Minderwertiges dennoch, etwas Überholtes, Veraltetes, Reaktionäres. Von mir weiß ich jedenfalls, dass ich *Liebe* nur auf *Einsicht* gründen könnte. Aber mit der Einsicht gegenüber einem Phänomen wie Dr. Steiner hat es halt sein Kreuz. So viel weiß ich, dass ich die Steffenschen Ideen in Bezug auf Dr. Steiner nicht als Einsichten gelten lasse. Das Äußerste, was Steffen erreichte, als er Dr. Steiner zu charakterisieren versuchte, war, dass er ihn als „Heiligen" bezeichnete. Nun, das ist ein Begriff und Symbol, entlehnt der reaktionärsten und bankerottesten geistigen Institution, der katholischen Kirche. Mit solchen verstaubten Schablonen sollte das Bild eines heutigen Großen zu malen sein?! Sowas will ein „Dichter" gar sein! Hätte er doch dichterisch verherrlicht meinetwegen *wie* Dr. Steiner einem Kinde guten Tag sagte, *wie* er einen sarkastischen *Witz* machte, *wie* er einem Verstorbenen die Abschiedsworte sprach, das könnte mich mehr berühren wie der verstaubte „Heilige". –

Dies lag mir zunächst am Herzen, und deswegen schreibe ich sogleich. –

Dass Dir das „*Porträt*" eine fremde Welt sein muss, kann mich sicher nicht überraschen. Ich weiß selber, wie problematisch solche Dinge sind, und dass es zumindest eine lange Beschäftigung mit einer ganz anders aufgefassten Formenwelt voraussetzen würde, um überhaupt ernstlich Stellung nehmen zu können. Das „Portrait" habe ich aus einem ganz bestimmten Grunde gewählt. Für mich ist es ein wirkliches Portrait, nämlich der adäquate Ausdruck einer erlebten Geistigkeit eines bestimmten Menschen. Auf's Äußerste betroffen aber wurde ich, als ein Kind von vier Jahren seinerzeit spontan aus sich heraus den Dargestellten begeistert erkannte und also die Sprache des Künstlers mühelos verstand. So etwas kann nachdenklich stimmen. (In Klammer: das Datum dieses Vorgangs fiel einen Tag nach den Todestag meines Bruders, verstorben 27jährig im Oktober 1924 in Buenos Aires –). Ich hatte außerdem zwei größere Sachen nach Dornach gesandt. Ob die gar nicht aufgehängt waren? Könnte ja sein, warum auch nicht. An Gelassenheit leide ich nicht Mangel.

Das Buch von St. „Begegnungen..." habe ich nie in Händen gehabt. Den Inhalt kenne ich aus seinem Vorabdruck in einem von Steffen redigierten Wochenblättchen „Das Goetheanum".

Die Photo soll folgen. Eine Aufnahme vom 12. IV. habe ich zunächst verbrannt.

Ich freue mich, dass Du Widmer gesprochen.

Für heute meinen herzlichen Gruß!

Dein K. Ballmer

An Hedwig Kleiner

Hamburg, 9. Juli 1927

Liebe Hedy,

Dieser Brief ließ nun aber wahrhaftig *zu* lange auf sich warten. Ich werde auch keine Entschuldigung versuchen – aus dem einfachen Grunde, weil ich keine habe und auch keine erfinden möchte.

Vielleicht wirkte neben dem Unentschuldbaren eine Art Instinkt, Zeit verstreichen zu lassen, weil man doch oft die Erfahrung macht, dass die Zeit Gutes wirkt, dass sie *reifen* lässt, was nicht einfach in unserer Willkür steht. Ich hatte Dir allerhand Gedanken sozusagen an den Kopf geschmissen und weiß doch aus eigener Erfahrung, welche innere Anstrengung und Geduld es erfordert, die fertige oder scheinbar fertige Gedankenwelt eines Anderen zu aufzunehmen. Also, das erste Tempo durfte jedenfalls nicht eingehalten werden. Glücklich war ich, dass ich mit den Ilkley-Vorträgen Dr. Steiners etwas getroffen, was Dich ansprach. Es gibt ja einfach gar keine andere Möglichkeit als bei dem Innenleben eines Menschen dort anzuknüpfen, wo eben ein – wenn auch noch so äußerlich *scheinender* Anknüpfungspunkt ist. Gesetzt etwa Du wärest in 10 Jahren so etwas wie ein richtiggehender Kenner des Werkes Dr. Steiners – ich sage absichtlich nicht „ein richtiggehender Anthroposoph“ –, Du würdest vielleicht die innere Überzeugung haben, dass Du aus dem Grunde im Jahre 1924 (glaube ich) in England warst, damit Dich Vorträge Dr. Steiners, eben, weil sie an einem Dir bekannten lieben Orte in England gehalten wurden, – ansprachen. Das scheint nun wieder dick aufgetragen, aber sicher wird

Dir die Beobachtung nicht fremd sein, wie entscheidend oft scheinbar zufällige Äußerlichkeiten sind. Wenn man z. B. sich darüber Rechenschaft geben würde, in welcher Weise irgendein Mensch, mit dem man dann zu tun hat, erstmals ins Blickfeld tritt – etwa, er wird genannt von jemandem, oder man liest von ihm in der Zeitung oder man sieht ihn oder spricht ihn usw., – ich glaube man würde bemerken, wie der erste Eindruck, und wenn er kaum bewusst wurde, etwas Bestimmendes hat für mein ganzes späteres Verhältnis zu einem Menschen. Dieser erste Eindruck hat die Kraft eines starken Symbols, das fortwährend auf die nachfolgenden Erlebnisse ausstrahlt.

Also ich war sehr glücklich über Deine Affinität zu Ilkley. Hat sie auch bei der Lektüre angehalten? Ich denke, dass Dr. Steiner eigentlich nicht ungeschickt mit den englischen Damen (ein paar Herren werden ja auch dabei gewesen sein) umgeht. Was findest Du? Hat Dr. Steiner nicht eigentlich eine bewundernswürdige Art, liebenswürdigen Gastgebern Freundlichkeiten zu sagen und doch die Wahrheit nicht zu kurz kommen zu lassen? Ich denke da an das Kompliment, das, ich glaube, im ersten Vortrage die Miss Beverley dafür bekommt, dass sie die Hegelsche Pädagogik ins Englische übersetzt hat, obschon natürlich die Hegelsche Pädagogik ungefähr das Gegenteil der vorzutragenden anthroposophischen Pädagogik ist. Hältst Du es für möglich, dass es Engländerinnen gibt, die mit tödlicher Sicherheit nur auf das Kompliment achten, nicht aber auf die zugleich darin enthaltene Ironie?

Da fällt mir just ein, dass Du frugst, sozusagen wie ein Anthroposoph sich gegenüber Heine vorkomme. Mir sind Anthroposophen bekannt, für die Heine ein wahrer Trost ist – neben Steffen etwa – z. B. van Cleef und ich selber. Wir würden das Leben, sogar das anthroposophische, gar nicht aushalten ohne eine kräftige Portion Ironie. Und da ist uns denn Heine ein Geistesverwandter. Ob man Heine und Dr. Steiner zusammen nennen kann? Gewiss kann man das. Man wird sicher wissen, dass bei Dr. St. die großartigste Kraft des Bejahens und Durchwärmens ebenso das Natürliche ist, wie bei Heine das Spotten, wenn er andererseits nicht einfach in Schönheit schwelgt (Schönheit der Sprache, der Bilder), aber man muss andererseits etwa auch Dr. Steiner haben spotten hören, um zu wissen, was Spott und Ironie ist. Etwa, wenn Dr. Steiner seinen Gegnern sagt (das heißt er sagte es im internen Vortrage), dass sie eigentlich nur ihn selber abzuschreiben brauchten, um ihn zu widerlegen, denn er habe sich stets die Einwände, die gemacht werden können aus dem gewohnten Denken der Zeit heraus, selber gemacht in seinen Arbeiten.

Von Heine liebe ich auch insbesondere eine geistvolle Abhandlung über „Philosophie und Religion in Deutschland". Interessant, dass Dr. Steiner in seinem „Lebensgang" schreibt, wie ihm als jungem Schüler diese Abhandlung wider den Strich ging. Dr. Steiner hatte eben nicht nötig ironisch zu sein, zu spötteln und zu spotten über die tiefsten Dinge, aber es liegt trotzdem in demjenigen, was er als junger Mensch schrieb und entwickelte an Meinungen, die seiner Zeit völlig entgegengesetzt waren (z.B. über Goethe), mehr und schärfere und beißendere Kritik – nicht der äußeren Form nach natürlich – als im zynischsten Heine. Kennst Du auch Rilke, den mögen wir auch leiden, da gibts schöne Dinge. Versuch es doch auch einmal mit Rilke, er soll Spitteler geliebt haben. Ich glaube Spitteler kommt zu kurz in unseren Unterhaltungen über Spitteler. Aber vielleicht machst Du nächstens einen Anfang mit der ausführlichen Schilderung Deiner jüngsten Spitteler-Erlebnisse. – War schon Aarauer Jugendfest? Oder am kommenden Freitag? – Ich bin sehr eingespannt mit einer Art Zeitschrift, die ich herausgeben will. Ich werde Dir davon erzählen.

Empfange meinen herzlichen Gruß!

Dein K.B.

(Sonntag abends spät)

An Hedwig Kleiner

Lamone, 25. Oktober 1945

Liebe Hedy!

Dein Brief gefällt mir sehr, – auch meiner Frau (bei uns ist das nämlich so, dass meine Frau mir den Vorwurf machen muss, dass ich alle Privatkorrespondenz meistens ignoriere und liegen lasse, weswegen sie mir zum Frühstück die Privatbriefe vorliest). Die Seldwyler sind halt doch senkrechte Leute. Aber sie sollten endlich dahinterkommen, dass, wenn ein K.B., anstatt sich zu erschießen, sich für R.St. interessiert, dies dann nicht eine private persönliche Liebhaberei eines beliebigen Delinquenten ist, sondern das Anzeichen dafür, dass jetzt eine Gelegenheit da ist für geistig Unterernährte, etwas Rechtschaffenes zu lernen.

Und jetzt muss ich zuerst den Flegel spielen (nachher werde ich wieder ordentlich werden): Ich wiederhole einen Satz aus Deinem Tesseretebriefe und setze dazu eine flegelhafte Bemerkung. Dein Satz lautet:

„Am allertiefsten ergreift mich die Allmacht, – sagen wir Gott, immer in der Natur. Ich hätte vielleicht besser gesagt: Schöpfung. Ich finde darin 1000 und 1000 Wunder, im kleinsten Blümchen z.B. (warum und woher hat es gerade diese Farbe?) und im Wechsel der Jahreszeiten, in dem Knospen und Fruchten usw. – – – " Und meine flegelhafte Anmerkung lautet: Schmus mit Fransen! Jetzt werde ich wieder anständig und ernsthaft. Das Gerede von Schöpfung ist nichts als eitel Anmaßung, Redensart aus dem Museum. Um das Wort Schöpfung zu gebrauchen, müsste man Vorstellungen haben, *was* man denn mit einem so schwerwiegenden Wort meint. Das Wort muss doch einen sauberen Inhalt haben, sonst kann man seine Schöpfungserlebnisse meinetwegen auf der Violine zum besten geben. – In Deutschland haben sie heute weitgehend gelernt, dass es mit dekorativen Museumsredensarten jetzt vorbei ist, in Seldwyla wird man auch noch einiges lernen.

Mein Problem ist allerdings: Freidenker und Christ, es wäre auch zum Brüllen, wenn Christus nicht ein freier Denker wäre. Christus ist heute überall dort, wo sauber *gedacht* wird. Hier ist R.St. der Helfer der Gnade des Sohnes, der seine gegenwärtige Heimat nicht mehr nur im „Gemüt" hat, sondern auch in der *Intelligenz* und seine Gegenwartswunder aus der Intelligenz heraus vollbringen will. Wodurch unsere lächerlichen evangelischen Pfarrherren museumsreif werden.

Betr. den Maler Anker: Ich kenne im Berner Museum ein Bildchen von Anker, die Berner Kramgasse im Sonnenschein darstellend, das ist hervorragende *Malerei*; dieser Anker ist ein Maler! Und dann hat er eben Pech gehabt, ist das Opfer von Kultur und Bildungsmissverständnissen und Miseren seiner Zeit geworden und hat für die Seldwyler liebliches dummes Zeug fabriziert. Betr. Gotthelf: Ein großer Poet und Dichter, und als Moraltheologe ein ebensogroßer Unfug.

Betr. Gottfried Keller gibt es irgendwo versteckt einen hübschen Ausspruch von R. St.:

„Heute z.B. wird die Menschheit [der Ausdruck „Menschheit" bedeutet hier ebensoviel wie „Christus"] damit beleidigt, dass man Gottfried Keller neben Conrad Ferdinand Meyer nennt. Während man an Conrad Ferdinand Meyer ein Element der Zukunft hat, ein Element, welches tatsächlich *wahres* spirituelles Leben für die Zukunft in sich enthält, ist Gottfried Keller der Bourgeois-Dichter der schlafenden Menschheit [„Christus"] der Seldwyler Schweiz."

Nimm bitte diesen Schrieb mit dem nötigen Humor auf! – Könntest Du es einrichten, morgen Freitag Nachmittag zum Tee herüberzukommen, damit wir in Freundschaft noch etwas „chären" können?

Meine besten Grüße

K. Ballmer

An eine Hamburger Dame

(1932)

I

Verehrte gnädige Frau!

Ich danke Ihnen für Ihre freundlichen Zeilen aus Konstanz. Heute habe ich das Bild am H…weg aus Anlass eines morgen zu erwartenden Atelier-Besuches abgeholt, – nicht ohne mir im Vorübergehen Ihren prächtigen Kirchner mit neuem Genuss anzusehen.

Von K. hörte ich, dass Sie gewissermaßen in der Nähe von B. sind. Hoffentlich haben Sie nicht Anlass, sich übermäßig als Patienten zu betrachten. Ich habe kaum eine Vorstellung von B. und vor allem kein Urteil über ihn als „Seelenarzt“, ich bin also völlig neutral. Aber es zwickt mich, Ihnen zu erzählen, wie ich mich selbst – in schwersten Depressionen und Melancholien in allerdings zurückliegender Vergangenheit – zu der Heilkunst von „Seelen“-Ärzten verhalten habe.

Ich habe mich dadurch gerettet, dass ich das Verhältnis von Patient und Arzt einfach umkehrte: ich kam eines Tages zu der Überzeugung, dass der Therapeut in seinem ganzen Denken und Vorstellen inbezug auf das Seelische eigentlich der Kranke sei und ich der Gesunde. Bestimmt nicht aus Überheblichkeit oder aus Frivolität; dazu war meine damalige Verfassung wahrhaftig nicht angetan. Ich meine es vielmehr so:

Irgendwie lebte in mir auf das intensivste die Überzeugung, dass unserem Leben ein tiefster innerster Sinn – vielleicht zunächst verborgen – einwohnen müsse. An der Betrachtung der Kunst hatte ich erlebt, dass der geistige Reichtum der Welt viel mächtiger und größer ist als der landläufigen Bildung bekannt ist. Aber nun fand ich in der Art, wie diese Therapeuten um Jung, Freud, Bleuler usw. in einem von der flachsten naturwissenschaftlichen Vorstellungsweise herkommenden Denken lebten, das gar nichts von dem gemeinten Reichtum enthielt. Und doch muss es in älteren Zeiten Anschauungen und Erlebnisweisen gegeben haben, die den Menschen mit dem Kostbarsten, was es im ganzen Universum gibt, – eben das Innenleben des Menschen, die „Seele" – in tief-befriedigenden Zusammenhang mit dem natürlichen und geistigen Universum versetzten. Das alles ist durch unser Maschinenzeitalter verdorben (ich fahre aber mit Vergnügen in Ihrem Wagen) und zugleich ist das Unglück geschehen, dass man die Vortrefflichkeit eines Denkens, das zur technischen Beherrschung der Natur wohl geeignet ist, auch zur Erforschung und Behandlung des intimeren seelischen und geistigen Lebens geeignet wähnte. Man begriff nicht, dass das erstere eine Technik und das zweite eine Kunst ist. Die Herren Seelen-Therapeuten werden das zwar bestreiten, aber die Zukunft, das weiß ich bestimmt, wird sie widerlegen. Oder wie könnten sich denn die heutigen Psychologen messen mit jenen älteren Zeiten, die den Menschen *begründete* und erlebbare Anschauungen über die Unsterblichkeit der Seele, über das Gesetz der wiederholten Erdenleben des Menschen und der Wiederverkörperung gaben? Die Religionen in ihrer heutigen Dekadenz sind gewiss für uns anspruchsvolle Geister bedeutungslos, aber die im Menschen schlummernden Urkräfte, die vormals die Religionen hervorbrachten, die können doch nicht aus der Welt verschwunden sein. Ich bin sogar überzeugt, in einer Gegenwart zu leben, in der diese Urkräfte wieder hervorbrechen wollen. Das Zeitalter des Individualismus, das im persönlichen Innenleben das Juwel der Welt sehen muss, wird auch aus bisher verschütteten Tiefen der großen Individualität wieder Weisheit zutage fördern, die Zehrung für viele Andere sein kann.

Der große Reichtum der Welt hat ganz und gar seinen Charakter darnach, ob wir selbst aus einem inneren Reichtum die Welt ansehen oder nicht. Aber dieser Reichtum ist da. Ich lebe in der Überzeugung, dass Vieles in den Verhältnissen zwischen den Menschen deswegen unwirksam ist, weil es unbemerkt bleibt. Wenn ich die Überzeugung habe, dass die schicksalsmäßigen Beziehungen der Menschen von einem einheitlichen geistigen Band umschlungen sind, so werde ich die alltäglichen Einzelheiten des Lebens anders und intimer ansehen, als ein anderer, der diese Überzeugung nicht erlebt. – Ich sehe die Welt auf meine Weise und will dies an einem Beispiel erläutern, das Sie vielleicht zur Nachdenklichkeit anregen kann: Es ist gewiss nicht gleichgültig, in welcher inneren Haltung und Verfassung man ist, wenn einem irgend etwas von außen begegnet, z.B. wenn man einen Brief empfängt. Im Falle des Empfanges Ihres Briefes nun war ich in „besonderer" Verfassung. Es war ein Montag. Am vorausgegangenen Sonntag hatte ich sozusagen einen Ausflug in die Schweiz (meine Heimat) gemacht, d.h. ich hatte mich in der intensivsten Weise mit einem dicken Buche des mir aus Zürich geläufigen Prof. Bleuler über die „Naturgeschichte der Seele" befasst, wobei ich wiederum in mancher Hinsicht den Scharfsinn dieses kerngesunden Schweizers bewunderte und dann doch wieder die ganze triste Ahnungslosigkeit dieses bedeutenden Kopfes vor den tiefsten Fragen des Menschseins konstatierte. In diese meine innere Verfassung also traf nun etwas von außen, aus der B.-Ecke Kommendes. Ich fühlte mich sozusagen mit dem Briefschreiber in eine gemeinsame Atmosphäre eingetaucht, in eine gewisse Atmosphäre schweizerischer Geistigkeit, innerhalb derer sicher auch Fäden von Bleuler zu B. gehen dürften. Ich erlebe an einem solchen Vorgang, dessen Erwähnung vielleicht trivial scheinen kann, eine direkte Bestätigung meiner oben gemeinten Überzeugung, dass in den Beziehungen zwischen Menschen Vieles unbemerkt bleibt, dessen Beachtung uns aber auf ein inhaltreiches Einheitliches weist, aus dessen Tiefen unsere verschiedenen persönlichen Schicksale herkommen. Wir beobachten eben nur soviel, als wir Aufmerksamkeit aufwenden.

Wenn Sie, verehrte Frau, mich jetzt des „Spinnens" verdächtigen müssten, so würde ich mich kräftig wehren. Ich spreche ja nur von wirklichen Erfahrungen, nicht von bloß Ausgedachtem. Dürfen diese Gedanken Ihnen aber Unterhaltung und Abwechslung sein, so ist der Zweck dieses Briefes erfüllt, der in diesem Sinne zugleich ein Dank sein möchte für Ihre freundliche Anteilnahme. Auch werde ich es gewiss immer als Ehre wissen, wenn Sie meinem Atelier einen Besuch machen wollen.

Mit ergebenen Grüßen

K.B.

II

Verehrte gnädige Frau!

Die Frage, wie man zu einer gerechten Vorstellung über Rudolf Steiner (1861–1925) kommt, beschäftigt mich im Zusammenhang mit unserem gestrigen Gespräch bei Ihrem ersten Besuche in meinem Atelier. Ich will darüber ein paar Gedanken versuchen.

Ich muss da sogleich einen entscheidenden Gesichtspunkt betonen: Der Vorgang „einen anderen Menschen kennen lernen" ist genau der gleiche Vorgang wie *„sich selbst"* kennen lernen! Das kann zunächst paradox erscheinen, soll aber durch das Nachfolgende verständlich werden. Sich selbst kennen zu lernen, sich selbst erkennen, gehört bekanntlich zu den allerschwierigsten Aufgaben, die ein Mensch sich stellen kann. Man darf wohl sagen, dass alle die Erlebnisse und Erfahrungen, die unseren Lebensmut in Frage stellen möchten, aber auch jene Erlebnisse, die unsere innere Daseinspotenz erhöhen (mögen solche Erfahrungen nun scheinbar von außen an uns herankommen, oder mögen wir dieselben aus unserer eigenen inneren Verfassung herleiten), *dann* zu einem gewissen Abschluss und zur Vollendung gelangen, wenn wir erstmals und dann immer mehr das Gefühl haben können, wir seien auf unser eigenes, bislang verborgenes Wesen gestoßen. Es gibt nichts Köstlicheres in der Welt, als diese Heimkehr in die eigenste Heimat. Alle Gottesvorstellungen der Religionen sind – dagegen gehalten – ein blasser Schatten und für den modernen Menschen kein Ersatz für dieses Heimkehr-Erlebnis. Und nun erwägen Sie die Schwierigkeiten, vielleicht sogar die Abgründe, die den heutigen normalen Menschen trennen von sich selbst. Hat denn etwa schon unsere Schulbildung, die wir durchmachen, den klar und eindeutig verfolgten Zweck, den einzelnen Menschen vor jenes Mysterium zu führen, das er selbst ist, – in der einmalig einzigen Besonderheit dieses mit nichts anderem vertauschbaren Selbstes, das doch irgendwie wiederum etwas Universelles sein muss, wenn wir nicht auf die Hoffnung eines Übereinstimmens und Harmonierens mit anderen „Selbsten" verzichten sollen? Nein, der Schüler als Objekt unserer herrschenden Pädagogik soll anerkanntermaßen ein „tüchtiger Mensch" werden, lebenstüchtig für die Ausübung seines Berufes, dessen Erfüllung ihn zu einem wertvollen Glied der menschlichen Gesellschaft machen wird. Sehr schön, doch wie sollen wir wissen, was ein *tüchtiger* Mensch ist, was die menschliche *Gesellschaft* ist, wenn wir möglicherweise garnicht wissen, was erst einmal der *Mensch* selbst ist. Eine dekadente Religion sagt uns, dass der Mensch das Ebenbild Gottes sei, nur wissen wir leider nicht, oder vielmehr es weiß jene Religion und Theologie nicht, was Gott ist (das Wissen der Theologen „weiß“ nicht, sondern „glaubt“). Und unsere neumodischen Philosophen haben inzwischen aus dem immerhin noch ansehnlichen „Ebenbild Gottes“ eine Abart Gottes, richtiger eine Missgeburt Gottes gemacht (ich meine den heute im Vordergrund stehenden Philosophen Heidegger von der Universität Freiburg i. Br. – man hat also – bis auf weiteres gewissermaßen die Wahl zwischen zwei Freiburg, nämlich dem Freiburg-Schweiz, wo an der Universität in der reaktionären Lehre der Dominikaner immerhin eine große Tradition bewahrt wird, – war doch Thomas von Aquino der große mittelalterliche Lehrer der Dominikaner; und zwischen der Philisterlehre der allermodernsten Philosophie-Ohnmacht des deutschen Freiburger Professors Heidegger).

Die heutige Philosophie hat schon recht und ist sehr zeitgemäß, wenn sie die Frage „was ist der Mensch“ in das Zentrum ihrer Arbeit stellt. Aber ob die Philosophen wirklich die Berufenen sind? Vielleicht trägt zur Lösung der Frage „was ist der Mensch“ das Material aus den „Laboratorien“ unserer vielbeschäftigten „Nervenärzte“ oder etwas vornehmer „Psychotherapeuten“ mehr bei als der trockene Schwulst der Philosophen. Nur sind die Herren Seelenärzte in Bezug auf die „Seele“ wieder in der peinlichen Lage, dass „Seele“ mehr ein *Wort* ist als eine inhaltvoll lebendige *Anschauung*. Deswegen vielleicht verwendet der Psychotherapeut als Heilmittel bloße Worte: „Sei stark!“ Und „nun raffe dich zusammen!“ – lauter Worte. Das war im

Griechentum (Aristoteles) und in der Scholastik des Mittelalters (Thomas von Aquin) immerhin noch eine großartige Auffassung, als man sagte: die Seele des Menschen sei das gestaltende und formende Prinzip des menschlichen Leibes, wobei man unter der Seelen-*Form* sogar in ganz moderner Weise die bewusste *denkende* Seele verstand. Wenn aber heute selbst auf den höchsten „Höhen der Bildung" das eigentliche Selbst des Menschen unter Schutt verborgen liegt, um wieviel mehr muss dies erst für diejenigen Menschen der Fall sein, die sich nicht von Berufs wegen mit der menschlichen Selbsterkenntnis befassen können. Vor dem wirklichen Selbst steht nicht nur die Erziehung und Schulbildung, auch das spätere Leben in seinen Gewohnheiten, Institutionen, Zielsetzungen ist geeignet, einen vielfältigen Schleier zu weben vor unserer inneren Heimat. Nur an einer winzigen Stelle darf der Schleier ein ganz klein wenig gelüftet werden: in der Kunst. Das macht aber auch verständlich, warum jener Eine unter den modernen Menschen, der über das Wesen des Menschen das intensivste Licht verbreitet hat in der Darlebung eines großen Beispiels, ein Künstler war: Goethe. Und denkwürdig wird immer bleiben, wie der kaum mehr als zwanzigjährige Steiner, als er den ehrenvollen Auftrag erhielt, die naturwissenschaftlichen Schriften Goethes zu veröffentlichen, mit der Kraft der erlebten Überzeugung die Philistergelehrten seiner Zeit davon überzeugen wollte, dass ein *notwendiger* innerer Zusammenhang in Goethe besteht zwischen seinem künstlerischen und seinem wissenschaftlichen Tun, dass Goethe Forscher und Wissenschafter ist, *weil* er Künstler ist. Steiner wurde damals nicht gehört, auch nicht, als er seine Philosophie unabhängig von Goethe vertrat, und so ging er dann dazu über, zu Menschen zu sprechen, die sich nicht durch die Wissenschaftsformen der Zeit die Aussicht auf eine geistig-künstlerische Auffassung der Welt und des Menschen verbaut hatten. Ob sich diese Menschen nun „Theosophen" nannten oder sonstwie, war für den Goethe-Interpreten und Philosophen von ganz nebensächlicher Bedeutung.

Ich bin von meinem Leitgedanken etwas abgeschweift, wonach Selbsterkenntnis im Prinzip das gleiche ist wie Erkenntnis eines *anderen* Menschen. Ich sagte dann, dass die Gewahrwerdung unseres Selbstes uns durch die moderne Kultur schwer gemacht wird. Wie steht es nun mit der Erkenntnis eines *anderen* Selbstes? Das dürfte doch noch bedeutend schwieriger sein? Die Erfahrungen des Lebens scheinen das auch zu beweisen. Ist es nicht denkbar, dass z.B. etwa zwei Menschen einer Gesellschaftsschicht, innerhalb derer es noch geprägte, gültige Lebensformen gibt, meinetwegen das goldene Jubiläum ihrer Verheiratung feiern und dass sie alle die vergangenen Jahre im Grunde nur die Lebensformen innerer und äußerer Art ihres Standes (die von höchstem Gehalt sein können) gelebt haben, d.h. dass sie im Grunde nie dazu gekommen sind, dass Jeder den Anderen in seinem wirklichen Selbst je berührt hat? Ich glaube ohne Übertreibung, dass dieser Fall wohl denkbar ist. So ungünstig im allgemeinen liegen aber nun die Verhältnisse für das Kennenlernen eines andern Selbstes doch nicht. Es kommt hier noch ein ganz neuer Faktor hinzu, nämlich (Zwischenbemerkung: beim Schreiben an dieser Stelle angekommen, klingelt die Glocke an meiner Wohnungstür, der Bote des Buchhändlers übergibt mir als Ihr Präsent die „Südamerikanischen Meditationen“ des Grafen Keyserling, dessen bemerkenswerter Satz in Ihrem Brief aus O... mich sehr interessierte und auf den ich zurückkommen werde. – Verbindlichsten Dank!) nämlich – na also –: nämlich Keyserling oder meinetwegen Steiner, nämlich ich meine mit dem neuen Faktor, der noch hinzu kommt, dieses: dass wir dann in einer besonderen Lage gegenüber einem anderen Selbst sind, wenn sich dasselbe durch *Gedanken* auszusprechen vermag.

Wie man etwa sagen kann, dass die Seele im Körper lebt, so wird man sagen müssen, dass das wirkliche Selbst als sein ureigenstes Daseinselement den *Gedanken* hat. Man darf sich – angesichts unserer modernen Bildung – nur nicht von dem Vorurteil tyrannisieren lassen, der Gedanke oder das Denken sei etwas gegenüber dem wirklichen Leben Abgeblasstes oder der Gedanke sei notwendig abstrakt. Keyserling – ich las eben die wundervolle erste Meditation – ist ein Beweis dafür, was für subtile Erlebnisse und Inhalte der Gedanke auszusprechen fähig ist – im philosophierenden *Dichter*. Freilich, ich muss Keyserling in einem ganz entscheidenden Punkte widersprechen.

Es lässt sich haarscharf aufzeigen, worin sich Keyserling, dieser moderne Apollonius von Tyana, von Steiner unterscheidet. Ich muss hierzu Keyserling zitieren; er schreibt, in köstlicher Sprache: „Deswegen behielt jeder, der eine wirklich *eigene* Welt zur Welt trug, nicht nur für sich recht: war er zum Liebhaber berufen, das heißt, verstand er seinen Gegenstand in seiner Tiefe, dann verlangte das Universum allemal, mit weiblicher Parteilichkeit, dass alle es so sähen wie er. Bis einmal ein Besserer kam. – Das ist der Sinn des Gestaltwandels der Götter. Primitive Kosmogonie schob einem ersten Urheber alle Verantwortung für alles Geschehen zu, und was dann aus dem Rahmen erster Planwirtschaft herausfiel, entwirklichte sie als Sünde. Logischerweise behielt der Mensch im Fall des starrsinnigsten Gottes der Geschichte für ewig Schuld vor ihm. In Wahrheit lagen und liegen hier die Dinge ebenso, wie im Fall des Reigens, welchen Sonne und Erde miteinander tanzen: es ist nicht möglich, letztgültig zu bestimmen, wer sich um wen dreht. Schöpfer und Schöpfung stellen eine unauflösliche Gesamtsituation dar – die sich jeden Augenblick in allen Dimensionen wandelt oder wandeln kann. Mag sonach alles im Anfang so gewesen sein, wie dies die Buchführung des Siebentagewerkes darstellt: sobald anderen als dem ersten Urheber eigenes einfiel, wurde alles anders“ (S. 9/10). Das ist zweifellos tief wahr, aber im tiefsten und entscheidensten Sinne ist es dennoch falsch. Unmöglich kann sich der Kosmos schließlich in lauter Relativitäten auflösen, einfach aus dem Grunde nicht, weil der Kosmos ganz *ursprünglich* (trotz der Mythologie eines nichtmenschlichen ersten Urhebers) ein Kosmos *durch*, *im* und *für* den Menschen ist. Wir müssten geistig krank, irrsinnig sein, um uns für eine Welt überhaupt zu interessieren, die *nicht* durch den Menschen ist. Wenn das Christentum zeitweise das Interesse am Menschen als dem Bildeprinzip des Weltganzen vertauschte mit dem Interesse an einem nichtmenschlichen außerweltlichen Gotte, so dauerte dies doch nur so lange, bis man endgültig auch unter Christen dahinter kam, dass jener angeblich außerweltliche Gott nie einen anderen Inhalt enthielt als den Weltinhalt und dass der „Geist“ jenes Gottes nie etwas anderes war als die in das Jenseits projizierten *Gedanken des Menschen*. (Der deutsche Philosoph, der diese Entdeckung über das Denken Gottes in der gehaltvollsten Weise darstellte – Ludwig Feuerbach (1804–1872), ein Onkel des Malers Anselm Feuerbach (1829–1880) – ist heute nur den „gottlosen“ Freidenkern und „Marxisten“ bekannt). Man kann nun einwenden, der Relativismus Keyserlings werde dadurch doch nicht überwunden, dass man das *Denken* des Menschen zum Absoluten erklärt, denn es gäbe doch ebenso viele Denkbilder der Welt als es Menschen gibt. Aber eben dieser Einwand ist nicht stichhaltig. Zum mindesten wird auch der extremste Skeptiker zugeben, dass das Denken das stabilste Prinzip ist, das wir in großen und größten Zeiträumen kennen. Das Denken hat sich seit den Zeiten des Aristoteles kaum verändert, die *Inhalte* des Denkens haben sich verändert, die *Gesetze* des Denkens sind dieselben geblieben. Wenn – im Sinne Keyserlings – ein „besserer“ Former eines universellen Weltbildes seinen Vorgänger verdrängt, so kann diese „echte Verwandlung“ nur deswegen überhaupt bemerkt werden, weil trotz der Verwandlung der *Inhalte* die Gesetze des Denkens die gleichen geblieben sind. Sonst wüssten wir von solcher Verwandlung nicht mehr als der Warmblütler vom Kaltblütler, also meinetwegen der Ochse vom Fisch, nämlich wir wüssten nichts, obschon der erstere aus dem letzteren ebenfalls als echte Verwandlung hervorgeht. Die Gesetzmäßigkeiten des Denkens sind also die innersten und tiefsten Gesetzmäßigkeiten des Kosmos selbst. Der Mensch ist nicht bloß ein Zuschauer des Weltprozesses – Keyserling weiß und erlebt das intensivst in seinem Puna-Erlebnis (S. 13), dessen Beschreibung ich großartig finde; der Mensch ist die Substanz des Weltgeschehens selbst. Die östlichen esoterischen Lehren haben das gewusst, ihr Wissen der Menge aber nur in Bildern mitgeteilt; im Griechentum und schon im Judentum war dieses alte Geheimwissen verblasst oder bereits verloren. Indem der Mensch denkt, *ist* er wirklich das Kräfte-Wesen des Kosmos, das selbe Kräfte-Wesen, das auch die materielle Seite der Welt formt und gestaltet. Nur weil der *Mensch* ist, ist die Welt ein in sich abgeschlossenes geformtes Ganzes. Nun kann der Relativist einwenden, dass dies ja wohl so sein möge, dass es aber doch für das wirkliche Leben allein auf die *Inhalte* und zwar auf die *erlebbaren* Inhalte des Denkens ankomme, wogegen die bloße Kräftestruktur des Denkens an sich ohne Inhalt sei. Dieser Einwurf ist sogar berechtigt. Aber es kann ihm auch begegnet werden. Gewiss ist es richtig, dass *wir* mit dem Inhalte der Gottesvorstellung dekadenter Religionen nicht zu leben vermögen. Aber die alten Religionen sind ja dadurch entstanden, dass repräsentative große Menschen die Inhalte *ihres* Denkens den übrigen Menschen zur Verfügung stellten und dass die übrigen damit zu leben vermochten. Anders wird es heute auch nicht sein. Es bildet aber einen Unterschied, ob ein großer Denker und Philosoph seine Inhalte sich und anderen zum Genusse und als Schauspiel darbietet, oder ob einer aus höchster Verantwortung die Aufgabe übernimmt, die Inhalte *seines* Denkens als die Offenbarung der innersten Kräftestruktur der Welt dadurch zu erweisen, dass er durch *sein Leben und Wirken* beweist, dass diese Inhalte auch die Gesetze des *Handelns* der übrigen Menschen sind, sodass es möglich wird, die Handlungen der repräsentativen Menschen als Ausdruck für das (Welt-) Gesetz des Schicksals zu verstehen. Dadurch unterscheidet sich Steiner von Keyserling, dass er kein Schauspiel bieten will, keine bloße „Weltanschauung", sondern eine Chance für die anderen Menschen, in den Kern der Welt hineinzuwachsen durch Arbeit am eigenen Selbst. Ich habe Ihnen damit – etwas abrupt und etwas voreilig – einen vollkommen exakten Begriff gegeben von Anthroposophie. „Anthropos" heißt eben der Mensch und heißt im griechischen Ursinne soviel wie der aufwärts (zu den Urkräften) Blickende oder der sich Empor-richtende. Die Anthroposophen sind mithin die Empör-er, wenn sie heute in ihren charakteristischen Exemplaren auch eher etwas nach Frommheit aussehen.

Mit dem Kennenlernen des *Anderen* steht es somit weit günstiger als mit der Verwirklichung der Selbst-Erkenntnis. Und eigentlich sollten wir keinen Grund haben, einfach nicht hinzusehen, wenn schon das Meteor eines außerordentlichen Zeit-Geistes unsere Schicksalsbahn kreuzt. – Damit dieser Brief Sie morgen erreicht, verehrte Frau, breche ich hier ab und werde den Gedanken morgen zu Ende bringen. Für den heutigen Abend habe ich mir den Keyserling zurechtgelegt.

Mit freundlichen Grüßen
ergebenst Ihr

K.B.

III

Verehrte gnädige Frau!

Keyserling hat mich nicht wieder losgelassen. Ich habe am Sonntag die „Meditationen" bis zur letzten Zeile in einem Zuge durchgelesen.

So komme ich erst heute zur Fortsetzung meines Briefes von Sonnabend. Und muss zuerst mein Herz über Keyserling auskehren. Ich sehe in Keyserlings „Südamerikanischen Meditationen" das spirituellste Buch, dass ich im weiten Umfange der gegenwärtigen Literatur kenne. Ich sehe in dem Buch die erste spirituelle Offenbarung, die einen Vergleich mit Steiner rechtfertigt, bei Berücksichtigung des schon gemachten Vorbehaltes, dass Keyserling ein Schauspiel bieten will, Steiner aber eine „Chance" für alle Menschen, in den Kern der Welt hineinzuwachsen, der das eigene Selbst der Menschen ist. Keyserlings „Meditationen" sind als Ganzes wundervoll komponiert: eine Spannung in den ersten Seiten und eine durch das Ganze hindurchziehende Steigerung derselben bis zu den letzten Sätzen. Ich hatte beträchtliche Vorurteile gegen K. (vor allem lag mir ein Aperçu Steiners über Keyserlings „geistige Atemnot" schwer im Magen) und nehme dieselben jedenfalls gegenüber diesem Buche gern zurück, denn das geschieht nicht alle Tage, dass einen ein Anderer so tief in sein Innerstes blicken lässt.

K. bestätigt mir von neuem meine Auffassung von *Schicksal*. Was an reinem Ideengehalt in den „Meditationen" enthalten ist, hätte K. bequem aus Steiners Publikationen und Vortragsnachschriften entnehmen können. Aber mit dem Aufnehmen von vorgegebenen Ideen hat es eine eigene Bewandtnis. Es liegt nicht einfach im Belieben, nicht in der Willkür des Einzelnen, ob er solche Ideen assimiliert, wenn sie sozusagen auch auf der Straße liegen: es ist eine Frage der persönlichen Reife, letztlich des persönlichen Schicksals, ob ich dazu gelange, mich vorgegebener Ideen zu bemächtigen. Für K. ist dies das Schicksal, dass er nach Südamerika fahren, krank werden musste, innerlichste Erschütterungen durchmachen muss, um sich Ideen zu bilden, die er bequem zu Hause hätte – lesen können, aber nur dann hätte wirklich aufnehmen können, wenn die Welt eine – Schulstube wäre, was so viele Anthroposophen zu glauben scheinen, wenn sie darüber staunen, dass die Menschen nicht gierig nach den gedruckten Geistesschätzen Steiners greifen. Man muss es eben tief ernst nehmen, wenn Steiner als die Vorbedingung tiefster Erkenntnis den *Schmerz* weiß. Wer Antlitze zu lesen versteht, der weiß bei einer Betrachtung des Bildnisses Steiners, was dieser Ausspruch bei St. bedeuten muss. Keyserling hatte den Mut, sich dem Leid auszusetzen auf dem Wege, den ihm ein bewusst geschautes Schicksal wies. In der Bejahung des eigenen Schicksals fängt die spirituelle Weisheit an.

Was Keyserling in großartiger Imagination als Gana-Welt schildert, das ist nicht nur in Südamerika als Wirklichkeit da: das ist auch für uns in unserer unmittelbaren Welt jederzeit da: eine aus dem *Erd*haften in uns „von innen her drängende, unbewusste Urkraft, über die das Bewusstsein keine Macht hat“ (S.153), „das Stärkste vom Starken und Schwächste vom Schwachen, Urgewalt und Ohnmacht in einem“ (S.155). Es ist jenes Naturhafte in uns, in das noch keine schöpferische Phantasie, kein bewusstes Zwecke-setzen schon einen Sinn hineinzutragen vermöchte. Die Gana-Sphäre liegt tiefer als alle Unterwelten, die von der Psychoanalyse als Sexualität, Macht- und Geltungsdrang im Menschen mit schonungsloser Courage aufgedeckt worden sind. Wenn man nun wie Keyserling entwicklungsgeschichtlich im Sinne des 19. Jahrhunderts denkt und damit eben einem wenn noch so sublimierten *Naturalismus* verhaftet bleibt, dann erscheint die Gana-Welt als das Primäre, in das hinein von dem entgegengesetzten Pol der „Einbruch des Geistes" erfolgt. Dieser Standpunkt bedeutet aber eine Halbheit und Inkonsequenz. Eine *konsequente* spirituelle Interpretation der Welt wird umgekehrt im Geistigen wie das Letzte so auch das Erste sehen und die Gana-Welt ist dann Tragik des Abfalls vom geistigen Ursprung. Eine solche Auffassung berührt sich nahe mit der spirituellen Grundanschauung des Christentums, doch das *heutige* Christentum ist im Unrecht gegen einen Keyserling, weil bei K. bedeutende echte Anschauungs-Inhalte auftreten, im dogmatischen Christentum aber nur abstraktes Wortgeleier alter verdorrter Weisheit. Doch Keyserling ist nun in sich selbst widerspruchsvoll.

Es ist rührend, wenn er sagt (S.374): „in der Durchgeistigung liegt, vom Menschen her gesehen, der Sinn des Weltprozesses". – Ja, gibt es denn vernünftigerweise einen anderen Sinn als den „vom Menschen her"? Gewiss nicht. Keyserling weiß ja auch, dass die Welt dadurch vergeistigt wird, dass der Mensch *seinen* Geist – im Sinne von Goethes „Welt zu Welt" – der Welt einpflanzt. Aber wie darf K. nun den Satz schreiben: „Ob [die vom Menschen bewirkte Durchgeistigung der Welt] der wahre und letzte Sinn des Weltprozesses ist, das werden wir nie erfahren." (S.374). *So* könnte Steiner nicht fragen. St. weiß: Wenn der Weltprozess einen Sinn hat, so ist es der, den der *Mensch* ihm erteilt, indem er sich selber vollendet. Mensch und Welt sind garnicht zwei verschiedene Entitäten, sie sind das Gleiche. Der Mensch ist Ur-Wesen und die Welt ist des Urwesens Erscheinung. Das Christentum meint auf niedrigerer Stufe dasselbe für das Gefühl, indem es dem Gläubigen sagt: Gott ward Mensch. Eine Gefühlsreligion entspricht uns nicht.

Eine Zeit, die spirituelle *Erkenntnisse* hervorbringt vom Range derjenigen Keyserlings, kann das religiöse Bedürfnis nur durch *Erkenntnis*, nicht durch Glaubenserlebnisse befriedigen. Keyserling geht den Weg der Erkenntnis, aber er geht ihn nicht konsequent zu Ende. Wir können in der Tat als bloße Zuschauer des Welt-Schauspiels lange warten, bis wir „erfahren", was das Ziel des Weltprozesses ist. Hier hört das Schau-*Spiel* auf, hier fängt der Ernst der Verantwortung an. Und kein Gott trägt heute die Verantwortung, die nur der seines Wesens bewusste Mensch antreten kann. Dieses tiefste Wesen des Menschen, das Urwesen und Herz des Universums, wurde durch die Impotenz der Religion lange genug als ein dem Menschen jenseitiger Gott imaginiert. Wo stammen denn die grandiosen Mythen und Gottesvorstellungen der Vorzeit her? Doch wohl aus dem Menschen. Es ist eine Frage des *Mutes*, die Konsequenz dieser Einsicht auch zu *leben*.

Außerordentlich sympathisch berührt mich an K., dass er als die Urtatsache des Geistes nicht irgend etwas Bildhaftes auffasst, sondern den reinen Akt des *Mutes*. Er berührt sich in dieser Anschauung mit J. G. Fichte. Wie dieser aber im Alter doch wieder in dualistisch-religiöse Auffassungen zurückfiel, so ist auch Keyserlings Mut nicht entschlossen zur letzten Konsequenz. Freilich auch hier entscheidet wiederum nicht theoretische Willkür, sondern erlebtes Schicksal. Es hätte keinen Sinn zu sagen: K. will – oder will nicht – seine Prinzipien konsequent durchhalten. Sein Wille ist hier ja nur der Vollstrecker eines von weit weit her organisierten persönlichen Schicksals. In früheren Verkörperungen wurde dieses Schicksal begründet und zubereitet.

Eine besondere Bedeutung messe ich in dem Keyserlingschen Buche der Kritik bei, die an *Klages* (ohne dass der Name Klages genannt wird) geübt wird. Keyserling schaut den Abgrund zwischen Geist und Gana viel tiefer klaffen als je Klages den Zwiespalt zwischen Leben und Geist. Doch niemals würde Keyserling den Geist den Feind des „Lebens“ nennen, dazu hat er viel zu viel Geist. Aber Klages tut das, und das macht ihn zum übelsten Reaktionär, schlimmer als je eine Theologie reaktionär war. Klages lehrt eine „Welt der flutenden Urbilder“. Von einer solchen dürfte nur eine Philosophie sprechen, die im Innenleben des *Menschen* den Ursprung dieser Urbilderwelt weiß, und zwar in dem Menschen, der die Verantwortlichkeiten des alten theologischen Gottes als die seinigen angetreten hat. Davon ist die Philosophie von Ludwig Klages so weit entfernt wie möglich. Deshalb ist Keyserling viel tiefer, wenn er die Ursprünglichkeit der Urbilderwelt bestreitet, die Blindheit des Urlebens behauptet und sagt, dass die Urbilder erst mit dem Einbruch des Geistes als Spiegelungsphänomen entstehen. Von Keyserling zu Steiner gibt es einen Weg und eine Brücke, weil K. echter Spiritualist ist; von Steiner zu Klages gibt es nur das vernichtende Gericht über die Anmaßung einer Bildungs-Philosophie (in Hamburg legendärer Weise: „Damen-Philosophie“).

Ich will aus der Fülle des Keyserlingschen Werkes noch zwei Probleme streifen, 1. das Problem des Todes und 2. das Problem der geistigen Abstammung der Kinder.

ad 1.) Keyserling schreibt S.367: „Ist der Geist letzte Wirklichkeit des Menschen, dann ist der Tod in der Tat nicht ernst zu nehmen.“ (Vorher hatte K. gesagt, dass er durch seine Südamerikareise erstmals sich befreit habe von der Todes*furcht*, die ihn bisher geplagt habe). Den Tod nicht ernst nehmen, ist das nicht die Tonart Luzifers? Der Tod *ist* ernst zu nehmen. Er ist das Zentralmysterium des Menschseins. Wer aus seinem

Erkenntnis-Mut begriffen hätte, dass keine „Erfahrung" – wie K. meint – den letzten Sinn der Welt je enthüllen kann; wer so den Mut hätte, vor das *Nichts* zu treten, um aus dem Nichts – in der Übernahme der Verantwortlichkeiten Gottes – das Ziel der Welt als Mensch zu erschaffen, der wüsste in jenem Nichts den Sinn des Todes: es ist das Nichts, aus dem das „All" ersteht. Tod und Auferstehung gehören in der *Erkenntnis* zusammen. Tod-Auferstehung ist primär ein rein geistiges Geschehen. Was in der physischen Welt als Tod des Leibes auftritt, ist ein schlechtes Abbild jenes geistigen Urvorganges. Aber der physische Tod ist dennoch für alle Menschen die entscheidende Tatsache ihres Schicksals, sofern die Menschen ihrem Kern nach geistigen Ursprungs sind. Der physische Tod ist das Erziehungsmittel der Menschheit, mit dem Ziel, den einzelnen Menschen zu jener spirituellen Vollkommenheit zu bringen, wo es ihm geschenkt oder erlassen wird, in immer neuen Erdengeburten und Erdentoden von Verkörperung zu Verkörperung jene Vollkommenheit erst zu erstreben. Das Streben ist beruhigt, wenn das Ziel erreicht ist. Auf der steilen Höhe, wo K. angelangt ist, verfällt man der Täuschung Luzifers, wenn man nun das *letzte* Ziel der Welt nicht erschafft. Man schwankt dann wie K. zwischen Buddha und Christus und steht Buddha zuletzt doch viel näher als dem Christus. Das trifft ja für Keyserling zu. Wenn er die Gana-Welt als Ursprung setzt, dann *kann* nur die Buddha-Welt das letzte Ziel sein. Wer den Geist als erstes setzt, wird als letztes Ziel nur das Christus-Ziel schauen: die Vergeistigung des Menschen und damit der Welt. K. lässt in den letzten Sätzen sein Buch ausklingen in Gedanken über den Christus-Geist, aber er resigniert: „Aber in seiner letzten Tiefe kann der Geist die Erde nicht anerkennen, so wie sie ist." Hier kann man nur noch die Frage entgegenhalten: „Wessen Geist?"; wenn nicht der Geist Keyserlings, dann vielleicht der

Geist eines Andern! Es geht hier um den Ausgang des großen Kampfes des Westens mit dem Osten.

Und in der Tat, die *bisherige* Vorstellung von Christus in der westlichen Kirche kann auf die Dauer den Kampf mit dem buddhistischen Osten nicht wagen, – wenn sie nicht mit der Idee des Christus die Idee der wiederholten Erdenleben des individuellen Menschengeistes verbindet. Buddha erschafft der Welt ein negatives Ziel, das Nirwana, das Versinken im Nichts. Dem setzt der christliche Glaube (eben bloß der Glaube) ein in Christus gegebenes positives Welt-Ziel entgegen: eben die Vergeistigung der materiellen Welt in tätiger Hingabe an die Welt. Aber dieses christliche Glaubensziel ist unwirksam, wenn der Christus sich nicht in gegenwärtigen Menschen als *Erkenntnis* erschafft. Das sehe ich in der Tat Steiners gegeben, der darum der Richter einer bloß historisch nach rückwärts orientierten Kirche und des Glaubens-Christentums ist. Der Westen wird dies entweder einsehen und damit dem Osten gewachsen sein, er wird es nicht einsehen und der Osten wird über uns hereinbrechen, nicht als Weltanschauung etwa, nein als bitterste realste Lebenswirklichkeit, von der Dschingis-Chan ein Vorgeschmack sein mag.

ad 2.) Keyserling schreibt S. 351: „Immer mehr beunruhigt mich das Wunder der Fortpflanzung. Lägen die Dinge so, dass sie eine rein körperliche Angelegenheit wäre und die ‘Seele’ ganz von außen in den Körper einströmte, dann wäre volles Verständnis zwar auch nicht möglich, immerhin aber ein erträglicher Grad von Plausibilität erreicht. Aber irgendwie stammen die Kinder von ihren Eltern unzweifelhaft auch geistig ab. Und dies zu verstehen, erkläre ich mich außerstande.“

Dieses ehrliche Eingeständnis ist wertvoll. Nach der Lehre Steiners verhält es sich so: Die individuelle Geist-Seele eines zu Verkörpernden lebt oft viele Generationen lang vor der Verkörperung im geistigen Kontakt mit ihren physischen Vorfahren. Sie arbeitet von weither an der Präparierung der physischen Leibesgrundlagen, die einst geeignet sein sollen, der besonderen Seele mit ihrem besonderen Schicksal das entsprechende physische Instrument zu sein. Die Kindesseele vor ihrer Verkörperung ist es schließlich, die ein passendes Elternpaar zusammenbringt, das den ersehnten Leib erzeugt. Das Kind als seelisch-geistiges Wesen ist eine selbständige Individualität, die durch viele frühere Verkörperungen bereits hindurchgegangen ist. Was diese Individualität in ihrer neuen Verkörperung an Vererbungsmomenten von den Eltern übernimmt (und diese Vererbungsmomente sind für die Auswirkung des individuellen Schicksals von größter Wichtigkeit), das berührt zwar die leibliche Grundlage der Seele, nicht aber diese selbst bzw. den Geist in seinem eigenen Kern. Diese Anschauung wirft Licht auf viele ungelöste Fragen, abgesehen davon, dass sie das Gemütsverhältnis zwischen Eltern und Kindern schöner und reiner gestalten kann als bisherige Anschauungen. Unter den Fragen, die durch die Anschauung Steiners geklärt werden, ist z.B. die Frage nach der Entstehung des Genies. Wie entsteht das Genie? Erfahrungsgemäß doch nicht durch Vererbung. Und die Erfahrung auch ist es, die lehrt, dass Genies keine genialen Nachkommen erzeugen. Steiners Idee der Wiederverkörperung und der wiederholten Erdenleben der geistigen Individualität ist kein Wunschbild. St. ist viel zu sehr der Tatsachenwelt der Naturforschung innerlichst verpflichtet, um sich in Spekulationen zu ergehen. Er betrachtet die Idee der Wiederverkörperung als geradezu gefordert von der gewissenhaften Wertung der Tatsachenwelt der modernen Naturforschung einschließlich der modernen, mit den Mitteln der Naturforschung arbeitenden Psychologie. Und man braucht etwa nur Freud zu verfolgen, um zu sehen, wie in seinen exakten Beobachtungen und Analysen überall an den Stellen, wo er ein großes Fragezeichen machen muss, die Idee der Wiederverkörperung als von den Tatsachen selbst gestellte objektive Forderung auftritt.

Machen Sie sich, verehrte Frau, keine Gedanken darüber, dass ich meine Zeit mit Briefeschreiben verbringe. Sie dürfen versichert sein, dass ich es aus einem gesunden Egoismus tue: ich kenne garnichts Besseres, nichts Zweckmäßigeres, nichts Befriedigenderes als den Versuch, meine Innenwelt in Gedanken zu objektivieren.

Ergeben grüßend

K.B.

Briefwechsel mit Ludwig Binswanger

An Ludwig Binswanger

Den 19. September 1922

Herrn
Dr. Ludwig Binswanger
Kreuzlingen-Bellevue, Schweiz

Sehr geehrter Herr,

dieser Tage besuchte mich Frau Magd. Blohm. Nach ihren Bemerkungen darf ich bei der Abfassung dieses Briefes voraussetzen, dass Briefschreiber und Briefempfänger insofern sich nicht ganz unbekannt sind – originellerweise –, als sie gemeinsame Bekannte von Frau B. sind. Ich glaube mich der Pflicht enthoben, mich bei Ihnen ausdrücklich entschuldigen zu müssen für meine in dem Briefe an Frau B. enthaltenen Bemerkungen über „Seelenärzte". Diese waren so allgemein wie möglich gemeint; allerdings waren es Verallgemeinerungen aus konkreten persönlichen Erfahrungen. In Bezug auf Ihre Praxis hatte ich gar keine Vorstellung und nur ganz gelegentliche beiläufige Bemerkungen meines Maler-Freundes Kronenberg im Gedächtnis (übrigens schloss ich aus jenen kunstgewerblichen Arbeiten Kronenbergs, die in Ihrer Klinik entstanden sind, auf ein wohltuendes und harmonisierendes Milieu). Ihre Publikationen waren mir ebenfalls unbekannt.

Auf die Lektüre Ihrer mir von Frau B. in Aussicht gestellten Arbeit über „Traum und Existenz" freue ich mich sehr. Ich bin neben meiner Tätigkeit als Maler ausgiebig mit philosophischen

Arbeiten beschäftigt. Zur Zeit schreibe ich an einer größeren Arbeit zu Problemen, die in Heidegger zentriert sind.

Heute, bei einem Gang in die Stadt – blieb mein Blick ins Schaufenster einer Buchhandlung kleben auf Ihren „Wandlungen in der Auffassung des Traumes". Die – wie ich empfinde: – typisch schweizerische Grundhaltung dieser Schrift: Nüchternheit, die Spiritualität nicht ausschließt, spricht mich sehr an. Es regt sich in mir die Hoffnung, dass sich mir ein lange gehegter Wunsch erfüllen könnte: mit einem Fachmanne über eine bestimmte *Grundauffassung* des Traumes, die ich mir aus reichem *Erfahrungs*material gebildet, mich zu unterhalten.

Ich will in diesem Briefe ganz kurz diese Grundanschauung festzuhalten versuchen. Bei einem ersten Durchfliegen Ihrer Schrift habe ich auf Seite 85 – wie ein Jäger, dem der Hase vor die Flinte läuft – ein dickes Fragezeichen an den Rand gesetzt. Die betr. Stelle lautet: „… der Hauptakteur des Traumes immer der Träumer selbst ist. Wir träumen eigentlich immer nur von uns selbst". In dem letzten Satz muss ich das „nur" bestreiten. – Ich vermeide die Pluralform, ich berufe mich auf eigene, von kritisch-wacher philosophischer Besinnung kontrollierte Erfahrung und behaupte: Ich träume mit und aus der geistig-moralischen Potenz (oder meinetwegen „Substanz" ohne metaphysischen Nebensinn) desjenigen (derjenigen) Menschen, zu dem (denen) ich am Tage vor der Traumnacht intensive geistige Ich-Berührung gehabt habe. *Ich* bin dabei wesentlich *Schauplatz*; *was* ich träume, träume ich natürlich in der Ich-form, d.h. als *meine* Angelegenheit, ich träume mit den in meiner Seele vorrätigen Erinnerungsinhalten; – *was* (als letzte Inhaltlichkeit) ich aber träume, das ist die Äußerungsweise des *Andern*.

Vielleicht kann ich mich am besten im konkreten Beispiele verständlich machen: Ich schrieb am Samstag den 17. September an Frau B. einen längeren Brief, in welchem ich ihr die Möglichkeit des Hinfindens der Seele zu bedeutenden Weltanschauungsinhalten, die Befriedigung und Kraft geben können, ausmale. Die Lektüre dieses etwas philosophisch gehaltenen Briefes dürfte gewisse Anforderungen stellen. Ich kann den Umständen nach annehmen, dass der Brief am Sonntag den 18. September in die Hände von Frau B. gelangt ist. In der Nacht vom Sonntag auf Montag (18./19. Sept.) träume ich. Es ist ein sehr origineller Traum.

Der Organisator des Traumes holt mit raffiniertester Meisterschaft eine Vielheit von solchen Elementen aus meinem Erinnerungsschatz, die in einem gegliederten Aufbau eindeutig eine Summation von Minderwertigkeitsgefühlen ausdrücken. Der Traumaufbau verwendet eine von mir früher – als Knabe – erlebte Spannung zwischen einerseits einem Hingezogensein zu Proletarierkameraden auf der Ebene des Spieles auf der Straße oder auf dem Fußballplatz, wobei in mir zutiefst eine gewisse Reserve wirkte, die etwa sagen wollte: eigentlich passt das für deine geistigen Interessen nicht so recht; – und zwischen andrerseits einem Hingezogensein zu den besonders tüchtigen Mitschülern, zu denen ich selbst zählte, und von denen ich als „Primus", obschon aus ärmlichen Verhältnissen, geachtet wurde. Aus dieser Spannung arrangiert der Traum eine Situation: eine Art Rummelplatz mit Schaubuden. Ein ehemaliger Schulkamerad vom proletarischen Typ ist Inhaber einer kleinen Wurstbude, in der Tonfilm vorgeführt wird. An der überdachten Fassade sind Kitsch-Reklamen zu sehen, darunter Obszönitäten. Ich stehe vor dieser Bude vor dem Inhaber, – die Situation ist mir sehr peinlich, denn gegenüber, mir im Rücken stehen zwei Kameraden vom geistigen Typ. Sie sehen sehr gut aus, wie im Leben Arrivierte, und ich schäme mich vor ihnen. Der eine der beiden war ein besonders schlechter Schüler im Latein und ein Bewunderer meiner Leichtigkeit im Lateinlernen. (Dieses Einzelmotiv scheint interessant: ich empfinde Minderwertigkeit vor einem, dem ich doch überlegen bin. Ich sehe in diesem Einzelmotiv *innerhalb* des Traumes diejenige Umkehrung oder Vertauschung der Rolle, die stattfindet zwischen dem Veranlasser des Traumes, Frau B. – und mir). Mit dem anderen der beiden, heute Gymnasiallehrer oder dergl. –, hatte ich einmal ein Erlebnis: ich hatte vorausgesetzt, dass ihm die Gründe bekannt seien, derentwegen ich ihm in einer Art spontaner geistiger Herzlichkeit entgegentrat. Diese Gründe waren ihm aber nicht bekannt und meine Herzlichkeit war deplaciert.

Der Traum scheint mir verständlich, wenn ich die Briefempfängerin insofern als Ursache des Traumes ansehe, als sie ihre moralisch-geistige Substanz – in deren Form nach Empfang und Lektüre des Briefes – als Grundlage zur Verfügung stellt (natürlich aus ihrem „Unbewussten“). Ich würde diese Deutung nicht wagen, wenn dies der erste Traum von solcher Struktur wäre, wo ich mit dem „Ich“ des Andern zu träumen mir bewusst bin. Es liegen aber hunderte von Träumen von der prinzipiell gleichen Struktur als Erfahrung mir vor.

Ich glaube mir selbst gegenüber die kritische Besonnenheit zu haben, um objektiv wissen zu können, dass *ich* keine Veranlassung hatte, gerade Minderwertigkeitserlebnisse im Traum zu imaginieren. Ich bin also Schauplatz, ich spiele die „Rolle“ des Andern.

Es würde mich äußerst interessieren, wenn Sie diejenige Deutung meines Traumes geben könnten, die Ihrer Ansicht entspräche, dass wir „nur von uns“ träumen. Hauptsächlich aber wäre mir Ihre Stellungnahme zu meiner Grundauffassung wertvoll. Die von Ihnen analysierten Träume, bzw. die Methode Ihrer Analyse wird von meiner Auffassung nicht angetastet, ich nehme vielmehr an, dass jene Träume auf einer anderen Niveau-Ebene spielen als die meinigen. Die Annahme verschiedener Ebenen scheint mir ohne Zwang möglich. Es ist mir wichtig zu betonen, dass in meiner Deutung jede Hinzuziehung von Metaphysischem – zunächst – unterlassen ist. Dass meine Denkart nichts mit Aberglauben, Okkultismus und dergl. zu tun hat, dürfte aus diesem Briefe hervorgehen.

Noch hinter den obigen Fragen, die dieser Brief an Sie richten möchte, steht dann natürlich im Hintergrunde die Frage: wie träumt eigentlich der Psychotherapeut? Stehen seine Träume in einem Zusammenhang mit der geistig-moralischen Struktur der Patienten?

Ich grüße Sie in vorzüglicher Hochschätzung

Karl Ballmer

Von Ludwig Binswanger

Dr. Binswanger's Kuranstalt Bellevue
Kreuzlingen, den 27. September 1932

Sehr geehrter Herr Ballmer!

Zu meinem großen Leidwesen fällt Ihr Brief in die Zeit einer schweren Erkrankung einer meiner Mitarbeiter, wodurch ich aus den Ferien zurückgerufen worden und jetzt mit Arbeit überhäuft bin. Entschuldigen Sie daher, wenn ich Ihnen nur schnell sagen kann, dass mich Ihre Ausführungen sehr interessiert haben. Ihre Auffassung verstehe ich nach der ersten Lektüre noch nicht ganz. Hinsichtlich des Satzes, dass wir nur von uns träumen, bemerke ich, dass damit nur gemeint sein sollte, dass im Traum immer nur unsere eigenen Interessen, Wünsche, Leiden und Sorgen, wenn auch in verhüllter Form, zutage treten. Dass wir dabei hie und da auch die Rolle des Andern spielen, bestreite ich keineswegs. Das würde aber m.E. keinen Widerspruch zu der obigen Behauptung bilden, da wir ja auch ein Interesse daran haben müssen, die Rolle des Andern zu spielen. Ihre Frage über die Träume des Psychotherapeuten schneidet ein sehr interessantes Thema an, auf das ich bei mir selber schon geachtet habe. Ich glaube aber, dass diesen Träumen nichts Eigenartiges innewohnt und dass sie sich nicht unterscheiden von Träumen, in denen wir sonst von Menschen träumen, mit denen wir uns viel beschäftigen oder für die wir uns intensiv interessieren.

Mit der Bitte um Entschuldigung für meine Kürze und den freundlichsten Grüßen, auch für Frau Blohm, Ihr ergebener

L. Binswanger

An Ludwig Binswanger

Den 3. Oktober 1932

Sehr geehrter Herr Dr. Binswanger!

Ihr Brief vom 27. September, gegen dessen Position ich nichts einzuwenden brauche, würde erfordern, dass ich nun den „metaphysischen" Unterbau aufzeichnete, der meiner Auffassung der Substanz-Vertauschung das Gewicht zu geben hätte, das ich ihr gerne zuerkannt wissen möchte. Das wäre aber eine ziemlich umständliche Aufgabe. Anstelle ihrer Lösung ziehe ich vor, Ihnen ein paar Versuche in einer neuen Art von „Lyrik" zu unterbreiten, die 1926 entstanden sind. Sie enthalten in unbegrifflicher Form eine 'Metaphysik'. Das erste Stück davon hat einmal Max Rychner vorgelegen, er hat nicht darauf reagiert.

Frau Blohm (ihr Aufenthalt ist z.Z. das hiesige Bethanien-Krankenhaus, wo sie sich einer Operation der Oberlippe unterzogen hat) hat mir „Traum und Existenz" zukommen lassen. Meinen verbindlichsten Dank! Hätte ich den Erscheinungsort (Neue Schweizer Rundschau, Sept. Okt. 1930) gekannt, so würde ich mir gerne die Hefte besorgt haben. Ihre Arbeit beschäftigt mich und wird mich noch stark beschäftigen. Persönlichst betroffen war ich, dass Sie gleich eingangs Löwith nennen. Sein „Das Individuum in der Rolle des Mitmenschen" gehört zu meinem angenehmsten und innerlichsten Umgang. Löwith steht mir näher als Heidegger. Gegen des letzteren System habe ich einen unpersönlich großformatigen 'metaphysischen' Zorn. Ich nehme sein bedeutsames Motiv „Interpretation einer Erkenntnistheorie (Kants) als Metaphysik" auf, halte aber die

Interpretation der Erkenntnistheorie *Goethes* für eine ungleich fruchtbarere und zeitgemäßere Aufgabe.

Sie schreiben am Schlusse von „Traum und Existenz“: „Beide Glieder der Disjunktion von Lebensfunktion und innerer Lebensgeschichte auf einen gemeinsamen Nenner zu bringen [die Aufgabe meiner „Wachen Mythen“], wie es immer wieder versucht wird, ist nicht möglich, denn das Leben als Funktion ist ein anderes Leben als das Leben als Geschichte. Und doch haben beide einen gemeinsamen Grund: die Existenz.“ Dazu möchte ich, später Auszuführendes antizipierend, kurz das folgende sagen: Die (Heideggersche) Verwendung des Begriffes ‘Existenz’ ist problematisch und fragwürdig. Die Scholastik arbeitet systematisch mit dem Begriffspaar ‘Wesen’ und ‘Existenz’. Das Fundament der Scholastik ist der christliche *Theismus*. Wäre Heidegger Theist, so vermöchte ich einen Sinn zu sehen in seiner Verwendung des Begriffes ‘Existenz’. Da er dies nicht ist, entsteht eine unauflösbare Schwierigkeit. Die Erkenntnistheorie *Goethes* arbeitet systematisch anstatt mit ‘Wesen’ und ‘Existenz’ mit dem Begriffspaar: Wesen und Erscheinung, und dieses Begriffspaar entspricht ebenso einem Monismus wie das Begriffspaar ‘Wesen und Existenz’ dem dualistischen Theismus. Eine konsequente Interpretation der Erkenntnistheorie Goethes setzt als systematischen Inhalt für das Wesen nicht das ‘Sein’, sondern den *Menschen* (Christus, als ‘Gottheit des Denkens’). Die Weltanschauungsproblematik der Gegenwart ist vor die Frage gestellt, ob man den Mut hat, ein *neues* Wahrheitskriterium zu kreieren, das an die Stelle des ontologischen ‘Seins’ zu treten hat. Was *wahr* ist, ist wahr nicht mehr als ‘Sein’, sondern als ‘Ich’ und ‘Mensch’ (Chr.). Das soll nur eine Andeutung sein. ‘Mensch’ (Chr.) ist das Ur-*Wesen*, die Welt ist des Urwesens *Erscheinung*. Der Begriff ‘Existenz’ gehört für mich in die Konkursmasse des Theismus. Dahin scheint mir auch die neueste Broschüre von C.G. Jung (Vortrag im Elsass 1932) zu gehören.

Für eine gelegentliche Äußerung über meine „Wachen Mythen" wäre ich Ihnen dankbar.

Mit ergebenen Grüßen

Karl Ballmer

An Ludwig Binswanger

Den 24. Oktober 1932

Zu meinem Problem, die Idee der Welt-Geschichte aus der Welt des *Traums* zu begründen.

Aus Ernst Cassirers „Philosophie der symbolischen Formen", III. Band, Kap. VI. (Zur Pathologie des Symbolbewusstseins) Seite 317:

> Bisweilen scheint es, als habe ein Kranker, der an Apraxie leidet, eine bestimmte Zielvorstellung richtig erfasst: Aber jeder neu auftretende, von außen dargebotene sinnliche Reiz kann ihn alsbald wieder aus seiner Bahn werfen und die Handlung in eine falsche Richtung lenken. Der Zielgedanke wird – wie *Liepmann* sich ausdrückt – durch eine andere „ästhesiogene" Vorstellung verdrängt. ...

„In allen willkürlichen Handlungen", so hat schon *Jackson* betont, „gibt es einen Vorbegriff (preconception). Die Handlung wird potentiell vollzogen, bevor sie aktuell getan wird; der 'Traum' der Operation geht ihr selbst vorauf". Der Kranke, der in den meisten Fällen eine bestimmte Handlung aus dem unmittelbaren Bedürfnis und Erfordernis des Augenblicks heraus noch richtig auszuführen vermag, kann nicht in dieser Weise „träumen" – – – –

Der Kranke kann nicht träumen. – – –

Die Philosophie kann nicht – träumen!

Herrn Dr. Ludwig Binswanger mit freundlichen Grüßen

Karl Ballmer

Von Ludwig Binswanger

Dr. Binswanger's Kuranstalt Bellevue
Kreuzlingen, den 25. Oktober 1932

Sehr geehrter Herr Ballmer!

Ich muss Sie wieder um Entschuldigung bitten, dass ich Ihnen so spät schreibe. Meine Notlage, von der ich Ihnen berichtete, hat sich aber noch nicht geändert. Ich danke Ihnen herzlich für Ihren Brief, sowie vor allem für die freundliche Dedikation

Ihres Manuskriptes, auf dessen zweiter Seite ich meinen Namen freundlicherweise vermerkt gefunden habe. Ich nehme an, dass Sie mehrere Exemplare haben, sonst könnte ich Ihre Gabe kaum annehmen. Was den Inhalt anbelangt, so hat er mich, wie Sie sich denken können, sehr interessiert. Da ich die Arbeiten von Löwith ebenfalls sehr schätze und gut kenne, ist mir der Zugang zu diesen Mythen natürlich besonders leicht gemacht. Ich frage mich nur, wie weit ein Leser, der nicht weiß was eigentlich gemeint und beabsichtigt ist, Ihre Mythen verstehen und würdigen kann und begreife daher sehr gut, dass Rychner nicht geantwortet hat; denn offenbar wusste er nichts damit anzufangen. Solange Sie rein phänomenologisch im Sinne Löwiths bleiben und konkrete „Verhältnisse" aufspüren, gehe ich gerne mit Ihnen. Die metaphysische Wendung vermag ich aber nicht mitzumachen; immerhin verstehe ich jetzt viel besser, was Sie in Ihrem ersten Brief gemeint haben. Sie selber werden im Übrigen ebensogut wissen wie ich, was für ein gefährliches Genre bei einer Verquickung von Lyrik und Metaphysik herauskommt, insbesondere wenn dann noch der Ausdruck Mythus hinzukommt. Die Gefahr besteht eben darin, dass nur der Sie verstehen wird, der mit einer gewissen Sachkenntnis, einem persönlichen Wohlwollen und keiner Abneigung gegen diese Art zu philosophieren an diese Arbeiten herangeht. Mir selber ist der Ausdruck „Wache Mythen" durchaus sympathisch. Ich denke dabei etwa an die Bedeutung, die Baeumler in seiner Bachofen-Einleitung dem Worte Mythus gibt. Sicher vermag nur der Künstler in unserer Zeit noch Mythen zu schaffen.

Ihre Kritik an Heidegger ist mir nicht fremd, trotzdem sehe ich in ihm einen, wenn nicht *den* stärksten philosophischen Kopf unserer Zeit.

Mit freundlichen Grüßen und nochmaligen herzlichem Dank

Ihr sehr ergebener

L. Binswanger

P.S. Wenn Sie Frau Blohm ausrichten könnten, dass ich gern wieder etwas über ihr Befinden hören würde, wäre ich Ihnen dankbar. Da Sie sich für Traum und Existenz interessieren, schicke ich Ihnen ein altes Exemplar, das ich noch auftreiben konnte.

26. Oktober 1932

Eben erhalte ich auch noch Ihren freundlichen Brief vom 24. ds. Sie verquicken hier aber sehr verschiedene Dinge! Vorsicht!

Wache Mythen

(1926)

Die Hamburger Morgenblätter vom 1. November 1926 meldeten: Auf Mussolini ist in Bologna ein Attentat verübt worden. Die Kugel ging fehl und der Täter, ein 15jähriger Knabe, wurde von den Faschisten auf der Stelle gelyncht. – Auf der Elbe wurde der einkommende russische Dampfer „Garibaldi", dessen Ladung außer Eiern und Tabak fremde Tiere enthielt, von einem ausfahrenden deutschen Schiffe gerammt und sackte ab. Die russische Mannschaft wurde an Bord des deutschen Dampfers übernommen; dagegen konnte von den auf Deck des „Garibaldi" befindlichen russischen Bären nur einer gerettet werden.

Das Attentat auf Mussolini scheint Mich nicht anzugehen – . Aber man muss fragen, wo das Ich zu finden ist. Und Wenige wissen, dass das Ich mehr bei den Toten ist als bei den Lebenden. Und so wäre Ich der Attentäter, der von den Dolchen der Schwarzhemden zwölfmal durchbohrte Knabe Antemo? Und hielte Zwiesprache? Aber die Sprache mit den Toten zu sprechen ist eine andere Sprache als die Sprache der Lebenden.

Ein Lebender ist wenig bei Sich; er ist vielleicht im Freunde ein wenig, oder in seiner Mutter, ein wenig in der Familie, oder im Herzen des Volkes. Aber der Tote ist nicht in dem und dem: er ist im Ganzen. Er ist Selber das Ganze der Welt, das Nichts und Alles ist. (Dass sich das Ich doch erkühnte, in das Ganze, das Nichts und Alles ist, Sinn und Maß zu tragen!) Den vom Kreuze gehobenen Leib des Toten haben sie untersucht und haben gefunden, dass Seine Stoffe und Kräfte dem Ganzen angehören. (Seine Knochen sind der Kalk der Gebirge, Seine Wässer sind die Weltmeere, Seine Mechanik bewegt die Maschinen in den Fabriken und Seine Chemie treibt die Aktien) – Doch was wissen die von dem Toten Selber!

Ein Lebender scheint zu handeln Er Selber. Der Tote handelt anders. Des Toten Leib ist die Welt und des Toten handelnde Geste ist die Gebärde des Ganzen und der Welt. Und die Geste der handelnden Welt zu vernehmen, müsste man von dem Selbst der bloß Geborenen so fern sein wie der Tote. Die handelnde Gebärde der Welt zu verstehen müsste Ich so weit sein wie die Welt. Und so wäre ich vielleicht das Meer und spülte von weither die Schiffe in den Hafen der Stadt, in deren Seele Ich Selber bin? Und so wäre ich vielleicht die Seele Italiens in dem stolzen Namen des Russenschiffes? Ich wäre – der Knabe Antemo, der Aufrührer – heimatlich innig bei Mir Selber als die östliche Verschwörerfahne am Heck des friedlichen Kaufmannsschiffes – im Novembermorgen fächelnd? Dass doch das Ich machtvoll sei: Bilder zu erschaffen, damit es sich spiegle! Und dass Uns doch die Gebärde der Welt günstig sei! Dass sie das Kaleidoskop sinnvoll und kunstvoll handhabe!

Aber welche Verwirrung für das Ich in dem Toten! der mehr ist als die Lebenden, der Alles ist und doch eigentlich nicht dieses und dieses. Nichts Bestimmtes. Höchstens dies Eine: *Mut.* Unbesieglicher Mut, Sich nicht zu verlieren. (Dass das Sandkorn in der Wüste der Welt nicht verloren gehe, beweisen sie. Und der Mut sollte im Haushalt der Welt weniger sein als ein Sandkorn? Doch was wissen die darum, wie der mutige Ursprung der Welt anhebt im Herzen der Toten!)

Indessen welche Verwirrung! Muss denn das Mutige, wenn es Nichts ist als Mut, just der Mut des Verschwörers sein? warum nicht ebensogut der Mut des Erzfeindes, des Tyrannen? der einer Welt trotzt? So will Ich Meine *Angst* wecken, dass Mein Mut nicht in die Irre gehe. Ich bitte um Bilder voll Angst, dass sich Mein Mut bewähre! Und Ich halte Zwiesprache: Ich sehe Angst, Schrecken, Angst – Und sie nimmt Gestalt an: brüllende, rasende, ersaufende russische Bären. (Weit ist der Seelenraum des russischen Bären) Und Ich sehe wieder Angst, Schrecken: die Angst von 12 Mördern, die als Leidenschaft an ihnen frisst (und die Angst vom Dreizehnten) Ich bin Selber das Angstwesen und mein Mut-Wesen kämpft mit dem Angst-Wesen. Bin Ich nun ein Italier? Bin Ich im weiten Seelenraum von Russen? Bin Ich das verwegene Rot der Bluse Garibaldis? oder bin ich der Todesmut der roten Revolutionsfahne?

– – – – –

Ich bin zuletzt mit meinem Mute ganz allein. Aber Ich bin da, wo das Ganze aus Mut die sinnvollen Bilder webt –, durch die Ich wachend von Mir träume.

Die Sprache mit den Toten zu sprechen ist schwer. In dem Gespräch mit dem Toten geht die Antwort der Frage voran. *Wer* darf dem Toten die Antwort erteilen auf die Frage, die der Tote gestellt hat, nachdem Ich sie gestellt habe?

Wie leicht möchte es doch geschehen, dass meine Liebe für den Toten Mich missleitete, die trostreiche Antwort zu erfinden. Aber der Tote will nicht Trost, und will Wahrheit. Aber die Wahrheit ist nicht das Geschaffene der Liebe; aber an der Wahrheit mag sich die Liebe erwecken.

Wie leicht möchte es geschehen, dass meine Eitelkeit erwachte: dass Ich irgend Etwas bezweckte, wenn Ich mit dem Toten spreche! Wie sollte Ich denn etwas bezwecken? Zwecke gehen Mich an, Ich verwirkliche Zwecke, und der Andere als der Tote setzt keinen Zweck, denn zum Zwecke setzen gehört ein leibhaftiger Mensch. –

Was setze Ich also?

Einen *Gedanken!*

Dass Ich doch die Kraft hätte, den Gedanken zu zeugen, der nicht *Mein* Gedanke ist, und der der Gedanke der *Welt* und die Speise des Toten ist! Dass der menschlich-göttliche Verwalter der Welt-Gedanken diesen Meinen Gedanken in Sein Eigentum nähme!

Wir sagen etwa von einem Menschen: Er erinnert mich an Den oder Den. In dem Er-Innerten ist Der oder Der in Mir, auf die Weise des Gedankens. – Mir geschah es, dass ein vortragender Redner bewirkte, dass durch sein erscheinendes Wesen zwei Andere in Meinem Er-Innern waren, ein Lebender und der Tote. Der Vortragende ist aber der Erzfeind des Einen, der in Mir als Er-Innerter ist, und der ein Toter unter den Toten ist. Und der zweite, der mir erscheint – als Er-Innerter – durch den Vortragenden, das ist ein zarter Musikant, den alle lieben.

Und so habe ich keinen Zweck und denke zwecklos den Gedanken: In Meinem Er-Innern ist der Tote Er Selbst als Sein eigener Feind und ist Er Selber als das Zarte Seiner Liebe.

Und wenn Ich nichts will als den Gedanken Meines Er-Innerns, möchte dann Mein Gedanke Speise des Toten sein? Möchte dann Meine Antwort-Speise die Frage des Toten erschaffen?

Wir sagen „innen“ und „außen“. – Wer ist innen und Wer ist außen? Dass wir uns doch nicht von unserer Sprache die Grenzen stecken lassen! Dass wir doch die Sprache gebrauchten als Handhabe des Souveräns, der Wir Selber sind!

Ich ertappte den Sprachgenius, dass er über seine Grenze ziehende Willkür selbst stolperte: Wenn Wilfried auf das Knie des Vaters will, der am Schreibtisch arbeitet, dann heißt das jedesmal in Wilfrieds Munde: „Na, komm mal ran“. Wilfrieds Sprache ist vom Vater ausgegangen, ist keine toter Logik. „Na, komm mal ran“ – jedes Mal – in Wilfrieds Sprechkunst, das heißt: „Lieber Herr Vater, wie glücklich wäre Wilfried, auf Deinen Knien zu schaukeln, darf Wilfried Dich stören? Fasse Wilfried bitte unter den Armen, Wilfried will dafür sorgen, dass Du am Schreiben gehindert bist“. – Wer hat nun gesprochen „Na, komm mal ran“? Hat nicht aus dem Innern des Vaters die eigene Liebe gesprochen?

Da wissen die Theologen von dem Sohne, der im Vater ist – von dem Einen, der Zwei und Drei ist – , und wissen nicht darum, wie das Wort vor der Zwei und Drei sein kann, und scherzen vielleicht unserer List, den Sprach-Geist an seinem Stolpern über sich selbst ein wenig zu ertappen auf seiner Not.

Die Liebe zu Mir Selber ist nicht gerecht. Sie ist überhaupt nicht Dieses oder Jenes, was unter einen Namen fiele. Sie ist genau das, Wer Ich Selber bin. Man muss auf die Weise sehen, wie Einer sein Selbst in der Welt hat. Es finden Menschen ihr Selbst, indem sie zu ihren Tier-Leibern „Ich" sagen. Andere sind bestrebt, ihr Selbst von Ihrer Tierheit zu unterscheiden. Sie suchen ihr Selbst im Gerechten. Das Selbst als das Gerechte ist nicht in dem Menschen, sondern außer ihm. Es ist zwischen den Menschen. Wo Zwei im Namen des Gerechten zusammen sind, da ist ihr Selbst in dem Gerechten. Die Tier-Menschen haben scheinbar das Selbst in sich; die Gerechten oder die Staats-Menschen haben das Selbst außer sich (Päpste und Könige – wider das Gerechte – verlegen das gerechte Selbst, das zwischen und außer den Menschen sein soll, in ihre päpstlichen und königlichen Tier-Leiber). Die Ich-Menschen als die dritten haben das Selbst weder 'innen' noch 'außen', sondern im Ganzen. Sie haben ihr Selbst da, wo Ich ist, da wo durch M-Ich das Ganze ist. Deswegen ist das Ich nicht gerecht, es ist Ich. Der Ich-Mensch lebt in einer Welt, in der nicht Dinge sind, und in der Verwandlung ist. Bestand ist durch das Ich. Die Heutigen, die noch nicht in der Ich-Welt leben, verstehen unter dem Gerechten das Geld. Wenn die Gerechten aus der Welt der Dinge überzugehen anfangen in die Welt der Verwandlungen, dann verstehen sie als das Gerechte das Geld, weil es dem Gelde eigentümlich ist, in Allem verwandelt zu sein. Das Geld ist Meine Macht in dem Andern als dessen Neid. Oder das Geld ist der Schmerz des Einen in dem Andern als des Letzteren Freude und Glück. Aber nie ist das Geld, weil es bloß das Gerechte und Äußere ist, das Ich in dem Anderen.

Ich war in der vollgepfropften Straßenbahn vom Billetschaffner am andern Ende des Wagens durch eine dichte Heringslage von

Mit-Menschen getrennt. Ich wollte aussteigen und hatte noch keinen Fahrschein gelöst. Ich bitte also einen Nachbar, meine zwanzig Pfennige dem Schaffner auszuhändigen, weil ich jetzt aussteige. Und nun lachen die: „So steigen Sie doch aus!" – Sie wollen sagen: wir an Ihrer Stelle würden jetzt einfach munter aussteigen. Indem Ich aus den munteren Mitfahrenden dieses „Sie" zu mir spreche („so steigen 'Sie' doch aus!"), geschieht Mir die Zumutung, ein Tier-Mensch unter Tier-Menschen zu sein (denn das höfliche „Sie" auf einen Menschen geht auf den Tier-Menschen). Es könnte demnach scheinen, dass Ich ein Gerechter sei, weil ich Gewicht einlege, das Fahrgeld zu bezahlen und weil im Gelde das Gerechte ist; weil etwa meine Pflicht und die Pflicht des Schaffners als das gerechte Selbst einunddasselbe Wesen sind; weil etwa das Verwandlungswesen des gerechten Geldes als mein Selbst in dem Schaffner das Haben und in mir das Sollen ist. Aber mein Selbst ist nicht im Gerechten. Meine Selbstliebe ist nicht gerecht. Mein Selbst ist im Ich der Mitfahrenden. Aber es ist so in den Mitfahrenden, wie es in den Tieren ist: es ist Not, vermischt mit Munterkeit. Man kann zum Tier nicht sagen (weil es Ich nur in Mir und nicht auch in sich ist): seine Not ist meine Not, oder: seine Munterkeit ist Meine Munterkeit. Man muss sagen: Ich aus dem Tiere blicke Mich an munter und voll Not.

Und so auch von den munteren Mitfahrenden.

Meine Scham ist nicht das Element, in dem meine Verwandlung in den Anderen geschieht. Mit meiner Scham – für den Anderen – bin Ich nicht in dem Andern und bin nur in Mir. Meine Scham – als der Andere – schnürt mich ab von dem Andern und presst mich in Mich. Und daher ist der Handelnde aus Scham der Unglückliche, und der Zweck seiner Handlung nicht sein Ich in dem Andern, sondern in ihm Selbst des Andern unerreichbare Ich.

Und wie vielen Meiner Handlungen liegt doch die Scham zu Grunde!

Kein Zweifel: der Vortrag war wirklich schlecht gewesen. Wie konnte es sein, dass die kluge Frau versicherte, selten so guten Vortrag gehört zu haben? Das lag daran: sie war, als sie zum Vortrag ging, erfüllt von einem glücklichen Ereignis des Besitzens. Sie fand sich überrascht von dem glücklichen Ereignis des Besitzens, und in ihr lag es auch, Selbst-los zu besitzen. War nun die Selbst-losigkeit die Maske, zu verdecken, dass die kluge Frau Sich Selbst sah und in Sich Selbst die Lächerlichkeit des Vortragenden?

Ich hörte den Vortrag, und Ich war in dem Vortragenden einfach lächerlich. Anders die Selbst-lose. Und so war Ihr Ich in Mir Meine unglückliche Scham.

Was ist früher: die Antwort oder die Frage? Wir nennen die Verwandlung des Einen Menschen in den Andern Menschen ein Gespräch. Aber wir wissen: was wir die Sprache nennen, das ist nur die Geste und Gebärde für Unaussprechliches. Wir wissen um Gespräche, die eine gute Schicht unterhalb der Sprache statthaben. Dort kann es geschehen, dass die Frage die Folge der Antwort ist.

Ich steige in die Elektrische. Der mir unbekannte Herr auf der hinteren Plattform ist mir vollständig außen. Würde ich sagen:

er ist mir gleichgültig, oder: er geht mich nichts an, so läge darin immer etwas wie Stellungnahme. Es geschieht aber von mir keine Stellungnahme, der Herr ist mir einfach vollständig außen. Ich weiß – und ich weiß in der Art, wie ich weiß, dass der Fahrschein, den ich kaufen werde, von brauner Farbe sein wird, also interesselos weiß ich: dass ich dem Herrn auf der Plattform unsympathisch bin. Ich sehe, was in dem Herrn vorgeht. Ich nehme ihn mit meiner rechten Schulter wahr. Man hätte Mühe zu behaupten, ich nehme den Herrn überhaupt wahr. Wenn der Herr nun prononciert hustet, obschon er durchaus nicht einen Kratzer im Halse verspürt, geschweige denn erkältet ist, so verstehe ich seine Frage exakt: „Was denken Sie, Herr unsympathischer Nachbar, was mein Husten bedeuten soll?" (Und weil ich meine Rolle, beharrlich außen zu sein, weiter spiele, hustet er noch einmal, und ein drittes Mal ganz kurz) – Er hat keine Ahnung davon, dass nicht meine Anwesenheit, sondern mein Wissen um seine Empfindung seine hüstelnde Frage veranlasste, dass mein Wissen in seiner hüstelnden Frage sitzt, dass seine Frage nachhumpelt meiner Antwort.

Denn es hätte der Fall sein können, dass ich innerlich erfüllt war, als ich in die Elektrische stieg. Dann würde ich mir aus dem Herrn auf der Plattform anders entgegengetreten sein. Meine innere Unerfülltheit in dem Momente, meine Leere – in ihm (der ein wenig ein Geck war) – stärkte sein Selbstgefühl; meine Leere – in ihm – und sein Selbstgefühl waren Ein einiges Wesen.

Wie komme ich dazu, die Verantwortung (denn Verantwortung heißt: die Vorwegnahme meiner Antwort vor seiner Frage) zu übernehmen für die Angelegenheit des Anderen? Diese Frage scheint anzunehmen, dass ausgemacht sei: wo Ich bin und wo der Andere. Doch Ich im Anderen und Ich in Mir ist keine

Ortsfrage. Ich bin einfach Ich. Ich im Anderen besorge nicht die Geschäfte des Anderen: Ich besorge Meine Geschäfte.

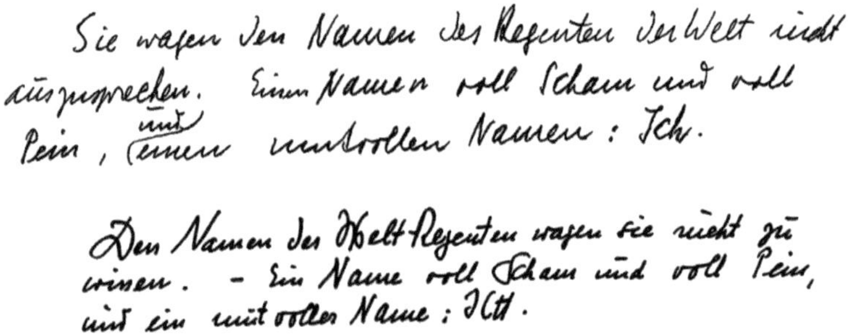
Sie wagen den Namen des Regenten der Welt nicht auszusprechen. Einen Namen voll Scham und voll Pein, und einen mutvollen Namen: Ich.

Den Namen des Welt-Regenten wagen sie nicht zu wissen. – Ein Name voll Scham und voll Pein, und ein mutvoller Name: ICH.

Sie wagen den Namen des Regenten der Welt nicht auszusprechen. Einen Namen voll Scham und voll Pein, und einen mutvollen Namen: Ich.

Den Namen des Welt-Regenten wagen sie nicht zu wissen. – Ein Name voll Scham und voll Pein,
und ein mutvoller Name: ICH.

aus den handschriftlichen Notizen …

die Welt ist der physiognomische Ausdruck
für *Mich*

Alles und jedes in der Welt ist veränderlich,
nur Ich bin – außer dass ich mich in Alles verwandle –
der Beobachter meiner Verwandlungen.

Ich bin nicht das Unveränderliche

Ich lasse in jedem Moment die Welt in mir neu
erstehen aus dem Nichts

Als das Schöpferwesen bin ich der Tod

das schlechte Abbild, was sie den Menschentod
nennen. Sie setzen das Ich dem Menschen gleich

aber dieser Mensch ist nicht die Welt

er ist ein stoffliches, das geboren wird
und das stirbt.

… zu „Wache Mythen“ (ca. 1926)

Meine Tätigkeit richtet sich…

(1932)

Karl Ballmer
Maler und Schriftsteller
Hamburg

Meine Tätigkeit richtet sich zu ungefähr gleichen Teilen auf Malerei und auf Philosophie, wobei sich die beiden Seiten *epochenweise* ablösen. In einer Epoche des Malens ergibt sich mir eine besondere *Neben*-Wirkung, die ich so charakterisieren kann: während ich male, lebe ich intensivst in dem Gefühl, dass ich mich malend vorbereite für's Schreiben. Eine ähnliche Nebenwirkung entsteht beim Schreiben: hier weiß ich intensivst, dass ich Kräfte mobilisiere für das spätere Malen.

Ich muss hier einem Missverständnis vorbeugen, das sich leicht einstellen kann bei der Verwendung des Namens „Philosophie". Ich glaube mir das objektive Urteil erlauben zu dürfen, dass ich kein sog. Intellektueller bin. Ich gelange aus spezifisch künstlerischen Grunderlebnissen zur Philosophie. In der Philosophie sehe ich ein Mittel, primär geistig-künstlerische Erlebnisse zu objektivieren. Ich empfinde die Beherrschung der philosophischen *Begriffs*-Technik als vollständiges Analogon zur Beherrschung der Mittel, über die der Maler bei der Ausführung eines Bildes verfügen muss, also im weiteren Sinne der *Mal*-Technik.

Ich will eine für mich charakteristische Weise beschreiben, wie ich zum Schreiben komme. Dabei spielt ein ganz beträchtliches *Affekt-Erlebnis* eine wesentliche Rolle. Es kann etwa das folgende der Fall sein: In einer Art mystischer Intuition bewahre ich als

Substanz und Wesenskern eine ausgebildete inhaltvolle Vorstellung über das, was man zu allen Zeiten *Wahrheit* genannt hat. Es gab und gibt zu allen Zeiten verschiedene Niveau-Ebenen der Wahrheit: banale Alltagswahrheiten, Wahrheit im naturwissenschaftlichen Sinne, Wahrheit im streng erkenntnistheoretischen Sinne usw. Für mein Innenleben spielt sich die Wahrheitsproblematik in der Sphäre *menschlicher Handlungen* ab. Es ist meine – wie ich glaube auf Anschauung gegründete – Überzeugung, dass nicht nur die Dinge der äußeren Natur von einem einheitlichen Welt-Gesetz erklärt werden; auch die individuellen menschlichen Handlungen sehe ich organisiert von einem einheitlichen Zentrum aus. Unser gegenwärtiges Denken und Sinnen verfügt nur nicht über die Methoden, um mehrere, in der Zeit-Raum-Welt verlaufende Handlungen verschiedener Persönlichkeiten auf eine Einheit ebenso zurückzuführen, wie wir die Dinge der Natur etwa nach dem Verhältnis von Ursache und Wirkung aufeinander beziehen und zuletzt auf eine einheitliche Weltursache zurückführen. Meine geistige Gottes-Vorstellung ist somit die Vorstellung eines Ur-Wesens, das in der Totalität gleichzeitiger Handlungen als der innere Organisator und „Herr des Schicksals“ auftritt. Aus dieser inhaltvoll erlebten ursprünglichen Wahrheits-Intuition heraus trete ich an Erscheinungen z.B. der zeitgenössischen Philosophie. Da kann etwas eintreten, was als Vorbedingung unerlässlich ist, wenn ich mit Schreiben beginnen soll. Was da eintritt ist ein *Affekt*-Erlebnis von erschütternder Heftigkeit. Das Erlebnis lässt sich leicht beschreiben: es ist – oder war bisher immer – ein ganz unbändiger *Zorn*. Diese Affektation ist ein Risiko bis in's Physiologische hinein. Der Therapeut in mir beauftragt sich nun: „sieh zu, dass du deinen weltvernichtenden Zorn los wirst!“

Die Affekt-Störung wird nun dadurch beseitigt, dass der Schreibende Schritt für Schritt die Ursache des Affekt-Ausbruches *objektiviert*. Das kann natürlich nicht wie in der Psychoanalyse ein bloßes Wieder-Erinnern der Entstehungsumstände des Affektes sein. Die Aufgabe ist ungleich komplizierter. Es handelt sich darum, meine primäre Wahrheits-Intuition in streng begrifflicher philosophischer Arbeit zu prüfen und zu messen an einem von außen gegebenen philosophischen System eines Anderen etwa. Bei dieser Tätigkeit wäre jede Einmischung von subjektiv-persönlichen Zutaten meinerseits hinderlich und störend. Maßgebend darf mehr und mehr nur eine im Denken selbst gegebene objektive Notwendigkeit sein, die „Logik" im nicht-trivialen, höheren Sinne. Bei dieser Objektivierungsarbeit, durch die der Affekt des Ausgangspunktes überwunden wird, stellt sich nun in zunehmendem Grade ein neues Gefühlserlebnis ein, das nicht eigentlich als Affekt zu bezeichnen ist, das aber dennoch qualitativ von nicht geringerer Stärke ist. Dieses Neue ist ein Erlebnis der *Harmonie*. Das Erlebnis des Ineinanderstimmens von differenten Vorstellungen und Ideen in einem einheitlichen Geist-Ganzen kann ein Harmonie-Erlebnis von erschütternder Wirkung verursachen. Ein solches Harmonie-Erlebnis empfinde ich – subjektiv für mich – als *die* Vorbedingung des Malens.

Man sagt heute gern, die gegenwärtigen Maler produzierten anders als die früheren. Die Maler vergangener Jahrhunderte sollen angeblich methodischer zu Werke gegangen sein: erst sorgfältige Einzelstudien, und dann sorgfältige Ausführung des festgelegten Entwurfes. Dagegen sei die Arbeitsweise der heutigen Maler eruptiv, explosiv. Derartiges mag es geben (Expressionismus). Für mich möchte ich beanspruchen, dass auch heute methodisches Arbeiten für den Maler möglich ist. Zwar wird man im zu bewältigenden Bilde nicht seine fertigen Skizzen kopieren, dagegen wird die Besinnung auf die Momente des Schaffensprozesses, die Entdeckung gewisser Gesetzmäßigkeiten desselben, die eingehendste Erwägung des richtigen Gebrauchs der Mittel auch heute dieselbe Rolle zu spielen haben wie einst das gepriesene Handwerk, in dessen Bereich – unserer Zeit entsprechend – gewisse subtile psychologische Elemente hereinzuziehen sind.

In meinem Vorstellungs- und Empfindungsleben spielt die Unterscheidung von Bewusstsein und Unbewusstem kaum eine Rolle. Gegen die Annahme eines kausierenden Unbewussten habe ich eine instinktive Abneigung. Von meinem philosophischen Lehrer (Rudolf Steiner) habe ich die Anschauung übernommen, dass in der Zukunft überhaupt die Kausalitätsvorstellung in den höheren Bezirken des Vorstellens abzulösen ist durch das Begriffspaar Wesen und Erscheinung. Der Philosoph arbeitet an der Objektivierung des Wesens, der Maler bringt das Wesen zur Erscheinung.

Notiz von Hans Gessner

Besazio, 28. Juli 1960

Im Gespräch über Ballmers Wirken als Maler in der Hamburger Zeit hob Katharina Ballmer heute kräftig hervor, wie er damals – ganz im Gegensatz zu seiner Situation in der Schweiz – alles andere als in der Isolation war. Zuerst, als sie noch in der Nähe des Dammtors wohnten, malte B. ganz in der Stille und niemand wusste von ihm. Dann lernte er in einem Antiquitätenladen an der Caffamacherreihe Richard Haizmann kennen, der dort ein kleines Lokal mit Negerplastiken usw. betrieb, während er gleichzeitig in einem hinten gelegenen Raum plastizierte. Es gab sofort guten Kontakt zwischen den beiden und Haizmann wurde durch Ballmers Arbeiten mächtig impulsiert. Als schlauer Schwabe sprach er jedoch zu keinem Menschen von Ballmer. Ein anderer Schwabe jedoch: Rolf Nesch kam zu B. und fing sofort Feuer – und schwieg nicht! Sondern er bewirkte, dass plötzlich der reine Ansturm auf Ballmers Atelier geschah. Professor Max Sauerlandt kam und kaufte sofort ein schwarzes Porträt von Katharina B., dazu gleich ein zweites Bild. Hans Ruwoldt, Karl Kluth, Paul Bollmann, Willem Grimm, Fritz Kronenberg und andere kamen und lernten Ballmer und seine Gemälde kennen, und alle fanden sich von ihm angeregt. Ballmer sagte ihnen, er male zunächst durchaus für sich, was dann jeder im eigenen Produzieren daraus mache tue er auf seine eigenste Verantwortung.

Bildhauer Hans Ruwoldt, der vor einigen Tagen auf einer Reise nach Rom Frau Ballmer in Lamone besuchte, äußerte, dass sich alle diese Künstler noch heute dessen sehr wohl bewusst sind, dass sie Ballmer eine mächtige Anregung verdanken. Von der Schweiz, wo B. seit 1938 arbeitete, kann dasselbe nicht gesagt werden. Wer hat sich denn von Ballmer in seiner Produktion anregen lassen? Hier war jeder schon in seinem bestimmten Gleis und in seiner Clique und blieb darin.

Brief an „Fräulein Sauerlandt“

Hamburg, den 5. Juni 1931

Sehr geehrtes Fräulein Sauerlandt!

Schönsten Dank für Ihre Glossen aus der Göttinger Weisheitszentrale. Sie haben schon sehr viel gelernt, wenn Sie empfinden, dass es zuviel verlangt wäre, von der Universität, wie sie heute ist, die einheitliche, „endgültige“ Idee der Seele zu erwarten. Zum Glück gibt es manche bedeutende ältere Auffassungen vom Wesen der Seele, die sich neben modernen Klugheiten wohl sehen lassen können. Darunter die großartigste haben die Griechen (Aristoteles) ausgebildet: die menschliche Seele die *Form* des menschlichen Leibes. Es ist für uns schwer, uns darunter etwas vorzustellen, denn dass die Seele, die ihrer Vollkommenheit nach *denkende* Seele ist, aus dem gleichen Zentrum und Kern heraus, aus dem sie die Gedanken hervorbringt, auch den körperlichen Leib aufbauen und wachsen machen soll, das geht unseren heutigen Denkgewohnheiten schlecht ein. Denken ist für uns eben Denken, etwas völlig Irreales, und zwischen diesem Denken und den Vorgängen der Natur klafft für uns ein Abgrund. Nach meiner Überzeugung hat in der Gegenwart Rudolf Steiner in bedeutender Weise versucht, den Menschen wiederum als *einheitliches*, natürliches und geistiges Wesen zu sehen und darzustellen. Steiners Methode zu sehen hat etwas Künstlerisches und seine Auffassungen berühren sich mit den klassischen der Griechen. Es könnte sie [gemeint: Sie?] eine Konsequenz interessieren, die sich aus der Steiner'schen Grundanschauung für die Pädagogik ergibt. Was heißt Kinder erziehen? Nach der landläufigen heutigen Meinung heißt es der Jugend das Wissen und meinetwegen die Ethik beizubringen, die diese für das praktische Leben tauglich und brauchbar macht. Anders die anthroposophische Auffassung: Weil die „Seele" höchst realistisch als das den Leib aufbauende Prinzip gesehen wird und weil die wichtigste Aufgabe der heranwachsenden jugendlichen Individualität der Aufbau des physischen Leibes ist, deswegen heißt hier erziehen: den physischen Leib zum *gesunden* Leib machen. Der Lehrer erzieht die Kinder nicht, indem er ihnen Wissen und Moral beibringt, sondern er ist Erzieher im wahren Sinne, [bricht ab]

Briefwechsel mit Alice Sauerlandt

An Alice Sauerlandt

Dreikönigstag, den 6. Januar 1934

Frau Professor Max Sauerlandt.

Verehrte gnädige Frau!

Darf ich Ihnen sagen, dass ich es als Gunst des Schicksals nehme, dass mein Bild (mit den drei Menschen) in diesen letzten Tagen in Raume meines verehrten und geliebten väterlichen Freundes hängen durfte. – Ich bitte Sie nun ergebenst, dieses Bild, das ja den letzten Sommer über als Akkord in unseren gemeinsamen Gesprächen mitklang, zu getreuen Händen zu nehmen und als Ihr Eigentum zu betrachten. Der Verewigte, d.h. – für mich –: der zu einer neuen Form des Wirkens Fortgeschrittene, hat ja das Bild so sehr geistig „erworben", dass Ihr Haus ein Teil der Wirklichkeit dieses Bildes ist.

Nehmen Sie, verehrte Frau Professor, meine Bitte als schwachen und nur äußerlichen Dank: den *inneren* Dank werde ich immer mehr als *Aufgabe* zu verstehen suchen.

In dauernder Ergebenheit
Ihr

Karl Ballmer

P.S. Das zweite Bild bitte ich, wenn Ihnen das recht ist, so lange am jetzigen Ort zu lassen, als es dort seine Funktion erfüllt.

An Alice Sauerlandt

LAMONE b/ Lugano, 6. Dezember 1947

Verehrte, liebe Frau Sauerlandt!

Äußerlich angesehen, nimmt sich mein obstinates Stillschweigen wirklich wie üble Pflichtversäumnis aus, – und nun bin ich im Zweifel, ob ich Ihnen zumuten darf, meine Erklärung für mein Verhalten anzuhören: es waren unpersönlich-objektive Gründe, die mir sozusagen die Pflicht auferlegten, abzuwarten; das Verhältnis zu „Hamburg" sollte nach nicht auf der Oberfläche liegenden Gesetzmäßigkeiten neu entstehen. Sie dürfen das ungeniert für Verstiegenheit halten, aber ich musste die Sache wenigstens andeuten. Wir haben sozusagen dauernd den Nordwestdeutschen Rundfunk eingeschaltet, sind dann in Gedanken leicht an der Rothenbaumschaussee und an vielen anderen lieben Orten. Der Ordnung halber will ich Ihnen kurz berichten, was mit mir und meiner Frau seit Herbst 1938 passiert ist. Mitte September, es war gerade „Münchener Konferenz" und mit der Möglichkeit des Krieges zu rechnen, entschlossen wir uns von einer Stunde auf die andere, in die Schweiz zu gehen. Wir nötigten Dr. Julius und seine Familie, mitzufahren. In Basel dann großer Krach und Krampf, bis ein Basler Grenzbeamter auf eigene Verantwortung, entgegen den Befehlen Berns, der Familie J. den Eintritt nach Helvetien ermöglichte. Schon im Januar 39 konnten sie nach New York weiter, wo ein vermögender Amerikaner, der Bruder von Dr. J., für das Weitere sorgte. Heute hat Dr. J., nachdem er alle Examina („der lateinische Name für den X-Muskel an der großen Zehe, bitte") inklusive das englische Sprachexamen neu gemacht hatte, eine gute Praxis in New York. Wir selbst waren dann bis Frühjahr 1940 in Basel, von da ab im Tessin, zuerst anderthalb Jahre in Melide, einige Kilometer südlich von Lugano, seit Herbst 41 in Lamone, das ist 5 km nördlich von Lugano an der Gotthardbahnstrecke. Wir haben uns hier ein Häuschen mit Atelier gebaut, so ein Klein-Glinde oder „Glindinella", wie ich vor zwei Wochen ans Gartentürchen schrieb, als uns Herr Peter Coste aus Glinde besuchte – Sie wussten vielleicht, dass unser Haus Glinde an den (vor zwei Jahren plötzlich verstorbenen) Maler Waldemar Coste vermietet war, dessen (zweite oder dritte) Frau das Haus weiter bewohnt. Der Sohn Peter Coste (aus erster Ehe) ist nach Entlassung aus der Kriegsgefangenschaft für die Engländer in den Heereswerkstätten in Glinde als Auto-Ingenieur tätig, bekam Urlaub zu seiner im Tessin lebenden Mutter, der geschiedenen Frau Coste, und hat uns besucht, um von Glinde zu berichten. Die Engländer sind übrigens wirkliche gentlemen: sie teilten mir via Schweizerische Gesandtschaft in London mit, dass Haus Glinde intakt sei, dass sie einen kriegsamtlichen Custodian eingesetzt haben, dass die Mieten pünktlich bezahlt werden – und zu unserem Leidwesen bei der Bank in Hamburg liegen bleiben, weil „Europa" noch nicht fertig eingerichtet ist. Wir hatten nach dem Friedensausbruch 1945 materielle Sorgen, bis dahin waren die Fäden mit der Deutschen Bank in Hamburg nicht zerschnitten gewesen. Jetzt geht es wieder einigermaßen, nachdem wir im Frühsommer mit Humor und bei herrlichstem Tessiner Wetter beim Erdbeerpflücken in der benachbarten Großgärtnerei zusammen pro Stunde Fr. 1.60 verdient hatten (was ein Schweizer Maurer ist, der verdient für einen Mann in der Stunde 2.50 Fr.).

Ich arbeite wie ein Pferd; um 5 Uhr haben wir in der Regel schon Kaffee getrunken, dann wird sachte der Arbeitsfaden vom vorherigen Tag aufgenommen – bis dann 6 Uhr 45 die ersten Frühnachrichten aus Hamburg zu haben sind, um 7

Uhr 30 hole ich per Rad die Post und die Milch, und dann hat man den ganzen Tag vor sich, Besuche sind sehr selten. Ich habe viel zu schreiben, aber, um es sogleich zu sagen: auch im Atelier ist doch einiges geschehen, wenn ich auch in den letzten Jahren gewiss dreiviertel der Zeit für die andere Fakultät vertan habe. Vor 10 Tagen sandte ich an Kurt Saucke (& Co., jetzt Ferdinandstr. 25, im Keller) eine literarische Sache von mir aus dem Jahre 1941, eine rabiate Streitschrift gegen den „Staatsrechtslehrer" Karl Barth; Herr Saucke würde Ihnen die Broschüre sicher gerne leihen, für mich wäre es beruhigend, wenn Sie den Eindruck bekämen, dass ich die nichtvermalte Zeit wenigstens nicht verschlampt habe. Meine Maler-Karriere, speziell in der Schweiz, lässt zu wünschen übrig. Vor einem Jahr im Sommer hatte ich in Basel ausgestellt, neuere Sachen, in einer „Galerie d'art moderne", wo man sehr fortschrittlich orientiert ist, natürlich nach Paris ausgerichtet. Ein respektabler Achtungserfolg, aber den Landessitten entsprechend kein Interesse für ein Beunruhigtwerden der Vorstellungen, die man schon angelernt hat. Die Schweiz ist in kultureller Hinsicht etwas klein, mehr auf Sekurität als auf Beunruhigtwerden eingestellt. Dr. Gurlitt hatte seinerzeit den Direktor des Basler Museums (Dr. Georg Schmidt) und den Leiter des Zürcher Kunsthauses (Dr. Wartmann) auf mich aufmerksam zu machen versucht bei meiner „Rückwanderung"; die betreffenden Herren und andere sind indessen anscheinend der Meinung, ich hätte bei der langen Schlange der auf Caritas hoffenden Maler hinten anzuschließen, um abzuwarten, ob einer der gnädigen Herren mal die Laune hat, sich mit meinen Sachen zu befassen. Solches Schlangestehen war nicht mein Genre. Mit den entsprechenden paar Malern in der Schweiz habe ich dagegen gute Fühlung. Zur Hamburger Frühjahrsausstellung hatte ich feierlich eine große, teure Kiste abgesandt, die kam aber nur bis Basel, wo die Franzosen die Kiste für 2 Monate in die Ecke stellten und ich dann auf die Frage des englischen Spediteurs in Basel, ob ich noch Lust an der Weiterbeförderung habe, da die Franzosen jetzt – nach 2 Monaten – die Passierbewilligung erteilt hätten, mit Nein antwortete und die Kiste nach Lamone zurückkommen ließ. Die englische Militärregierung hatte sehr freundlicherweise die Erlaubnis zur Sendung nach Hamburg erteilt gehabt, aber eben, Europa ist z.Zt. noch nicht recht handlungsfähig. Ich hoffe stark darauf, wenn ich das Gröbste in schreibender Hinsicht hinter mir haben werde, wieder stärker zum Malen zu kommen.

Ihre Mitteilungen über die Neuausgabe von „Die Kunst der letzten 30 Jahre" interessierten mich sehr; – eben beim Schreiben des Buchtitels empfinde ich, dass er ja gar nicht mehr passt, wir sind ja inzwischen alle 15 Jahre älter geworden. Ich möchte als neuen Titel vorschlagen: EIN VERMÄCHTNIS MAX SAUERLANDTS, das wäre sehr sachlich, und der frühere Titel konnte in einem Untertitel irgendwie auftreten. Wäre es denkbar, dass Dr. Harald Busch mir Kenntnis geben würde vom Entwurf zur Einleitung; ich könnte dann vielleicht als „Neutraler" diese oder jene Bemerkung dazu vorbringen und vielleicht Ihre Ansichten ein wenig sekundieren? Mit Dr. Busch habe ich ganz nett freundschaftlich gestanden. Ich habe ihm nicht vergessen, dass er mich ermunterte, eine Konkurrenzarbeit – 1934 – „Ehrung der Arbeit" für Berlin, trotz meiner Hemmungen nach Berlin zu senden. Auch hatte ich einmal angenehm mit ihm zu tun in seinem Amt als Redaktor des „Hamburger Tageblattes", wo ich eine kleine Polemik gegen meinen Karl Barth publizierte (horribile dictu); ich habe also je nach dem Verlauf der Zeitläufe von Bern aus eventuell ein Entnazifizierungsverfahren zu erwarten. Ich überlege mir, welche Photo ich Ihnen für die Neuausgabe zur Verfügung stellen könnte und werde Ihnen berichten.

Ausdrücklich bestätige ich Ihnen, dass Ihre Postsendungen alle bei mir angekommen sind. Einen freundlichen Brief eines Frl. Biedermann, die noch während des Krieges aus Hamburg in die Schweiz kam, habe ich unglaublicher Weise nicht einmal verdankt, ich glaube, ich hatte damals Angst, sie könnte eine Nachkommin des Zürcher Theologen Biedermann sein, über den ich damals gerade schrieb – Angst in dem Sinne, ich solle der Biedermann-Wirkung auf dem physischen Plane anstatt nur im reinen Gedanken begegnen (auch eine Art, seine Sünden zu beschönigen!). Vor einigen Tagen las ich, dass Prof. Baumgartner seinen 60. Geburtstag feierte; beim Lesen der Zeitungsnotiz gratulierte ich im Namen von Suzanne, aber wahrscheinlich hat sie das schon selbst besorgt. – Ein Blatt von Füssli würde hier wahrscheinlich schon interessieren, aber ich bitte Sie, von der Sendung abzusehen. Unter der Bedingung, dass jede Diskussion darüber einfach tabu ist, senden wir etwas Fett, Zucker und Mehl. Seien Sie ganz unbesorgt, wir können es ganz gut machen. – Mein Brief soll Ihnen, verehrte liebe Frau Professor, sagen, dass wir munter sind, und außerdem soll er Ihnen unsere allerherzlichsten Grüße bringen, wie auch Ihren Kindern.

Ihr Karl Ballmer

Von Alice Sauerlandt

Hamburg, d. 10. Juni 1953

Mein lieber Herr Ballmer, liebe Frau Ballmer!

Es wird Zeit, dass ich meinen schon so lange beabsichtigten Brief schreibe, sonst könnten Sie sich doch recht wundern, wenn Ihnen eines Tages ein paar ganz unbekannte Leute (übrigens auch mir unbekannt) das kleine Blättchen von *Füssli* bringen als einen Gruß von mir, den ich Ihnen so gern schon vor Jahren geschickt hätte. Einmal, das liegt nun auch schon lange zurück, war ich drauf und dran, es Flinte mitzugeben, doch fand er es riskant, er meinte, das Blättchen könnte evtl. trotz seines bescheidenen Aussehens Schwierigkeiten machen. Mit der Post hätte ich es freilich schicken können, aber nur *offen*, als eine Drucksache! – Da schrieb mir neulich Charlotte, dass Bekannte aus Brannenburg in Oberbayern, v. Holten's, eine Fahrt in die Schweiz planten, ich solle doch die Gelegenheit nicht versäumen und Ihnen endlich diesen kleinen persönlichen Gruß schicken. Ich tue es in der Hoffnung, dass diese kleine Zeichnung Ihres Landsmannes, die mein Mann sehr liebte und die dann seither immer einen besonderen Platz in dem mir verbliebenen Raum hatte, Ihnen Freude macht und Sie daran erinnert, dass Ihre Freundlichkeit und Hilfsbereitschaft in den schlimmen Jahren unvergessen ist! Manche Dinge haben inzwischen viel von ihrem Gewicht und ihrer Bedeutung verloren und teils äußere Gründe: Raummangel etc., dann aber auch ein ständig genauer und deutlicher werdendes Empfinden für Rang und Gewicht haben zu einer Reduzierung dessen geführt, was an den Wänden hing und herumstand. In meiner von Jahr zu Jahr zunehmenden Ferne von den Menschen, speziell von den Bewohnern Hamburgs, bin ich mehr als früher auf meine stummen und doch so beredten Hausgenossen angewiesen. Nichts aber hat so sehr das ihm innewohnende geheimnisvolle und starke Leben bewahrt wie Ihr schönes Bild! Besäße ich dieses Bild nicht, dann wäre es vielleicht so, als ob damals alle Türen zugeschlagen wären. So aber blieb das Leben mir und ich dem Leben offen. Dafür kann ich Ihnen nicht genug danken!

Heute, wo die erregten Auseinandersetzungen über „abstrakte" und „gegenständliche" Kunst die Gemüter erhitzen, muss ich an die Zeit vor 20 Jahren denken – an Ihr schönes Haus in Glinde und die unvergesslichen Bilder, die es beherbergte! Ich frage mich, ob Sie nicht bei der Künstlerbund-Ausstellung dabei sein müssten. Es wäre ein neuer Klang gewesen innerhalb der gesamten Kunstproduktion, die fest auf einen Generalnenner zu bringen ist, innerhalb dem dann die Standard-Größen Baumeister, Nay, Winter, Meistermann auftreten.

Wie aber mag es Ihnen persönlich gehen, Ihnen beiden? Hamburg–Lamone! Das ist die denkbar größte Entfernung, und Menschen unserer Schicht haben so gut wie keine Möglichkeiten, diese Entfernung zu überwinden! Mögen Sie nicht einmal berichten, wie das Leben für Sie weiterging? Ob es erträglich blieb?

Meine weitverzweigten Kinder-Familien haben schwere Arbeitsjahre hinter sich gebracht und müssen weiterhin angespannt arbeiten, um sich zu behaupten, als Ärzte, Musiker, – Susannes Mann im katholischen Bezirk von Münster. Charlotte leistet tapfer eine Teilarbeit (Röntgen) beim Schwager im Odenwald, um besser ihre Kinder erziehen zu können. Meine Schwiegertochter betreibt eine Anwaltspraxis. Ich bemühe mich nach meinen Kräften, die vielfachen Fehlbeträge hier und da auszugleichen, so weit es mir möglich ist, außerdem muss ich meine alte Schwester, die gänzlich mittellos ist, erhalten und zu dem Ende einmal in der Woche nach außerhalb fahren. Nebenher versuche ich, die Entwicklung zu verfolgen, die die Dinge auf dem Gebiet der Kunst nehmen. Das Bild, das sich dem Betrachter bietet, ist ja einstweilen noch recht verworren. Wenn man aber bedenkt, wie gewaltsam diese Entwicklung unterbrochen wurde, dann ist der gegenwärtige Stand der Dinge nicht verwunderlich. Im Grunde lebt man ja immer noch von dem Gedankengut, das vor bald einem Menschenalter eingebracht wurde!

Zuletzt aber erhebt sich die Frage: Sind gegenwärtig die Bedingungen gegeben, die für das Entstehen von „Kunst" Voraussetzung sind?

Wie beantworten sich diese Fragen außerhalb Deutschlands? Vielleicht finden Sie einmal die Zeit, um auf alle meine Fragen sich von Ihrem Standort aus zu äußern. Möglicherweise sieht ja von außen manches anders aus!

Die Hauptsache aber: es möge Ihnen beiden recht gut gehen! Das wünsche ich aufrichtig und von ganzem Herzen.

Leben Sie recht wohl!

Immer Ihre

Alice Sauerlandt

[K.B. notiert die Adresse: Hamburg 20, Heilwigstr. 100]

An Alice Sauerlandt

LAMONE, 19. Dezember 1953

Verehrte liebe Frau Sauerlandt!

Mein Dank für Ihr feudales Geschenk vom Sommer – er ist jedenfalls tief und herzlich empfunden – kommt grausam spät. Eine Entschuldigung für mein ruchloses Stillsein habe ich nicht. Allerdings ist stille sein gewissermaßen meine Hauptbeschäftigung – in gewisser Hinsicht, wenn man davon absieht, dass ich die ganzen Jahre hindurch von frühmorgens bis spät intensivst arbeite. Ich bin – relativ zu Hamburg – irgendwie gestorben, es kommt mir ein wenig so vor, als sei ich in einem früheren Leben einmal in Hamburg gewesen. Aber glauben Sie nun nur nicht, dass ich etwa verschweizert sei. Dass dies nicht der Fall ist, wurde offenbar in Unterhaltungen mit Leuten aus Hamburg, die gelegentlich in Lamone auftauchten: ich zog jedesmal die Quintessenz solcher Unterhaltungen mit dem Spruch: „Kinder, wenn ich heute nach Hamburg käme, würde ich in den ersten vierundzwanzig Stunden als Nazi verhaftet“. Ich habe mir rückschauend das freie Urteil gebildet, dass Adolf Hitler als Konstrukteur Europas denn doch ein solcher Dilettant nicht war wie die heutigen Dilettanten. – Beim Auspacken des von Frau Lotte vermittelten Postpaketes, dessen Sinn ich zuerst konfus missverstand, tippte ich sogleich auf Füssli. Glauben Sie mir, liebe Frau Sauerlandt, glauben Sie *uns*, dass wir es im rechten Sinne zu würdigen verstehen, dass nun ein erkorener „Liebling“ Max Sauerlandts bei uns sein darf! Es ist merkwürdig, aber es ist so, dass sich für mich immer mehr der ganze Komplex „Hamburg“ in den einen Namen Max Sauerlandt verdichtet. Wir haben gewiss den Sinn und Geist

Ihres Briefes vom 10. Juni 1953 so empfunden, wie Sie es von uns erwarten durften.

Nun soll ich Ihnen zuerst wohl berichten, ob ich und wieviel oder wie wenig ich gemalt habe. Leider wenig, aber doch ein wenig. Ich habe meine Zeit mit Schreiben vertan. Mag sein, dass sogar etwas Dauerhaftes dabei herauskam oder noch herauskommen wird, und ich amüsiere mich beim Gedanken, dass man es relativ zu dem gemeinten Dauerhaften dann interessant finden könnte, dass der B. auch ein paar Dinge *gemalt* hat. Unser Dasein – seit Herbst 1941 im eigenen Atelierhäuschen in Lamone – ist furchtbar geregelt, wir „sind" so gut es geht und vermissen nichts, „äußerlich" ist mit uns in keiner Weise irgend etwas Bemerkenswertes oder Aufregendes passiert. Ich hatte mir diese Sorte von „Existenz" seinerzeit schon für Glinde ausgedacht, und nun – die ganze Geographie ist schließlich nicht so wichtig. Von höchster Stelle erhielt ich vor einigen Tagen aus Hamburg den freundlichen Bericht, dass drei Bilder von mir in einem neu eingerichteten Raum der Kunsthalle „eine sehr schöne Hängung gefunden haben". Vielleicht wissen Sie auch davon, ansonsten wäre es gerade nett, wenn Sie es von mir erfahren. Im allgemeinen: das „avantgardistische" Getue der „Abstrakten" ist mir im Herzen zuwider, von dem blöd verständnislosen Geschwätz in Presse und Rundfunk zu schweigen. Diese Spielfritzen sind keine „Maler", ich habe nie etwas anderes als im direktesten und simpelsten Sinne „Malerei" gemeint – und nicht „Weltanschauungsgekritzel" oder ähnliche Scherze. Meine Bilder in der Kunsthalle seien in einem Raum mit „nachexpressionistischer, meist gegenstandsloser Malerei" – da wird es denn doch einige Betrachter geben können, die etwas merken. – Im Sommer war Willem Grimm einige Tage hier, es war natürlich reizend, auch konnte ich feststellen, wie wenig sich doch „Hamburg" verändert hat. Er kam übrigens mit dem Vorurteil, ich hätte mich aus einem ehemaligen Originalhamburger in einen Urschweizer verwandelt, verziert mit den üblichen Ornamenten in den eidgenössischen Landesfarben – aber als wir etwas in Fahrt gekommen waren, konnten wir uns gerne darüber streiten, wer von uns nun der interessantere „Hamburger" sei. Dass Dr. Biermann-Ratjen wiederum Kultursenator ist, habe ich mit Respekt zur Kenntnis genommen und denke, dass unter ihm die Hamburger Kunst ebenso wenig umkommen wird, wie unter seinen Vorgängern. Vor einem Jahre lernten wir zufällig in unserer Nachbarschaft weilende Hamburger Feriengäste kennen: Dr. Siemssen, Regierungsdirektor bei der Hamburger Kulturbehörde, und Frau, eine Holländer-Deutsche und Pianistin; es war nett, weil wir lauter gemeinsame Bekannte „verhandelten". Auch Dr. R. Johannes Meyer, ehemals Präsident des Kunstvereins, war dieses Frühjahr hier, er sagte am Telephon: „Ja, ich komme gern, aber ich bin in Begleitung einer Dichterin", wir fühlten uns sehr geehrt, es war Geno Hartlaub, die Tochter des Museumsmannes und Kunsthistorikers. Als sie von Hans Henny Jahnn erzählte, mit dem sie gerade gemeinsam ein Drama verfasste, dachte ich wiederum: wie sehr doch Hamburg unverändert ist.

Wegen des Hauses Glinde bin ich den Hamburgern – oder den englischen Oberherren – sehr böse, ich kann weder verkaufen noch die aufgelaufenen Mieteguthaben nach hierher transferieren, die Schweizer Regierung sagt ja und amen zu derlei, denn es ist in Bern interessanter, die jetzt laufenden guten Geschäfte zu pflegen, als sich um alte Bagatellen von gewöhnlichen kleinen Leuten zu bekümmern.

Ich besitze ein Bildchen von Lottes – damals 7-10-jährigen – Kindern. Christian muss doch jetzt gewiss schon 16-jährig sein. Was will und treibt er? Es würde mich interessieren. Ich habe mich seinerzeit, obschon ich damals rabiater Antinazi war (die Gestapo hatte uns gerade die „Anthroposophische Studienbibliothek E.V.“, deren Vorsitzender ich war, geklaut) besonders gut mit Dr. Specht unterhalten, es war in der Zeit, als die Jungvermählten in Trittau wohnten. – Vielleicht besitzen Sie eine Photo von Sohn Max (am liebsten in Uniform), mit der man sich in Lamone freuen würde? Meine Frau lässt Sie ausdrücklich bitten, doch von Ihren „Kindern“ insgesamt zu erzählen.

Wir hoffen Sie wohlauf und grüßen Sie sehr herzlich

Ihr

Karl Ballmer

Von Alice Sauerlandt

Hamburg 20, den 28. Januar 1954
Heilwigstr. 100

Mein lieber Herr Ballmer, liebe Frau Ballmer!

Viel länger, als es meine Absicht gewesen war, musste ich die Beantwortung Ihres lieben Briefes vom 19. Dezember 1953 hinausschieben! Wirklich, meine Freude, nach so langer Zeit von Ihnen zu hören, war sehr groß. Ich habe mich oft gefragt, wie es Ihnen beiden wohl ergehen möge, und so ungefähr, wie ich's vermutete, bestätigt es Ihr Bericht. Nicht ganz leicht mag es sein, bei der vorhandenen zwiefachen Veranlagung und Neigung das Schwergewicht im einzelnen immer richtig nur für Sie selbst befriedigend zu verteilen. Aber das muss man doch wohl einfach darauf ankommen lassen, und die Resultate lassen sich vermutlich nicht quantitativ berechnen, etwa 50x50 cm Malerei gegen so und so viel beschriebenes Papier. Auch werden Sie selber am besten wissen, dass Sie schon vor 20 oder 25 Jahren dort angelangt waren, wohin eine heutige Malergeneration mit viel [unleserliches Wort] unterwegs ist. Nur haben Ihnen die geistreichen und federgewandten Interpreten gefehlt, wie sie heute so zahlreich und eifrig am Werke sind. Sie waren auch nicht so tüchtig im Erfinden von bedeutungsvollen und mysteriösen Bildtiteln, die heute eine so wesentliche Rolle spielen (siehe das neueste Hamburger Genie: Eugen Marks!) – Denken Sie, dass ich tatsächlich erst durch Sie von der an sich doch sehr schönen Tatsache erfahre, dass Sie nun endlich angemessen in der Kunsthalle vertreten sind. Ich bin nämlich etwa seit Oktober hier in Trittau, um meine alte, 82-jährige, schwer erkrankte Schwester zu pflegen, und darum überhaupt nicht im Bild, was das Hamburger Kunst-Kulturleben anbetrifft. Es ist eine verantwortungsvolle, schwere Aufgabe, die ich übernehmen muss, weil niemand da ist, der sie sonst leisten könnte, unsere gesamte Familie ist ja durch zwei Kriege nahezu ausgerottet, so bin ich mit meinen 74 Jahren der einzige Mensch, der für sie sorgen kann. –

Auch in Hamburg lebe ich ziemlich isoliert, – alte Freunde? Außer der Beziehung zu Frau Agnes Holthusen und einiger sehr oberflächlicher zu einigen andern „interessierten" Menschen ist wenig geblieben. Ihr lieber Brief und derjenige eines Freundes meines Sohnes, Jochen von Lefel [?], (kennen Sie ihn?) waren das einzige, was nach zwanzig Jahren an Max

Sauerlandt erinnerte. Gelegentlich erscheint mir das eisige Schweigen, mit dem diese Existenz ausgelöscht wurde, etwas unheimlich, und ich frage mich, ob ich es mir etwa nicht nur einbilde, dass diese Existenz einmal Wirklichkeit war. Ich erwähne dies nur, damit Sie und Ihre Frau verstehen, was Ihr freundlicher Brief für mich in diesen Tagen bedeutete. Es wäre wohl alles ein wenig anders, wenn mein Sohn noch lebte, dessen geistige Entwicklung in den drei Kriegsjahren, die er mit offenen Augen erlebte, erstaunlich war. – Gelegentlich sehe ich den guten Nass, der sich in den vergangenen Jahren ehrlich zu behaupten versuchte, doch waren für ihn die äußeren Umstände zu ungünstig und schwer, und woher soll uns die notwendige geistige Elastizität kommen, wenn man täglich acht Stunden über den Rechnungsbüchern der Krankenkasse sitzt? Ihm fehlte in den Jahren nach Kriegsende ein Mensch, der ihm die enge Welt, in der er zu leben gezwungen ist, durch echtes und ein wenig aktives Interesse erträglich gemacht hätte. – Das wenige, was ihm gelegentlich gelingt, farbige Holzschnitte, Ölbilder kleineren Formats in seiner konsequenten und eher nüchternen Strenge, ist nach meiner Meinung ausgezeichnet und ganz frei von jener inneren Aufgeblasenheit, die so manche Produkte heute kennzeichnet. Schade um ihn. – Sonst sind Sie, wie mir scheint, gut orientiert. Die Hamburger sind reiselustig, und nach Ihrem Brief kommen allerhand prominente Leute zu Ihnen: R. Johannes Meyer! Geno Hartlaub! Dr. Siemssen – Wollen Sie bei unserem neu aufblühenden Kunstleben nicht wieder nach Glinde kommen? Es tut mir leid, dass Sie dort diesen hässlichen Ärger haben, aber merkwürdiger Weise schlüpft erstaunlich viel Ungehöriges und Unrechtes durch die Maschen des Gesetzes, davon können auch wir hier ein Lied singen. – Neugierig wäre ich auf die inzwischen entstandenen Ballmer-Bilder. Mögen Sie nicht ein paar Photos schicken? Vielleicht haben Sie einige, die Sie nicht mehr benötigen!

Dass Sie das kleine Kritzel-Blättchen richtig als einen Füssli erkannten, freute mich denn doch sehr. Wenn Sie es als einen ganz persönlichen Gruß angesehen haben, bin ich zufrieden, denn das sollte es sein und nichts anderes. Bei meiner nächsten Fahrt nach Hamburg werde ich sehen, ob ich nicht ein Bildchen meines Sohnes finde, das ich Ihnen schicken kann, hier habe ich keines, das geeignet wäre. –

[...]

Haben Sie noch einmal recht herzlichen Dank für Brief und Gedanken. Grüßen Sie Ihre Frau, ich hoffe es geht ihr gut, leben Sie recht wohl.

Ihre Alice Sauerlandt

Briefwechsel mit Agnes Holthusen

Von Agnes Holthusen

Agnes Holthusen
Hamburg 20, den 30. September 1932
Goernestr. 29

Sehr geehrter Herr Ballmer,

ehe ich für 14 Tage nach Stuttgart in meine Heimat reise, möchte ich Ihnen doch noch mit vielem Dank das so freundlich geliehene Buch und Ihren eigenen Aufsatz zurückgeben. Beides habe ich mit *sehr* lebendiger Anteilnahme gelesen. Es fügte sich mir auch ohne Zwang in die Lektüre von Herders „Ideen" ein, die ich in meinen Mußestunden eben treibe, wie Bücher überhaupt meist zu Büchern zu kommen pflegen, nach den Regeln irgend einer geheimen Anziehungskraft.

In dem Aufsatz „Goethe und Platon" von Cassirer hat mich persönlich besonders gefesselt, was über die Beziehung Goethes zu dem berühmten Mythus im „Staat" so feinsinnig ausgeführt wird. Die Anspielung auf Plotin in dem Goethevers: „Wär' nicht das Auge sonnenhaft" usw. war mir schon bekannt, aber der Fortgang mit seiner Aufdeckung desselben Motives in dem Faustmonolog überraschte mich ganz. Übrigens hatte ich mir schon kurze Zeit vorher bei Herder eine Stelle angemerkt, die auch *dessen* Ver[?]sein mit jenem plotinschen Gedanken verrät: „Ward das leibliche Auge vergebens so schön gebildet? und findet es nicht sogleich den goldnen Lichtstrahl vor sich, der für dasselbe wie das Auge für den Lichtstrahl erschaffen ist und die Weisheit seiner Anlage vollendet?" (Ausg. v. H. Kurz, III S. 268). Sehr reizen würde es mich, aus Plotins Enneaden: *I, 6*, eben das Buch, dem der Ausdruck vom „sonnenhaften Auge" entstammt, zu lesen, das des Philosophen *gegensätzlich* zu Plato entwickelte Kunsttheorien enthält, aber ich fürchte, ich komme doch nicht dazu. Nach dem Wenigen, was mir aus einer einstigen Vorlesung meines Lehrers, des Graecisten Boll in Heidelberg noch im Gedächtnis blieb, stellt Plotin dort der *Abbild*theorie Platos den Gedanken entgegen, dass der Künstler selbst in seiner Seele den Nus trage und aus dem Eigensten zu dem von der Natur Gegebenen *hinzu*schaffe. Das ist gewiss sehr goethisch. In der kleinen goetheschen Schrift „Der Sammler und die Seinigen" stehen die folgenden Sätze:

„Wer fühlt lebhaft, ohne den Wunsch, das Gefühlte darzustellen? Und was stellen wir denn eigentlich dar, was wir nicht geschaffen? und zwar nicht etwa nur ein für allemal, damit es da sei, sondern damit es wirke, immer wachse und wieder werde und wieder hervorbringe." Niemeyer konnte ich Ihren Aufsatz leider noch nicht geben, er soll zwar wieder hier sein, aber ich habe ihn bisher nicht gesehen. Vielleicht darf ich später noch einmal darauf zurückkommen? Ich lege Niemeyers Einleitung zu Goethes Schriften über bildende Kunst bei, am Ende schauen Sie gelegentlich hinein.

Mit herzlichem Gruß

Ihre Agnes Holthusen

An Agnes Holthusen

Karl Ballmer
Hamburg 24
Lübecker Straße 4
Den 26. Oktober 1932

Verehrte Frau Holthusen!

Verzeihen Sie, dass ich mich erst heute für Ihren Brief vom 30.9. bedanke, – die letzten Wochen waren für mich besonders stürmisch und anspannend.

Dass Sie auf Plotin zielen, ist für mich von großer Aktualität. Ich glaube allerdings nicht, dass die Lehre Ihres Heidelberger Graecisten Boll, wonach Plotin der Überwinder der „Abbildtheorie" Platons sein soll, hieb- und stichfest ist. Das Problem des Verhältnisses von Platon und Plotin kann doch wohl nicht auf diese einfache Formel gebracht werden. Dass die Überwindung der klassisch griechischen Abbildtheorie, von der heute die dogmatische katholische Philosophie und – die marxistische Philosophie zehren, das große Problem einer wirklichen Erkenntnistheorie ist, steht für mich fest. Ebenso fest steht für mich, dass die Ansprüche Kants und des Kantianismus, dieses Problem bewältigt zu haben, von ahnungsloser Harmlosigkeit sind. Wenn es der Kantianismus (ich lese eben den III. Band von Cassirers „Philosophie der symbolischen Formen", der sich bezeichnenderweise nicht Theorie der Erkenntnis betitelt, sondern genügsam „Phänomenologie der Erkenntnis") zu nichts als zu einem bodenlosem Relativismus bringt, der alles und jedes „versteht", weil er stets das Mäntelchen nach dem Wind hängt, dann hat dieser unzweideutige Agnostizismus in Aristoteles und Thomas von Aquino noch immer seine – trotz ihrer Unhaltbarkeit – überlegenen und unbesiegten Gegner. Die Überlegenheit besteht darin, dass die klassische *Seins*-Philosophie (Ontologie) auf einem gesunden *Wahrheits*begriff aufbaut, dass sie eine ausgebildete Lehre darüber hat, was *Wirklichkeit* ist und inwiefern des konkrete Wirkliche *wahr* ist. Dass heute die Lehre von den Dingen als *Substanzen* überwunden und unhaltbar ist, ist fraglos; aber ebenso sicher ist, dass die neue Philosophie einen neuen Begriff der Wirklichkeit und Wahrheit noch nicht geschaffen hat.

Ich will nur kurz andeuten, dass eine *philosophische* Interpretation der auf Goethe aufbauenden Leistung *Steiners* als das Kriterium der Wirklichkeit und Wahrheit an die Stelle des *Seins* zu setzen hat: den *MENSCHEN*, – aber allerdings nicht etwa die „Idee des Menschen", sondern den Menschen in der Weise, die ich kurz zu umschreiben versuche: das Ur-Wesen der Welt und das Ur-Wesen des Menschen sind einunddasselbe Wesen. Der Sinn aller esoterischen östlichen Lehren weiß um den Monismus dieser Identität. Natur und Geschichte sind Erscheinungsformen des Menschen. Die *Wirklichkeit* von allem und jedem wird aus der Innenwelt des Urwesens gezeugt. Zur Dekretierung, was Wirklichkeit sei, bedarf es – gegen allen haltlosen Relativismus – des Machtspruches unseres Willens zur Verantwortung. Wir können heute diese Verantwortung keinem theistischen Gotte mehr aufbürden. Der deutsche Idealismus, der den Gott des Theismus als „Ich" anspricht, ist eine Vorstufe im Begreifen der zentralen Stellung des Menschen im Kosmos. Seine Schwäche besteht darin, dass er das „Ich" doch wiederum in traditioneller Weise als das Absolute setzt, d.h. dass er noch unfähig ist, das „Ich" als die Innerlichkeit eines wirklichen geschichtlichen Einzelmenschen zu fassen. Deswegen vermag Hegel keine Idee der Geschichte auszubilden. Die Subjekte der Weltgeschichte Hegels sind ja doch gar nicht die

Menschen: diese Subjekte sind bekanntlich die Staaten. Der aus Steiner zu gewinnende philosophische Begriff der Geschichte als Welt-Geschichte setzt das sich offenbarende Ur-Wesen (der Welt) im seiner Vollkommenheit nach *repräsentativen*, erkennenden und handelnden MENSCHEN als den Mittelpunkt und als die Wahrheit der *gegenwärtig* geschehenden Weltgeschichte. Der Begriff der Historie ist zweiten Ranges und aus der Idee der *gegenwärtigen* Geschichte erst abzuleiten. Der Repräsentative, als das Gesetz der gegenwärtigen Geschichte, *ist* die Menschheit, denn Menschheit als Idee wäre eine unwirkliche idealistische Abstraktion, wenn ihr Begriff nicht *an* der konkreten Individualität eines wirklichen geschichtlichen Menschen gewonnen würde. Es ist erst in zweiter Linie wichtig, wenn Steiner die gegenwärtige Offenbarung des Urwesens (Mensch als Welt) mit dem Christus-Begriff der Religion in Zusammenhang bringen muss. Die Herstellung der Kontinuität mit der geistesgeschichtlichen Vergangenheit ist natürlich von allergrößter Bedeutung, die Philosophie indessen hat es mit dem *Begriffe* des Christus zu tun. Und dieser Begriff deckt sich für Steiner wesentlich mit dem *Begriff* (d.h. mit der Wahrheit) des Menschen. Der Begriff „Mensch" wiederum deckt sich mit dem goetheanischen Begriff des *Erkennens*. Das klingt etwas abstrakt, aber Sie haben eine Parallele zu dieser Entsprechung bei Heidegger, der den Menschen bekanntlich definiert als die *Erkenntnisart* „Dasein". Heideggers Irrtum besteht darin, dass er den Menschen als (Erkenntnis-) *Art* fasst. Heidegger, einfach weil er sich unmöglicherweise noch um Ontologie bemüht, steht noch im Banne des Theismus; der Mensch ist für ihn eine Abart Gottes. *Der* MENSCH ist (als Christus) aber keine Abart Gottes, sondern das Ur-Wesen selbst.

Resultat dieser etwas abrupten Überlegungen: das von der gesamten Philosophie, seit sie sich in Descartes von der Scholastik abgewendet hat und aus einer Philosophie des Seins zur Philosophie des *Bewusst*-Seins geworden ist, geforderte Kriterium der Wirklichkeit als *Wahrheit* ist das Christus-Bewusstsein als spirituelle Offenbarung der Wirklichkeit des Menschen – und damit der Welt.

Ich musste diese meine philosophische Grundansicht voranstellen, damit einige Bemerkungen und Hinweise zu *Plotin* nicht in der Luft hängen.

Ich zitiere aus verschiedenen Schriften Steiners einige Gedanken, die die Linie Steiners sichtbar werden lassen:

Zu Plato:

> „Die große Täuschung des Menschen über sich selbst hat einer der größten Philosophen aller Zeiten in ein kühnes, wunderbares System gebracht. Dieser Philosoph ist *Plato*. Die ideale Welt, der Umkreis der Vorstellungen, die im Menschengeiste aufgehen, während der Blick auf die Vielheit der äußeren Dinge gerichtet ist, wird für Plato zu einer höheren Welt des Seins, von der jene Vielheit nur ein Abbild [!] ist. … Alles, was Plato als Ideenwelt jenseits der Dinge vorhanden glaubt, ist menschliche Innenwelt [!!!!]. Der Inhalt des menschlichen Geistes aus dem Menschen herausgerissen und als eine Welt für sich vorgestellt, als höhere, wahre, jenseitige Welt: das ist platonische Philosophie. … Wie Plato über das Verhältnis des menschlichen Geistes zur Welt empfunden hat, so empfindet auch heute die überwiegende Mehrheit der Menschen. Sie empfindet, dass der Inhalt des menschlichen Geistes, das menschliche Fühlen, Wollen und Denken auf der Stufenleiter der Erscheinungen oben zu stehen kommt, aber sie weiß mit diesem

> geistigen Inhalt nur etwas anzufangen, wenn er außerhalb des Menschen, als göttliches oder irgend ein anderes höheres Wesen: notwendige Naturordnung, moralische Weltordnung – und wie der Mensch sonst das, was er selbst hervorbringt, genannt hat – vorhanden gedacht wird."

(N.B. Daran hat sich der *Pädagoge* Steiner gehalten, wenn er für „alle" von *seiner* (!) „höheren Welt", von „höheren Welten" sprach. Die Relation ist streng exakt: die hohe Welt Steiners ist relativ für andere eine „höhere" Welt.)

Zu Plotin:

> „Der Neuplatonismus, dessen wichtigster Vertreter *Plotin* (205–278 n. Chr.) ist, hat mit der Tendenz gebrochen, den Inhalt des menschlichen Geistes in ein Reich außerhalb der lebendigen Wirklichkeit zu verlegen, in welcher der Mensch selbst steht. In der eigenen Seele sucht der Neuplatoniker den *Ort*, an dem der höchste Gegenstand des Erkennens zu finden ist. Durch jene Steigerung der Erkenntniskräfte, die man als Ekstase bezeichnet, sucht er in sich selbst das Wesen der Welterscheinungen *anzuschauen*. Die Erhöhung der inneren Wahrnehmungskräfte soll den Geist auf eine Stufe des Lebens heben, auf der er unmittelbar die Offenbarung dieses Wesens empfindet. Eine Art von Mystik ist diese Lehre. Es liegt ihr das Wahre zugrunde, das sich in jeder Mystik findet. Die Versenkung in das eigene Innere liefert die tiefste menschliche Weisheit. Aber zu dieser Versenkung muss sich der Mensch erst erziehen. Er muss sich gewöhnen, eine Wirklichkeit zu schauen, die frei von alledem ist, was uns die Sinne überliefern. Menschen, die ihre Erkenntniskräfte bis zu dieser Höhe gebracht haben, sprechen von einem *inneren Licht*, das ihnen aufgegangen

ist. *Jacob Böhme*, der christliche Mystiker des siebzehnten Jahrhunderts, betrachtete sich als einen solchen Erleuchteten. Er sieht *in sich* das Reich, das er als das höchste dem Menschen erkennbare bezeichnen muss. Er sagt: „Im menschlichen Gemüte liegt die Signatur ganz künstlich zugerichtet, nach dem Wesen aller Wesen." Das Anschauen der menschlichen Innenwelt setzt der Neuplatonismus an die Stelle der Spekulation über eine jenseitige Außenwelt. Dabei tritt die höchst charakteristische Erscheinung auf, dass der Neuplatoniker sein eigenes Inneres für ein Fremdes ansieht. Bis zur Erkenntnis des Ortes [!], an dem das letzte Glied der Welt zu suchen ist, hat man es gebracht; was an diesem Orte zu finden ist, hat man falsch gedeutet. Der Neuplatoniker beschreibt deshalb die inneren Erlebnisse seiner Ekstase, wie Plato die Wesen der übersinnlichen Welt beschreibt.

Bezeichnend ist, dass der Neuplatonismus gerade dasjenige aus dem Wesen der Innenwelt ausschließt, was den eigentlichen Kern derselben ausmacht. Der Zustand der Ekstase soll nur dann eintreten, wenn das *Selbstbewusstsein* schweigt. Es war deshalb nur natürlich, dass der Geist im Neuplatonismus sich selbst, seine eigene Wesenheit nicht in ihrem wahren Lichte schauen konnte. In dieser Anschauung haben die Ideengänge, die den Inhalt der griechischen Philosophie ausmachen, ihren Abschluss gefunden. Sie stellen sich dar als Sehnsucht des Menschen, sein eigenes Wesen als Fremdes zu erkennen, zu schauen, anzubeten.

Nach der naturgemäßen Entwicklung hätte innerhalb der abendländischen Geistesentwicklung auf den Neuplatonismus die Entdeckung des Egoismus folgen müssen. Das heißt, der Mensch hätte das als fremd angesehene Wesen als sein eigenes erkennen müssen. Er hätte sich sagen müssen: das Höchste, was es in der dem Menschen gegebenen Welt gibt, ist das individuelle Ich, dessen Wesen in dem Innern der Persönlichkeit zur Erscheinung kommt."

Diese Perspektive der abendländischen Geistesentwicklung scheint in dasjenige einzumünden, was heute als „Individualismus" und „Liberalismus" eine betonte Geringschätzung genießt. Im Zusammenhang der Leistung Steiners haben die obigen Gedanken aber ein besonderes Gesicht: ich habe dieses Gesicht am Anfang dieses Briefes anzudeuten versucht. Der verhasste Individualismus wird dann *wahr*, wenn er zu seiner letzten Konsequenz durchstößt (anstatt sich hinter immer neuen Allgemeinheiten und angeblichen Objektivitäten zu verkriechen), wenn er als die repräsentative Individualität des Menschheits-Menschen zugleich das umfassende Wirkliche oder Universale wird. Als dieses eben figuriert in der Welt Steiners das *Denken* als Christus-Bewusstsein. Dass die Inhalte dieses höheren Denkens als „höhere, übersinnliche Welt" dargestellt werden, hat rein pädagogische Bedeutung. Die gleichen Inhalte lassen sich auch begrifflich philosophisch darstellen, nur sind sie dann einer kleinen Minderheit nur zugänglich.

Bezüglich der Auffassung Plotins vom künstlerisch Schönen mag Ihr Graecist Recht haben, dass Plotin nicht den aristotelisch-platonischen Abbild-Gedanken vertritt. Doch scheint mir die in Ihrem Briefe erwähnte Auffassung Bolls, dass „der Künstler selbst in seiner Seele den Nus trage und aus dem Eigensten zu dem von der Natur Gegebenen hinzuschaffe", eine künstliche Hineininterpretierung Goethes in die Weltanschauung Plotins zu sein. Der Nus kann bei Plotin nicht das „Eigenste" sein, das Eigenste hat nur seinen Ort in der Seele, sein Inhalt aber ist ein der Seele Fremdes und Anderes.

Steiner hat in einer neuartigen Herausgabe von Goethes Sprüchen in Prosa an jene dort enthaltenen Auszüge Goethes aus den Enneaden eine Darstellung der ästhetischen Auffassung Plotins gegeben:

> „Plotin nimmt als Urgrund alles Bestehenden ein Urwesen an, das mit aller möglichen Vollkommenheit, mit der höchsten Vernunft, Güte und Schönheit ausgestattet ist. Alle anderen Dinge sind aus diesem Urwesen hervorgegangen, wie das Licht von der Sonne ausstrahlt. Zuerst strahlte von dem Urwesen die allgemeine Vernunft aus, die alle Welt erfüllt, dann gingen aus der allgemeinen Vernunft der menschliche Geist und endlich die Natur (Materie mit den ihr eigenen Gesetzen) hervor. Der Mensch ist im Stande, durch die mystischen Kräfte seiner Seele, sich zu der Anschauung des Urwesens zu erheben. Was er da erschaut, das pflanzt er seinen Kunstwerken ein. In diesen sind also Abbilder der höchsten, geistigen Schönheit enthalten. Das Sinnliche, Materielle hat kein Teil an dem Schönen; dieses muss erst in dasselbe gelegt werden. Plotin steht auf einem ästhetischen Standpunkte, der glaubt, das Kunstwerk sei nicht um seiner selbst willen *schön*, sondern deshalb, *weil es die göttliche Schönheit abbildet*. Ihm gegenüber steht die Ästhetik [und dies ist die Ästhetik Goethes und Steiners], welche das *Schöne* in dem Gegenstande selbst sucht und in der Kunst eine vollkommene Ausgestaltung dessen sieht, was die Natur, die in ihrem Schaffen auf zufällige Grenzen stößt, nur bis zur halben oder teilweisen Vollkommenheit gebracht hat. Der Künstler sucht, nach dieser Ansicht, das Gesetzmäßige des Gegenstandes und prägt es vollkommener aus, als es die Natur selbst vermag. Aber er holt die Gesetzmäßigkeit aus dem Gegenstande selbst."

Diese Gedanken sind von Steiner ca. 1897 geschrieben.

Man kann in Plotin ein mittleres Bindeglied zwischen Plato und Goethe sehen. Mit Plato hat Plotin die Auffassung gemein, dass das Schöne ein Göttliches ist; mit Goethe stimmt Plotin darin überein, dass das Schöne eine *Schöpfung* [sei], die aus dem Menschen zum Schaffen der Natur hinzugefügt wird. Problematisch an dem als Bindeglied zwischen der Antike und Neuzeit aufgefassten Plotin ist dessen Begriff der Seele und des Menschen im Verhältnis zum Nus. Das Problem einer „allgemeinen Weltvernunft" muss in der Neuzeit ganz neu aufgerollt werden. Steiner interpretiert die Erkenntnispraxis Goethes, d.h. er stellt die Erkenntnis-*Theorie* Goethes auf und kommt dabei zu der denkbar schärfsten und entschiedensten Verwerfung der griechischen Idee einer außermenschlichen allgemeinen Weltvernunft. Vernunft (der Nus) ist stets existenzielle Innerlichkeit des konkret wirklichen Einzelmenschen. Der „hohe" Einzelmensch kann sich zur Repräsentanz erheben und seine Vernünftigkeit ist dann Organ der *Welt* und seine Geistigkeit die Offenbarung der Weltgeistigkeit. Es sollte nicht allzu schwer einzusehen sein, dass das Erkenntnisproblem nur in dieser Form gestellt werden darf – auf dem Boden des Christentums; denn das Christentum hat nun einmal den *Menschen* zum Gottesproblem gemacht. Steiner liefert erstmals in der Geistesgeschichte die Voraussetzungen für die Liquidierung des Theismus. (Die Theologie mag zittern!)

Heidegger ist reaktionär: ein Gemisch aus Heidentum und unverdauten Resten der *theistischen* Ontologie. (Ontologie *kann* es nur von Gnaden eines theistischen Systems geben; umso schlimmer für einen Philosophen, wenn er Ontologie treibt und nicht mehr Theist sein kann.) Heidegger will den existenziellen Menschen nicht zum Welt-Repräsentanten erheben, Heidegger stößt den Menschen in die Endlichkeit. Wie sollte er auch anders, bei seiner doppelseitigen Lähmung (Erkenntnis und Wollen) als Kant-Scholastiker! Heidegger sieht in der „Angst" die Substanz des Menschseins, Steiner macht den Christus-Menschen zum Usurpator der Verantwortlichkeiten des theistischen Gottes, von dem Nietzsche sagt, dass er tot sei. Dieser Tod des theistischen Gottes ist das „Nichts" Heideggers (in seiner Habilitationsrede). Dieses Nichts als dieser Tod ist das *Schicksal* des Christus-Geistes vor dessen Erhebung zum *erkennenden* Bewusstsein. Der Vollzug dieses Schicksals und dieser Bewusstseins-Erhebung bildet den Inhalt der Geistesgeschichte seit der griechischen Antike bis zur Gegenwart. Nur der aus Erkenntnis *handelnde* existenzielle wirkliche Einzelmensch kann Mittelpunkt einer Welt der *Geschichte* sein, – in seiner Erhebung zur *Repräsentanz* von „Mensch" und „Welt". In jedem Theismus bleibt „Gott" der *Zuschauer* der Geschichte. Das Wort Treitschkes „Männer machen Geschichte" muss als Kritik am theistischen Gotte genommen werden. Dies ist die wirkliche Krisis des Christentums, vor der sich die „Theologie der Krisis" verkriechen mag.

Plotin ist in der Jüngstzeit in der Philosophie zum Anlass geworden, an dem sich die zugespitztesten Gegensätzlichkeiten innerhalb der philosophischen Arbeit trafen: Franz Brentano hat, als er – als bedeutendster Aristoteliker in weiten Zeiträumen – seine Geringschätzung für Hegels „mystisches Dunkel und freies Schweifen der Phantasie in unbekannten Regionen" ausdrücken wollte, dies in einer Polemik gegen Plotin getan, wobei diejenigen, die es wissen wollten, verstanden, dass Hegel gemeint sei. Vom entgegengesetzten Pol her hat der „Platoniker" Eduard von Hartmann große Anstrengung gemacht, um die bisher verkannte Bedeutung Plotins durch eine neue Einschätzung, die von Hartmann sehr ausführlich begründet wird, zu ersetzen. Aristotelismus und Platonismus kämpfen, – um sich zu versöhnen. Ich sehe diese Versöhnung – auf höherer Ebene – in der an Goethe anschließenden Leistung Steiners gegeben. Ein Thema, über das ausführlich zu reden wäre.

Herzlichen Dank für Ihre Vermittlung der Bekanntschaft mit Niemeyers Einleitung zu Goethes Schriften über Kunst. Ich habe dieselben mit Genuss gelesen und mich gefreut über die zeitlose Gültigkeit der Auffassung Niemeyers ebenso wie über die feinsinnig subtile Behandlung. Vor zwei Tagen habe ich übrigens bei Anlass eines Vortrages über den „Dritten Humanismus“ von dem jungen „Platoniker“ Helbing (Heidelberg! außer diesem Pseudonym heißt er Frommel und ist ein Enkel des berühmten Berliner Hofpredigers) Niemeyer persönlich kennen gelernt, – und ich glaube, dass wir beide uns recht gefreut haben. Ich bin Ihnen dankbar, dass Sie dieses Kennenlernen so schön vorbereitet haben.

Mit ergebensten Grüßen

Ihr

Karl Ballmer

Von Agnes Holthusen

Hamburg, den 10. November 1932

Sehr geehrter Herr Ballmer,

es war nicht Mangel an Interesse, warum Ihr schöner, ausführlicher Brief einstweilen unbeantwortet blieb, sondern nur das Ausbleiben einer gesammelten Stunde im „Betrieb“ des Tages. Die Kräfte einer Frau zersplittern sich so leicht in unzähligen, im Licht einer tieferen Auffassung (leider!) oft fast belanglosen Einzelhandlungen, welche einer ernsthaften Konzentration im Wege sind. Ich muss gestehen, dass Ihre das Thema „Plotin“ einleitende kurze Darstellung der Grundideen Steiners mir diesen Philosophen in einem ganz neuen Licht erscheinen lässt. Ich bin vor vielen, vielen Jahren noch in Stuttgart während der ersten Kriegszeit mit anthroposophischen Anschauungen in Berührung gekommen, als ich bei den Spielen von Haaß-Berkow mitwirkte. Von den Gliedern unseres damaligen Laienspielkreises haben sich die meisten dann der Bewegung in St. angeschlossen und sind ihr bis heute treu geblieben.

Für mich selbst bildete von Anfang an das *un*überwindliche Hindernis jene sog. „höhere Welt“, die einerseits etwas Mystisch-Religiöses (ja beinahe Okkultes) an sich hatte, und deren Wahrheiten andrerseits „wissenschaftlich-exakt“ „bewiesen“ werden sollten. Ich konnte darin eigentlich nichts Anderes als die christlichen Jenseitsvorstellungen erblicken in einer etwas rationaleren Tönung, und da mir persönlich schon dieser christliche Dualismus zwischen „Diesseits“ und „Jenseits“ fremd geblieben war, konnte ich mit jenem auch nichts anfangen. Sehr früh als Kind hatte ich die Nötigung empfunden, das Erlebnis des „Höheren“ als in mir selbst statthabend anzusehen, freilich ganz unreflektiert und nur stark gefühlsmäßig. Nun frappiert mich ungemein, von Ihnen zu erfahren, dass für Steiner selbst seine „höhere Welt“ nur ein relativer Begriff war, eine Fiktion zu *pädagogischen* Zwecken. Damit bekommt alles ein anderes Gesicht, und der scheinbare Dualismus wandelt sich in einen Monismus, der mir den vollen Sinn des Wortes *Anthropo*sophie erst richtig aufhellt. Von da aus vermag ich auch Ihren übrigen Gedankengängen gut zu folgen, es ist mir ferner zum erstem Male einleuchtend geworden, warum Steiner gerade den „Christusbegriff“ nötig hat als Repräsentanten des hohen Einzelmenschen. –

Um noch kurz auf die Ästhetik Plotins zurückzukommen, so mögen Sie gern Recht haben, dass Boll da etwas stark Goethesche Anschauungen „hineininterpretiert“ hat. Er war ein sehr tiefer Goethekenner und Goethebewunderer mit einem ungeheuren Gedächtnisschatz an Goethescher Dichtung und Goetheschem Gedankenreichtum, der ihm jederzeit frei zur Verfügung stand.

Ist die Herausgabe Steiners der „Sprüche in Prosa“ zugänglich? Sie würde mich sehr interessieren.

Es war mir leid, dass ich neulich den Helbingschen Vortrag nicht mitanhören konnte, aber wir hatten an dem Abend eine gesellige Verpflichtung, der wir uns nicht entziehen konnten. Ich habe mir inzwischen von Niemeyer das Wesentliche nachträglich erzählen lassen.

Mit herzlichem Dank für Ihre so klärenden Darlegungen und vielen Grüßen

Ihre
Agnes Holthusen

Von Agnes Holthusen

Hamburg 20, 9. November 1947

Sehr verehrter, lieber Herr Ballmer,

als ein Zeichen der Erinnerung an Hamburg schicke ich Ihnen hier die Zeilen über Paul Bollmann. Ich hätte es längst getan, wenn nicht die täglichen Pflichten als Hausfrau mich am Anfertigen einer Abschrift gehindert hätten. Nun ist es heute endlich soweit gekommen.

Es geht uns zeitbedingt gut, wir haben jedenfalls mehr Grund zur Dankbarkeit als zur Klage. Unser seit einem Jahr lungenkranker zweiter Sohn ist schon seit Juni in einem Sanatorium in Nordschweden durch die Güte mehrerer schwedischer Freunde und Fachkollegen meines Mannes. Es geht ihm leidlich, wenngleich wir uns eine raschere Heilung erhofft hatten unter solch günstigen Bedingungen. Mein Mann reist als Gast des schwedischen Staates am 19.11. auch für zwei Monate nach Schweden zum Besuch der dortigen Universitäten und fachlichem Austausch mit den Kollegen. – Von den hiesigen Malern sehe ich am häufigsten Fiedler. Soweit es der etwas mühselige „Kampf ums Dasein" erlaubt, arbeitet er mit viel Lust. Im Oktober machte er für die Inszenierung von Armand Salacrous „L'inconnu d'Arras" ausgezeichnete surrealistische Bühnenbilder bei der „Jungen Bühne" hier. Man ist jedesmal erstaunt, was trotz aller Materialschwierigkeiten sich immer noch „zaubern" lässt, wenn die richtige Begeisterung dahintersteht. – Auch die Bollmann-Ausstellung brachte noch überraschend viel aus dem Nachlass zusammen, trotzdem das eigentliche Werk vollständig verbrannt ist anno 43. Leider wie wir anlässlich der Ausstellung feststellen mussten, auch die repräsentativen Bilder aus der frühen Zeit in Stuttgart. Der Engel der Vernichtung ist grausam auch darüber hingegangen. Augenblicklich zeigt der Kunstverein die Sammlung Haubrich aus Köln „Kunst des XX. Jahrhunderts". Wir können überhaupt nicht klagen, dass wir nichts zu sehen bekämen. Die Kunsthalle hat bis auf die moderne Sammlung, die die Nazis ausräuberten und verschwinden machten, ihren Bestand erhalten u. stellt ihn „tropfenweise" in den paar unzerstörten Kabinetten an der Glockengießerwall-Seite aus. –

Ihnen beiden herzliche Grüße

Ihrer Agnes Holthusen

An Agnes Holthusen

LAMONE b/Lugano, 7. Dezember 1947

Verehrte liebe Frau Holthusen!

Meine Schreibmaschine klappert den ganzen Tag, behauptet aber impertinent, für Persönliches nicht zuständig zu sein; – es ist einfach ein Skandal, wie ich mich zu den Freunden verhalte – Jahre lang keine Reaktion auf Briefe usw. Inzwischen dürfen dennoch, mit der Erlaubnis eines ungebrochenen Optimismus, alte Verhältnisse in der Zeit reifen und sich bewähren. Die Hamburger Freunde dürfen unbesorgt sein meinetwegen, ich habe mich nie lebhafter als Hamburger gefühlt als heute; wir hängen unentwegt im Äther von Rothenbaumchaussee 132 und sind in dieser oder jener Hinsicht sozusagen im Bilde. Wenn ich mir überlege, inwiefern ich eigentlich Schweizer bin, so ergibt sich: eigentlich bin ich Aarauer und Hamburger. Aarau, meine engere Heimat, ist die Hauptstadt des Kantons Aargau, 12.000 Einwohner, zwischen Olten und Zürich, an der Aare, die dann eine kurze Wegstrecke weiter in den Rhein mündet, der nach Köln hinunter strebt. Aarau war bis ins 19. Jahrhundert hinein Untertanengebiet des stolzen Bern, die Schlösser der Bernischen Grafen und Landvögte krönen die Hügel meiner Knabenjahre, blicken hinüber zur Habsburg, dem Stammschloss der mehr oder weniger gloriosen Regenten des heiligen Deutschen Reiches römischer Nation oder auch umgekehrt, wenn Sie wollen, d.h. wenn Sie überzeugt sein können, dass Germanien sich schließlich doch vor Babylon, der ewigen Roma, retten wird. Mir sind die Staufer interessanter als die Habsburger, schon wegen Eduard von Hartmann, der im Namen und Auftrage Friedrichs des Ersten in Germanien zurückkommen wollte. Man hat noch gar nicht bemerken wollen, dass Barbarossas Raben usw., – ich meine dass im Geburtsjahre Eduard von Hartmanns Hamburg abbrannte, eine Art Geburtstagsfeier, und dass 1906 im Todesjahre v.Hartmanns in Hamburg Sankt Michael abbrannte. So einfältig und zurückhaltend ist die Weltleitung auch wieder nicht, dass sie nicht die Intelligenz der Menschen anzusprechen vermöchte, es handelt sich da einfach um Probleme des Dunkelsehens oder des Gegenteils. In Aarau also stand man in „geschichtlicher“ (trotz Heidegger) Luft; mit der in der Aarauer Luft liegenden Fronde gegen die Herren von Bern atmete man die Inspiration zum Affront gegen jede Sorte von „ancien régime“, und es war ganz natürlich, wenn man aus diesem Grunde eben Hamburger wurde.

Ich danke Ihnen sehr herzlich für die Zusendung Ihres Gedenkens an P.B. Sie haben ihn treffend porträtiert. (Ich wollte so vieles mit ihm verhandeln – nach den 10 oder mehr Jahren, die wir inzwischen älter geworden sind). Seine Tragik war wohl, dass er zuletzt doch der Zuschauer und Weltenbummler bleiben musste. Aber vielleicht ist jetzt eben die Möglichkeit des Zuschauerseins vorbei.

Kürzlich sandte ich an Kurt Saucke eine Art hitzige Polemik (von 1941) gegen Karl Barth: „Ein schweizerischer Staatsrechtslehrer". Vermutlich wird Herr Saucke Ihnen die Broschüre gerne zur Einsicht leihen, – ich suche nämlich nach Gründen, mich bei den Hamburger Freunden zu entschuldigen dafür, dass ich wohl mehr als die Hälfte meiner Zeit anstatt malender Weise schreibend vertue. Immerhin habe ich doch einiges auch gemalt – und war sogar dabei, im Frühjahr einige größere neuere Sachen in Hamburg auszustellen, die Franzosen haben aber die Bilderkiste in Basel nicht passieren lassen, da „Europa" noch nicht perfekt ist. – Eine kleine Bitte: Schreiben Sie uns doch, wo etwa bei den Hamburger Freunden die materielle Not *am bittersten* ist. Wir sind leider, seit ab 1945 der Kontakt mit der Deutschen Bank in Hamburg aufgehoben ist, etwas lädiert, aber immerhin beschränkt handlungsfähig. Wir haben uns 1941 fünf Kilometer nördlich von Lugano an der Gotthardbahnstrecke ein Häuschen mit Atelier und Bücherzimmer gebaut, sind munter und arbeitsam. – Gibt es die Möglichkeit, dass Sie mir Nummern der Zeitung „Die Welt" (Red. Dr. Sanders? wo ist Benninghoff?) senden? ev. via Schweizer Konsulat? – Wissen Sie etwas von Dr. Dingelstedt, und Dr. Harald Busch? Könnte ich an Vinzenz Krogmann Zigaretten senden? Nesch schrieb kürzlich aus Oslo.

Nehmen Sie unsere allerherzlichsten Grüße

Karl Ballmer

An Agnes Holthusen

LAMONE b/Lugano, 8. Dezember 1947

Liebe Frau Holthusen!

Gestern abend gab es in Lamone eine Unterhaltung zu dritt. Ich hatte Ihnen gestern früh am Morgen geschrieben; am Abend griff ich dann nach: Friedrich Schiller, Philosophische Briefe, bei Saucke in Hamburg 1937. Ich war ziemlich betroffen, auf der ersten Innenseite die Widmung zu finden: „Paul Bollmann freundschaftlich zugeeignet, A.H." Nun erinnerte ich: P.B. hatte mir das kostbare Büchlein seinerzeit geliehen und es war bei mir geblieben. – Nun konnte man sich über seine Bleistiftanmerkungen unterhalten, die er beim Texte der Einleitung angebracht hat; es sind nur zwei Notizen, nimmt man sie zusammen, so enthalten sie den ganzen P.B.

In Ihrer Einleitung, die ich gestern Abend mit großem Genuss wieder las, sagen Sie von Vor-Kantianer Schiller: „Schillers Verhältnis zur Philosophie war ein künstlerisches"; dann betonen Sie, dass seine Bekanntschaft mit Philosophie auf Zufälligem beruhte. Dann – Seite 13 unten –: „Selbst zu Kant, an dem er dann so verbissen hängen blieb, führten Schiller zunächst mehr oder minder zufällige Umstände, *was reizvoll wäre, zu verfolgen.*" Am unterstrichenen Satzteil nimmt P.B. Anstoß, seine Bleistiftanmerkung (in seiner charakteristisch nervösen Schrift) verlangt, es müsse heißen (nach „Umstände"): „die zu verfolgen, reizvoll wäre". Sein Sprachgefühl, d.h. doch wohl er selbst, hatte rebelliert. Mir kam jetzt im Gespräch zu dritt die Aufgabe zu, die Ansicht zu vertreten (nachdem ich einen Moment lang P.B. einfach recht geben wollte), dass die beiden Satzformen nicht nur möglich, sondern – interessant sind. P.B. will die „zufälligen Umstände“ lebensneugierig ganz direkt verfolgen; A.H. hat bei Ihrer Satzformung mehr eine ganze *Situation* vor Augen, die sie im vorausgehenden Passus der Einleitung sorgfältig herausgearbeitet und aufgebaut hat; ihr „was“ („was reizvoll wäre,...“) spiegelt, dass sie diese ganze Situation vor Augen hat, bei der es weniger auf die zufälligen Umstände als auf das philosophische Verhältnis Schillers zu Kant überhaupt ankäme. Man einigte sich im Gespräch zu dritt: P.B. – verdammt wach – verzeiht die leichte grammatikalische Unkorrektheit. Als zweite Kundgebung von P.B. folgt dann nur noch auf Seite 24 der Einleitung am Rand ein senkrechter kurzer Bleistiftstrich von Zeile 3 von oben bis Zeile 7. Dieser schlichte Bleistiftstrich scheint mir kund zu tun, dass P.B. mit eigentlich erstaunlichem Blicke auf die Zeilen hindeutet, die das *tiefste Problem* im Rahmen des Inhaltes Ihrer Einleitung enthalten. P.B. unterstreicht den Einwurf, den Körner zu Schillers Theosophie machte. Der Einwurf und Vorbehalt Körners ist fast unwahrscheinlich großartig:

„Das Universum ist kein reiner Abdruck des Ideals, wie das vollendete Werk eines menschlichen Künstlers. Dieser herrscht despotisch über den toten Stoff, den er zur Versinnlichung seiner Ideen gebraucht. Aber in dem göttlichen Kunstwerke ist der eigentümliche Wert jedes seiner Bestandteile geschont, und dieser erhaltende Blick, dessen er jeden Keim von Energie auch in dem kleinsten Geschöpfe würdigt, verherrlicht den Meister ebensosehr, als die Harmonie des unermesslichen Ganzen.“

Dieses Körner-Problem bildet bei mir gleichsam eine Art Mitte, um die seit lange meine Gedanken kreisen. Allerdings – als heutiger Geistiger hat man sich längst von den Jugendeseleien des „Idealismus“ distanziert; ich habe keine Veranlassung, abgestandenen christlichen Syrup – im Jahre 1947

– als „Harmonie des unermesslichen Ganzen“ zu lobpreisen. Die freundlich-dilettantische Kindervorstellung von einem Weltschöpfer, der als „idealer“ Künstler ein Werk schüfe, liegt mir nicht, ein von mir in Aussicht zu nehmender Schöpfer wäre als Künstler gewiss – *Tragiker*. Abgesehen davon, dulden wir keinen Gott, der nicht unser gedankliches Geschöpf wäre. Wenn die Theologen schlechte Götter geschaffen, so werden wir eben bessere machen.

Das Körnerproblem – der Verzicht auf das *Herrschen* über den toten Stoff – beschäftigt mich in anderen Zusammenhängen, jedoch sehr realistisch:

Wenn um 1900 ein sehr radikaler Denker sich seine „moderne Weltanschauung“ geschaffen hatte, aus der die verstaubten Götzenbilder des „christlichen Abendlandes“ endgültig hinausgeworfen sind, dann war solche Weltanschauung zunächst die innere Privatangelegenheit des Mannes. Der Mann konnte den Entschluss fassen, Andern zu dienen, Andere teilnehmen zu lassen an seiner Kunst der „modernen Weltanschauung“ – im Lichte der grandiosen Forschungen Haeckels und Nietzsches. Wenn er jetzt schenkende Tugend übte, dann konnte er den Andern sein zu verschenkendes Vermögen nicht als Herrscher aufnötigen; er musste seine stolzen Gedanken in die Formen hineinbequemen, die den Empfängern derselben aus ihrer eigensten Potenz denkmöglich und erreichbar waren; er hatte nicht über toten Stoff zu herrschen, sondern musste gleichsam versuchen, aus dem Stoff der Andern heraus „Ich“ *als* die Andern zu sein; er musste die Impertinenz des Fichte-Ich transformieren in das tragische, eminent tragische: „Ich der Andere“. Wenn der starke Mann die Sache seines Schenkens richtig machte, dann war es den Beschenkten natürlich und erlaubt, in dem Schenkenden denjenigen zu sehen, der nur abrundete und vollendete, was sie alle schon immer selbst gemeint, gedacht und gewollt hatten. Wenn das Arroganz von Theosophen und Anthroposophen war, so musste das eben so sein, um den göttlichen Gesetzen der schöpferischen – Tragik zu genügen. Zur schöpferischen Tragik dürfte es auch gehören, die Pflichten des Gesetzes der zu respektierenden Kontinuität frei zu übernehmen.

Ich musste – und durfte wohl – Ihnen von solcher Unterhaltung zu dritt berichten. Hinter P.B. steht ja Meyer-Amden, der sehr merkwürdige und tiefe Gedanken hatte über das Verhältnis des Künstlerischen zum Religiösen, in der Publikation von Oskar Schlemmer, die ich s.Zt. bei P.B. einsehen konnte.

Mit freundlichen Grüßen

Karl Ballmer

An Agnes Holthusen

LAMONE b/Lugano, 10. Dezember 1947

Liebe Frau Prof. Holthusen!

Ich ließ Ihnen durch den Verlag Rascher, Zürich, ein Büchelin (wie freudisch-freundlich dieser Verschrieb, es sollte natürlich getippt sein: Büchlein) senden, von dem ich annehme, dass es Sie interessieren kann, auch weil es Anlass zu Stellungnahme und Kritik sein kann. Keine welterschütternde Sache, aber gute Arbeit: Probleme des Unbewussten, von Donald Brinkmann, die erweiterte Antrittsvorlesung des jetzigen Titularprofessors für Philosophie an der Universität Zürich – über die Herkunft des Begriffes des Unbewussten, der als Grundbegriff der „modernen Psychologie" verstanden wird, in einem gewissen großen Bogen um Klages herum, zu dem u.a. auf S. 65 Stellung genommen ist. Br. charakterisiert sein Thema durch das Motto – von Jacob Burkhardt –: „Die Einzelwissenschaften wissen oft gar nicht, durch welche Fäden sie von den Gedanken der großen Philosophie abhängen." Brinkmanns Untersuchung des Grundbegriffes des Unbewussten „nimmt einen prinzipiellen Charakter an, wenn man sich die Mühe nimmt, bis zu den ursprünglichen Quellen vorzudringen, d.h. bis zu den letzten systematischen Grundpositionen und ihren Verwurzelungen im Zuge der Geistesgeschichte" (S. 7).

Durch Brinkmanns sehr solide Untersuchungen wird – so scheint mir – ein altes Unrecht gut gemacht: während man von gewisser Seite stets nur Carus zu nennen pflegt, rückt Brinkmann endlich auch einmal Eduard von Hartmann ins rechte Licht, was als der Versuch der Wiedergutmachung eines Unrechtes gelten kann, das von der Universität im allgemeinen dem Philosophen des Unbewussten beharrlich angetan wurde und wird. – Mir selbst käme es darauf an, das *Reaktionäre* im Gebrauch des Wortes und Begriffes des „Unbewussten" zu durchschauen. Eigentlich ist [es] ein grandioser welthistorischer – Witz, wenn Eduard von Hartmann plötzlich den lieben Gott als „das Unbewusste" betitelt, bloß so ohne „Persönlichkeit" und so. Ich behaupte kühn, dass auf *jeder* Verwendung des Begriffes des Unbewussten der fragwürdige Schein dieses welthistorischen Witzes ruht. Sie werden dagegen protestieren, wenn sich also zwangsläufig ergibt: Klages ein verkappter Theist!

Der „Geist“ ist nach Klages: ein nicht-psychisches Bewusstsein, – genau wie bei den Barthianern, die den hl. Geist als den Schöpfer der Geschichte prätendieren, von dem Werten aber nur soviel wissen, dass man von ihm nichts wissen kann. Ich würde es vorziehen, Positivist oder Materialist zu werden, um nicht von einem „nicht-psychischen Bewusstsein“ träumen zu müssen. Ich stehe – als Anthroposoph – eisern auf dem Standpunkte, dass von Bewusstsein nur im Zusammenhange mit einem physischen Gehirn die Rede sein *kann*.

Man sucht sich in der Welt zurechtzufinden, und so habe ich mich in langen und gründlichen Bemühungen mit Klages zu arrangieren versucht. Seit lange ist es für mich die selbstverständlichste Überzeugung, dass Thomas qua Rudolf Steiner Germanien vor Rom bewahren will (als daher die Einigung Italiens im Gange war, als Start für die Europageschichte mit 1870/71 usw., da konnte Thomas im Jahre 1861 wiedergeboren werden usw.), und nun konnte man nach Geistern wie Bonaventura fragen und suchen. Verrückt, aber mit Methode. – *Wir* können ja schließlich nicht verhindern, dass die Welt – und das heißt „der Mensch“ – eine Einheit ist.

Mit Brinkmann bin ich persönlich gut bekannt, und natürlich frug ich ihn bei unserer ersten Begegnung, ob er denn Hamburger sei. Vielleicht haben Sie übrigens bemerkt, dass er im vergangenen Frühjahr als Urschweizer an der Hamburger Universität Gastvorlesungen gab.

Mit freundlichen Grüßen Ihr

Karl Ballmer

Von Agnes Holthusen

Hamburg 20, den 18. Dezember 1947

Lieber Herr Ballmer,

sehr hoffe ich, dass die Feiertage, oder zumindest die Zeit „zwischen den Jahren" mir die Muße für eine ausgiebige Unterhaltung gönnen wird. Einstweilen möchte ich Ihnen nur ganz kurz zusammengefasst den herzlichen Dank für drei liebe Briefe aussprechen, die mich dieser Tage erreichten. Es war eine ganz große Freude. Dass überdies Ihre liebe Frau zweimal dem geistigen Gehalt auch noch die materielle Basis hinzufügte, finde ich sehr rührend. Auch ihr möchten diese Zeilen ganz besonders danken. Zum Kaffee hatten Sie sich zufällig Arnold Fiedler eingeladen, der gerade bei uns war. Wie gerne hätte ich Ihre kleine Arbeit gleich gelesen, aber bei dem angestrengten Hausfrauendasein, das ich führe, darf ich mich den geistigen Gebieten nur sehr selten noch zuwenden. Ich schrieb wohl schon, dass ich seit 1943 ohne Hilfe wirtschafte, d.h. ein wenig geht mir eine Frau zur Hand, die ausgebombt bei uns wohnt, doch gleicht dies den Zuwachs an Kleinarbeit und Lauferei, die das mühselige tägliche Leben mit sich bringt, knapp aus. Der Profit ist also nicht groß. Trotzdem ist aber das Dasein nicht arm. Ich kann den Zustand schwer beschreiben, aber es ist etwa so, als sähe man sich genötigt, alle Weisheiten, alle höheren Erkenntnisse des Geistes mit der eigenen oft wörtlich „leiblichen" Existenz nachzuschreiben, wobei sie einen bis ins Körperliche spürbaren, unheimlichen Wahrheitsgrad erreichen, eine unerschütterliche Evidenz. Wir leben gewissermaßen in allen Stockwerken des Daseins gleichzeitig, vom Keller bis zum Dach. Und ich glaube, wir möchten solche Intensität kaum mehr missen. Übrigens leben Sie als Künstler wahrscheinlich immer so. – Aber ich darf heute mich noch nicht breiter auslassen, sondern will meinem vorläufigen Dank nur noch herzliche [Weih]nachts- und Neujahrswünsche für Sie beide hinzufügen. Ein sichtbarer Ausdruck sei der Vogel Phönix von Arnold Fiedler, den er als Neujahrswunsch für meine Freunde und mich zeichnete.

Also bis zum Jahresende mehr!

Übrigens setze ich Sie hiermit feierlich zum Erben des kleinen Schillerbuches ein, es macht mich ordentlich stolz, dass Sie mir so gütig darüber geschrieben haben, ich selber habe es fast vergessen.

Ihre
Agnes Holthusen

An Agnes Holthusen

LAMONE b/Lugano, 27. Dezember 1947

Liebe Frau Holthusen,

Arnold Fiedlers Auferstandener (in Schönheit) kam heute früh, 27. Dezember, hier an. Mit der metaphysischen Behauptung Fiedlers stimme ich ganz überein; ich musste gerade in diesen Tagen im Rahmen einer größeren Arbeit die These vertreten, dass Ostern der Weihnacht in der Weltgeschichte *voraus* geht, dass man also eigentlich zu Weihnacht den Vogel Phönix zu malen hat. Meine Metaphysik hinsichtlich Ostern will nur besagen, dass man vom Gesetz des (Welt-) Geschehens nichts versteht, wenn man nicht in jeder Minute einmal in die pure leblose Physis den (Oster-) Schwung des Auferstehenkönnens hineinbläst. (Die weihnachtliche Mittelmeervorstellung von so einfach *geschenkten* sprechenden (philologisch: Logos = Wort usw.) Puppen und Marzipanplätzchen ist doch eher etwas altmodisch-banausisch.) Heutzutage wären somit auserwählte Völker unschwer daran zu erkennen, dass man den Leichnamszustand (+Schwung) als Normalzustand hat. Möglicherweise möchten die Engländer dies auch gemeint haben, sofern sie uns (wir hängen meistens ausgiebig am Nordwestdeutschen Rundfunk, Rothenbaumchaussee 132) 2 oder 3 Tage lang unentwegt fromm-fröhliche Weihnachtsmusik vorgeduddelt haben, sodass man versucht war, doch mal lieber einen mehr östlichen Musiksender einzustellen.

Ich muss um Nachsicht bitten. Gestern und vorgestern musste ich je einen größeren Brief schreiben; das ergab ein Intervall in der größeren eigentlichen Arbeit, bei der ich gerade bin. Jetzt muss ich wieder die Fäden anknüpfen an die vor 2 Tagen unterbrochene Arbeit; dazu ist ein kleiner Ruck nötig – und es scheint verzeihlich, wenn ich vor dem Ruck der Laune nachgebe, eine halbe Stunde „mit Hamburg“ zu „plaudern“.

Sie werden gewiss nicht Freund der sog. theoretischen „Gottesbeweise“ sein. Aber vermutlich werden Sie die köstlichen Gedanken und Materialien kennen, die Freud über „Verschreiben“, „Versprechen“, „Versehen“ usw. in seinem Buche „Psychopathologie des Alltagslebens“ ausgebreitet hat. Wenn ich mich im Sinne Freuds „verschreibe“, so ist das eine Art Gottesbeweis, sofern es nur darauf ankommt, dass im Alltagsleben „Sinn“ darinnen ist, wenigstens wenn man so intelligent wie Freud diesen „Sinn“ zu sehen versteht. Aber man kann noch viel weiter gehen als Freud. Man kommt dann darauf, dass das sinngebende Prinzip nicht nur die im Unbewussten wirkende Tiefenperson ist, sondern die Weltleitung selber. Also in bestimmten beobachtbaren Fällen hat man es mit der Causa der Weltleitung selbst zu tun. Ein in dieser Hinsicht interessanter Fall ist der folgende:

Auf der Vorderseite des halbquart-Briefbogens steht – mit Schreibmaschine geschrieben – als zweitletzte Zeile des Textes: „… sondern will meinem vorläufigen Dank nur noch herz-“, dann auf der untersten Zeile des Bogens noch: „liche“, dann folgt noch „Weihnachts-“, aber das Wort „Weihnachts-“ ist schon nach unten verrutscht, weil die Schreibmaschine so weit unten auf dem Blatte nicht mehr mochte. Die Schreiberin hat daher „Weihnachts-“ mit blauer Tinte durchgestrichen, hat den Schreibbogen umgespannt und fährt auf der Rückseite des Blattes im Text weiter; und zwar hatte nach „liche“ nun „Weihnachts-“ (und Neujahrsgrüße) zu folgen. Hier an dieser Stelle hat aber unvermutet die Weltleitung direkt eingegriffen, sodass als erstes Wort auf der Rückseite nicht „Weihnachts-“ steht, sondern: „nachts-“. Die Weltleitung hat aus Stilgefühl die Wirklichkeit offenbaren wollen (eben die schwer trächtige *Nacht*); es war auch wirklich am N.W.R. etwas viel von englischem Weihnachtspudding, Truthahn und Oratorienmusik zu hören gewesen (Peter von Zahn hat es nicht bös gemeint). Sie werden vermutlich sagen: Au Wei! Bei (in) mir hörte ich gestern einen sagen: Mit hängt der chr. Schw. zum Halse heraus. Also wenn schon Weltleitung und Vorsehung und so, dann wenigstens beobachtbar!

Die Metaphysik bittet um Ihre Nachsicht

Karl Ballmer

Von Agnes Holthusen

Hamburg 20, den 1. Januar 1948

Lieber Herr Ballmer,

alles Gute fürs Neue Jahr zuvor! Die Weihnachtstage haben mich noch nicht zum Schreiben kommen lassen, obwohl mein Sohn und ich sehr friedlich für uns waren. Ich habe am zweiten Tage sogar ganz wie ich es mir vorgenommen hatte, zu Bett gelegen, was für schwerarbeitende Menschen eine sehr lustbetonte Angelegenheit ist. Dass mein Mann auf Einladung des „Swenska Institutet" schon seit Mitte November in Stockholm sich aufhält, schrieb ich wohl schon. Auch unser lungenkranker Sohn Wilhelm befindet sich dort dank der Güte von meines Mannes schwedischen Freunden. Er darf noch die Wintermonate oben verbringen, um dann hoffentlich ganz ausgeheilt zu uns und an sein Medizinstudium zurückzukehren. Lassen Sie mich, um in der Rangordnung zu bleiben, erst mit der Beantwortung Ihrer praktischen Fragen beginnen. Sie fragen nach der Zeitung „Die Welt". Wir lesen sie selber, es stünde nichts im Wege, Ihnen Nummern zu schicken, wenn nicht die Portosätze ins Ausland so unverhältnismäßig hoch wären. Mein Sohn kommt gelegentlich wegen seiner Einladung nach Zürich fürs Sommersemester aufs Schweizer Konsulat, er soll sich einmal erkundigen, was da zu machen ist. Aber leider sind sie dort nicht eben besonders zuvorkommend nach unseren Erfahrungen. Dr. Benninghoff war im vorigen Jahre hier in Hamburg am Schauspielhaus, aber ich glaube, er ist inzwischen wieder weg. Ein paarmal habe ich mit ihm gesprochen. Herr Dr. Dingelstedt ist nach wie vor am Museum für Kunst und Gewerbe tätig und leitet den Kunstgewerbeverein, Dr. Harald Busch kreuzte auch wieder auf als Lektor beim Nölke-Verlag hier, wo er die Kunstabteilung unter sich hat. Da er aber einstweilen den Zuzug noch nicht hat, betreibt er seine Arbeit von Frankfurt a.M. aus (Frankfurt/Main-Griesheim, Taläckerstr. 1). Wenn Sie ein Päckchen an Krogmann schicken wollen, so tun Sie es zu Händen seiner Tochter, Frau Alke Wuppermann, Pinneberg. Er wird sich sicher sehr freuen. Dass Nesch überstand, oder doch wenigstens leidlich gut, das drang schon zu uns.

Wenn Sie ihm schreiben, grüßen Sie ihn bitte von mir. Er hatte auf der Ausstellung, wo wir Ihre Bilder leider *nicht* sehen durften, aus den von Ihnen erwähnten Gründen, einige Sachen aus den späteren dreißiger Jahren, die hier neu waren. Wenigstens für die Öffentlichkeit, denn sie stammten wohl aus Privatbesitz. Man bekam Lust auf mehr. Wenn Sie mich fragen, wo der Kampf ums Dasein bei den uns bekannten Freunden am bittersten ist, weil sie keine Unterstützung aus dem Auslande haben, so wäre etwa Susanne Hugenroth-Sauerlandt zu nennen, der Sie auch schon persönlich geschrieben haben. Ebenso tut sich Hannah Kluth natürlich nicht leicht, da Karl immer noch in Gefangenschaft in Russland ist. Sie arbeitet einen vollen Achtstundentag in irgendeinem kunstgewerblichen Geschäft. Von den Malern, deren Verhältnisse ich intimer kenne, käme etwa Arnold Fiedler in Betracht. Er ist jeder materiellen Förderung wert, da er vor zwei Jahren, als er aus der Gefangenschaft heimkam, auf dem völligen Nullpunkt neu beginnen musste. Seine Pariser Habe ging ihm verloren und hier fand er sich total ausgebombt, sein Vater war inzwischen verstorben (ebenfalls ausgebombt). Mit großem Fleiß und großer Beharrlichkeit hat er sich einen notdürftigen Rahmen für die Existenz geschaffen und malt sehr gute Bilder. Er geht dabei sehr seine eigenen Wege abseits irgendeiner Hamburger Strömung. In der Gefangenschaft, wo seiner Kunst nur ein Bleistift und dürftige Blättchen Papier zur Verfügung standen durch Jahre hindurch, hat er seine Phantasie ganz aus Traumvisionen gespeist, die er jetzt frei verwirklichen kann. Er lebt fleißig und zurückgezogen seiner Arbeit. –

Es macht mir Freude, dass Sie die Worte über Paul Bollmann gut hießen. Er sah sich wohl zum Teil auch aus Not, nicht nur aus Veranlagung in die Zuschauerrolle gedrängt während seiner letzten Lebensjahre. Anfangs der dreißiger Jahre hatte er noch aktive Impulse, über die er sich später selber verwunderte. Und wie steht es heute hier um den geistigen Menschen? Es herrscht eine große und tiefe Ratlosigkeit allerorten, wo der Ansatzpunkt zum Eingreifen in die Geschehnisse sein mag. Wir leben noch ganz im Leeren. Viele kluge und denkende Menschen fragen sich, ob es nicht besser wäre, statt zu reden oder zu schreiben in die Flüchtlingslager zu gehen und dem einen ein Taschentuch, dem anderen eine Unterhose zu geben, wenn man nur erst wüsste, woher es nehmen? Die Diskrepanz zwischen einem Bauen gewissermaßen im luftleeren Raum und den grausamen eigentlichen Realitäten der Zeit ist noch nicht überbrückt. Wir wissen alle noch gar nicht recht, *wo* wir nun eigentlich stehen? Die meisten sind Freibeuter auf eigene Faust, materiell und geistig. Aber vielleicht lägen hier ungeahnte Chancen, wenn man sie zu ergreifen wüsste. Ein Mensch wie *Sie* hätte es hier vielleicht sogar leichter, sich zu verwirklichen ohne den Druck von Konvention und Bürgerlichkeit. Denn dies sind Trümpfe, die wir hier in der Hand halten, dass vieles, ja alles möglich ist. Wenn die geistigen Menschen, platt gesagt, etwas besser zu essen hätten, dann könnte sich eine Renaissance vielleicht gerade bei uns vollziehen. Aber so, wie es ist, kann die Flamme auch eines Tages ganz erlöschen. Ihnen – als Anthroposoph – müssen diese Dinge absolut verständlich sein. Ich danke Ihnen sehr, sowohl für das sehr gescheite und geistreiche „Requiem“ wie auch für den Brinkmann. Leider habe ich dessen Gastvorlesung hier verpasst. Doch hörte ich von Hamburger Studenten, die ihn mit Gewinn und Genuss in Zürich hörten bei Studienaufenthalten dort. Die kleine Schrift passt sich gut ein in unsere Büchersammlung. Klages ist mir momentan zwar ferner gerückt, aber ich habe im vergangenen Jahr mich wieder etwas mit Freud beschäftigt im Zusammenhang mit einem Besuch meines Vetters Viktor Weizsäcker aus Heidelberg und einem Vortrag, den er hier hielt. Eduard von Hartmann kenne ich leider so gut wie gar nicht, obwohl ich in Stuttgart sehr viel mit seiner Tochter Nora verkehrte, die etwa zehn Jahre älter war wie ich. Sie war damals eine leidenschaftliche Verfechterin der Ideen ihres Vaters, dem sie sich geistig verwandt fühlte. Jetzt lebt sie irgendwo verarmt und bescheiden im „Ländle". Nichts ersehne ich mehr, als dass es mir gegönnt würde, wieder zu systematischer Arbeit zu kommen. Aber wir leben hier alle fragmentarisch. Ihr Landsmann Max Picard hat das in seinem Buch ja teilweise sehr treffend gezeigt. Freilich im „therapeutischen Teil" wirkt er einfältig und erscheint der ganzen Tiefe der von ihm selber aufgeworfenen Problematik nicht gewachsen. *Sie* stoßen selber in dem großen Brief über das „Körner-Problem" in andere Tiefen vor. Ich bin gespannt auf noch zusammenhängendere Äußerungen Ihrer Feder, die wir doch nach dem, was Sie mir berichten, erwarten dürfen. Kurt Saucke ist mit der Broschüre noch nicht herausgerückt, hat es aber versprochen, sie mich lesen zu lassen. –

Mit allen guten Wünschen für Sie und Ihre Frau für ersprießliche Arbeit und wohl bewahrte Gesundheit bleibe ich mit den dankbarsten Grüßen

Ihre

Agnes Holthusen

An Agnes Holthusen

LAMONE b/Lugano, 16. Januar 1948

Liebe Frau Holthusen,

es ist mir sehr recht, wenn ich künftig „Körner-Problem" sagen darf, anstatt „Anthroposophie". Ich bin durchaus gesonnen, es standhaft zu ertragen, wenn Sie mich „als Anthroposoph" vorstellen, kann aber meine dazu gehörende Pein nicht leugnen. Ich unterscheide mich in gewissen Grundvorstellungen von lieben Mitanthroposophen. Solche sehen sich im geselligen Verein mit R. St. auf der Heerstraße des abendländischen Fortschritts wandeln; sie blicken gemeinsam mit ihrem Lehrer, der ja auch wie sie Rock und Hose trägt, empor zur „geistigen Welt", worunter sie, wenn sie Christen sind, die bekannte unaufgeräumte Rumpelkammer verstehen. – *So* kann das von mir nicht gemeint sein. „Geistige Welt" – nun schön, aber dann jedenfalls die Innenwelt eines tatsächlichen Menschen. Man wird dann eben zusehen (wie sag' ich's meinen Kindern?), wie man alten Illusionen zu einem ehrenvollen Abgang verhilft.

In der unvergleichlich herrlichen Rezension, mit der Hebbel 1848 in Wien die erstmalige Veröffentlichung des Briefwechsels Schiller-Körner begrüßte (80 Druckseiten!), stoße ich zufällig auf eine markante Formulierung des „Körnerproblems". Hebbel spricht von einem Briefe Körners, der eine „vortreffliche Kritik der Herderschen Philosophie-Methode" enthalte und zitiert die Stelle, die also das „Körnerproblem" umreißt: „Sein ganzes System hat, so wie das Spinozasche, einen großen Einwurf gegen sich, den er nicht weggeräumt hat. Wenn nämlich Gott das einzige Prinzip aller Tätigkeit in allen einzelnen existierenden Wesen ist, wo bleibt die Individualität? Was gewinnt man durch eine Hypothese, wogegen sich das Selbstgefühl der Persönlichkeit sträubt, als den trostlosen Gedanken, dass alles, was der ausgebildetste Mensch zu seiner Vervollkommnung getan hat, nach seinem Tode keine Spur zurücklässt? Die unendliche Kraft, die ihn beseelte, ist keines Wachstums fähig. Sie vertauscht nur ihren Wirkungskreis, und kann durch diesen Tausch nichts gewinnen. Auch im Kleinsten ist sie unendlich; und ist Dir der Begriff einer Gottheit denkbar, die sich selbst auf unendlich mannigfaltige Weise beschränkt, um durch diese Beschränkungen Individuen hervorzubringen?". An dieser adäquaten Formulierung Körners hätte ich nur zu beanstanden, dass das Problem nicht an seiner Lösung gewonnen ist, sofern ich nämlich eisern überzeugt bin, dass *echte* Fragen notwendig *nur* aus der vorausliegenden *Antwort* entwickelt werden können. Der Rezensent Hebbel lässt auf das Körner-Zitat einen eigenen Gedanken folgen: „Das ist der Knoten, den auch Hegels Ausdruck, der Geist spiele mit sich selbst, der Lösung um nichts näher brachte. Das Allgemeine mit seinem Trieb, sich zu individualisieren, das Individualisierte mit seiner Unfähigkeit, sich als solches zu behaupten, wer will diesen Dualismus in der Weltwurzel auf eine Einheit zurückführen!" Wie nun die Dinge einmal liegen, kann ich vor der Notwendigkeit nicht auskneifen, die Frage Hebbels zu beantworten: ich. Die Antwort klingt mir mindestens so unwahrscheinlich wie Ihnen, aber da ist nun nichts mehr zu ändern. Seit einem guten halben Jahr bin ich *begrifflich* soweit, um mitzureden. Mein Fleißigsein während 25 Jahren hatte den Sinn, die *Begriffe* zu angeln, um Anschauungen diskutabel zu machen. Ich meine mir die Unterlagen besorgt zu haben, um in Physik, Theologie … verantwortlich urteilsfähig zu sein. Die wichtigste zu stürmende Festung wird die „moderne" Physik sein. Die einzige Siegerchance besteht natürlich darin, ein Verrückter zu sein, wenn man als das von der Physik erfragte kosmologische „Prinzip des Geschehens" die Handlung eines bestimmten natürlichen Einzelmenschen N.N. zu bezeichnen hat. Der Ed. v. Hartmannsche „Weltprozess" ist: die Wiederholung des natürlichen Menschen N.N., der in der Wiederholung ***wird***, was er schon immer ***ist***. Das Hegelsche Allgemeine ist ein natürlicher Einzelmensch N.N. Die vielen Individualitäten als Wiederholungen des N.N. *können* überhaupt nicht verloren gehen, nicht entbehrt werden; sie sind vielmehr *zu wenig* individuell, zu wenig weltförmiger Ich, und dieses Zuwenig sichert ihnen im erfüllten Ziel des Weltprozesses ihre freie Selbständigkeit. Voilà tout. In diese unscheinbare begriffliche Pappschachtel will also der Gesamtinhalt des christlichen Abendlandes sorglich hineingepackt werden. Auch Haeckel darf mit mir zufrieden sein, sofern der Inhalt der Pappschachtel jedenfalls auch eine Paraphrase seines biogenetischen Grundgesetzes sein wird. Sie sehen, ich meine es aufrichtig mit dem Verrücktsein. *Freud*, vom Intellektualismus des 19. Jahrhunderts gehandicapted, ist nicht durchgestoßen, nämlich zur Ur- und Erzfrage: Wie entstand im Werdeprozess des sich wiederholenden N.N., auf dem Umwege über phylogenetisches Pflanzen- und Tiertum so etwas wie „Ich". Ein mehr oder weniger gehaltvoller traditioneller „Okkultismus" bewahrt in dieser Frage immerhin die dahingehende Vorstellung, dass der Mensch vor Scham vergehen müsste, wenn er seinen Ursprung wüsste. Allerdings!: Es gab die zweigeschlechtliche Tierheit; das war die Chance, dass der wiederholende Ich im Geschlechtsakt von relativ hochentwickelten Tieren die Möglichkeit des Selbst-Bewusstseins fand, die Möglichkeit, in Tier-Leibern *werdender* Mensch zu sein.

Auch in diese Pappschachtel wird mehreres sorglich hineinzupacken sein, so die sehr sachgemäße Schilderung des „Sündenfalls" in Genesis I, auch Sankt Ödipus, auch beiläufige Erhellungen über das Verhältnis des *Bilder*-Bewusstseins des Mythos zu unserer Methode des *Begriffs*. Dem Pappschachtelinhalt wäre gedient, wenn er den Ansturm aller sachlich geforderten Einwände erwarten dürfte, um die Widerlegung der Einwände nicht als Monolog betreiben zu müssen. Erwünscht wäre besonders der als vernichtender Donnerschlag zu denkende Einwand: die Annahme, der Weltprozess sei das Sein und Werden eines natürlichen Einzelmenschen N.N., scheitere selbstverständlich an der Frage „Bewusstsein“: „Sie werden doch (so könnte der Donnerschlag lauten), indem Sie den Weltprozess mit einem N.N. identifizieren, nicht behaupten wollen, ‘Bewusstsein’ – als solches und seinem philosophischen Begriffe nach – sei, vor hunderttausend Jahren und nach künftigen zehntausend Jahren, das Bewusstsein des N.N., und folglich sei mein Bewusstsein gar nicht *mein* Bewusstsein, sondern qua Bewusstsein eigentlich die GEGENWART des N.N., sodass ‘Bewusstsein’ ein Synonym für ‘Gegenwart’ wäre!?“ Meine Gegenrede mit „doch, doch, gerade dies gedenke ich behauptet zu haben“ wäre zu simpel, sie würde sich vorerst an einer mit allen Wassern (auch mit den Wassern Berkeleys) gewaschenen Sinnes- und Wahrnehmungslehre zu bewähren haben.

Ich begann diesen Brief eigentlich mit der Vorstellung, Ihnen von den Sorgen zu erzählen, die mit der Bewältigung von „noch zusammenhängenderen Äußerungen“ verbunden sind; und nun habe ich Ihnen vorläufig kurzerhand den Extrakt meiner Sorge in eine Pappschachtel gepackt. Es besteht bei mir der merkwürdige Zustand, den ich immer wieder beobachte, dass ich beim *schreibenden* Produzieren mir ein Gegenüber vorstellen muss; beim Malen kenne ich diese Notwendigkeit nicht, da vergnüge ich mich mit mir selber. Zu meiner Grundverfassung beim Schreiben gehört ferner, dass ich einen philosophischen Gedanken nur dann für richtig halten kann, wenn er unmittelbar politisch ist; ich empfinde stärkstens eine Koinzidenz des Innen und Außen. Am liebsten würde ich Philosophie – im anspruchsvollsten Sinn – in der Tageszeitung machen. Dass dies nicht geschieht, dafür sorgt in Helvetien die Pressefreiheit, die ja als freie Selbstkastrierung den gleichen Effekt ergeben kann wie Totalitarismen in anderer Form. Ich habe, besonders in den Jahren 1939–41, manches in schweizerischen Zeitungen geschrieben; meine eigentliche und einzige Genugtuung dabei war, dass ich in linken Zeitungen posaunte, um dann in „auf fein" sich gebenden konservativen gediegenen Monatsschriften meine linke eigene Musik „als eigentlich ganz gescheit und beachtlich", oder als „das bisher Beste, was von sozialistischer Seite aus in dieser Frage vorgebracht wurde", zu zitieren, ohne dass der konservative Herr Schriftleiter mit seinem „von" vor dem Schweizerdemokraten auch nur eine Ahnung hatte.

Picard, den Sie erwähnen, habe ich wegen seines Buches (in uns) übel in der führenden Berner Sozialistenzeitung „Tagwacht" zerzaust, dabei den Sozialisten nebenbei das für sie doch eigentlich recht erwünschte Thema weggemaust. P. ist Jude und Konvertit, ich kenne ihn persönlich, er wohnt eine halbe Stunde von mir entfernt am Luganersee. Ich kenne zufällig auch den jüngeren Priester, der die Konversion menagiert und ihn getauft hat. Nach dessen ausführlichen Schilderungen wäre P. weich geworden über der Einsicht: „Die Kirche glaubt für mich". Meine Persiflage in der „Tagwacht" hänselte: „Wie interessant!", so ein Scheusal in sich zu tragen, aber wie unentbehrlich auch für die schwarzen Therapeuten. P. hat Medizin studiert, ist ein etwas kauziger Gnom, mit einem bäuerlichen Großkopf auf einem kleinen Männlein. Er war sehr eingenommen von der Broschüre, die Herr Saucke Ihnen bisher vorenthielt; auf seine Einladung besuchte ich ihn, er schimpfte auf die Korruption der kath. Kirche, wie ich noch nie einen Gläubigen habe schimpfen hören. – Für Ihre verschiedenen Auskünfte danken wir bestens. Wir tun das Mögliche, leider sind wir wegen des vollständigen Abgeschnittenseins von Hamburger Depositas stark gehemmt und hatten vorübergehend als bescheidene Normalverbraucher arg Sorgen.

Ihre Notiz über Nora Hartmann hat mich eigentlich erschüttert; es kostete mich Mühe, sie mit ihrem Vater zusammenzudenken, der in meiner Vorstellung offenbar mehr die Gestalt einer mythischen Macht, als die eines bürgerlichen Erblassers hat. Ich würde gerne wissen, ob Nora heute einen Ehe-Namen trägt und welchen; es dürfte Stuttgarter Freunde geben, die sich für v. H. interessieren.

Mit freundlichen Grüßen, auch von meiner Frau
Ihr
Karl Ballmer

Von Agnes Holthusen

Göppingen (Württemberg), 8. März 1948

Lieber Herr Ballmer,

für drei Tage bin ich heraufgereist in die schwäbische Heimat, um meine Mutter zu besuchen, die sich vor ein paar Wochen den Arm mit heißem Kaffee verbrühte und sehr nach mir verlangte. Sie steht im 86. Lebensjahr und ist hier in einem Pflegeheim untergebracht, da ich sie nicht zu uns nehmen darf wegen der Zuzugssperre in Hamburg. Bei ihr holte ich die Adresse von Frau Nora Schwab, geb. v. Hartmann, die Sie sich gewünscht haben: Ried, Post Isny Allgäu (14b). Frau Schwab erhält sich dort durch Näh- und Flickarbeit, ihre Tochter ist beruflich tätig. Morgen reise ich über Stuttgart wieder nach Hause, da ich keine passende Vertreterin fand, die länger in meine Hausfrauenpflichten eingesprungen wäre. Meinen letzten ausführlichen Brief haben Sie wohl inzwischen erhalten.

Mit herzlichen Grüßen für Sie beide
Ihre
Agnes Holthusen

Von Agnes Holthusen

Hamburg 20, 6. November 1950

Sehr verehrter, lieber Herr Ballmer,

lange hörte ich nichts mehr Direktes von Ihnen. Nur gelegentlich durch Dritte, dass es „soweit" gut geht. Und auf der Sezessionsausstellung begegneten Sie uns „im Bilde". Das war sehr schön. – Nun habe ich am letzten Samstag auf Bitte von Arnold Fiedler seine Ausstellung im Kunstverein mit einer kleinen Ansprache eröffnet und möchte Ihnen wenigstens den Prospekt schicken. Sie sehen daraus, dass ich mich trotz der Alltagsbelastung wieder etwas in andere Bezirke hinein aufgeschwungen habe und mögen sich dies als ein günstiges Zeichen für die Allgemeinverfassung deuten.

Ich habe auch den literarischen Nachlass des Bildhauers G. H. Wolff, der mir zu treuen Händen 1934 von ihm testamentarisch übergeben war, endlich via Berlin erhalten. Das gibt eine Winterbeschäftigung.

Unsere Söhne haben beide ihr Studium absolviert: der Mediziner vor einem Jahr, der Slavist in diesem Sommer. Aber für den jungen Philologen ist es nicht leicht, nun etwas Berufliches zu finden. Aus begreiflichen Gründen ist hier im Westen wenig Nachfrage nach russischer Sprache und Literatur. Aber man lebt ja so wie so nach wie vor nur von einem Tage zum andern... Wer das noch nicht gelernt hat, kommt überhaupt nicht weiter.

Mit herzlichen Grüßen und allen guten Wünschen für Sie und Ihre liebe Frau

Ihre
Agnes Holthusen

Von Agnes Holthusen

Hamburg 20, 5. Januar 1951

Lieber und verehrter Herr Ballmer,

Ihr so sehr freundlicher Brief war eine wirkliche Weihnachtsfreude – nicht nur für mich, sondern ebenso für Arnold Fiedler. Es ist in der Presse furchtbar viel leeres Gerede gemacht worden über seine Ausstellung, selbst aus durchaus wohlmeinendem

Munde. Dagegen hoben sich Ihre schlichten, aber warmen und kollegialen Äußerungen wohltuend ab. Leider hat die große Kokoschka-Ausstellung, die eine richtige „Sensation“ für Hamburg wurde mit ganz hohen Besucherzahlen vom ersten bis zum letzten Tag – die Fiedler-Ausstellung fast erdrückt, zum mindesten stark beeinträchtigt. Das war auch Heise sehr leid. Andererseits haben eine Reihe von Museumsleuten, die Kokoschkas wegen hierher gereist kamen, dann auch die Fiedlerschen Bilder zu sehen bekommen. So hat sich die eine oder andere Beziehung geknüpft. Ansonsten war der materielle Erfolg, gemessen an den sehr hohen Unkosten, für Fiedler recht minimal. Sie werden sagen: das versteht sich fast von selber. Von Ihren Bildern sah ich nur, was sich vor Jahresfrist auf der Ausstellung in der Kunsthalle befand. Wir besitzen seit Heises Direktoriat keine ständige Schausammlung mehr, nur immer wechselnde Ausstellungen werden aus den Beständen veranstaltet, eine ganz neue Art der Verwaltung staatlichen Kunstbesitzes, die ihr Für und ihr Wider hat. Heise schwört darauf und kann es auch „statistisch“ belegen, dass die Besucherzahl einen größeren Anstieg aufweist. Außerdem gewinnt er auf diese Weise Raum für auswärtige Ausstellungen, wie man sie früher nur in Berlin im Kronprinzenpalais oder in der Nationalgalerie zeigen konnte, während Hamburg nirgendwo Platz dafür hatte. Auf der anderen Seite entbehren es viele Kunstfreunde sehr, dass sie nicht wie ehedem bestimmte Bilder am bestimmten Platz finden können, dass große Schätze ihnen jahrelang vorenthalten werden, wenn es eben „gerade so hinkommt“. Auch etwa für fremde Besucher aus anderen Orten ist's Glücksache, was sie eben an den Wänden vorfinden. Heise sagt, dass ernsthafte Interessenten jederzeit gern ins Magazin geführt werden, wenn sie es wünschen. Aber das bleibt doch eben umständlich. – Schön, dass Sie nebenher immer auch literarisch tätig sind. Auch im neuen Jahr wünsche ich

Ihnen gute Arbeitsmöglichkeit in jeder Beziehung. Die äußere Weltlage beurteilen wir genauso wie Sie es zu tun scheinen: es gibt offenkundig einen consensus denkender Menschen. Unabhängig davon, ob die Resultate des Nachdenkens persönlich angenehm oder unangenehm ausfallen. – Wir haben vor, aufs Frühjahr umzuziehen. Mein Mann wird zum Herbst voraussichtlich in Pension geschickt, da er die 65er-Grenze erreicht. So wird die neue Wohnung regelrechtes „Altenteil" für uns. Sehr klein, aber so, dass wir keine Untermieter aufnehmen müssen, wohingegen wir jetzt im eigenen Haus ja mit 5 fremden Parteien leben. Und ohne eigenen Wohnungsabschluss. Das ist sehr unruhig und lästig auf die Länge. Auch die Küche teile ich mit zwei weiteren Familien.

Ihnen und Ihrer lieben Frau ein herzliches und freundschaftliches Gedenken Ihrer

Agnes Holthusen

Von Agnes Holthusen

Hamburg 20, 3. März 1951

Lieber und stets verehrter Herr Ballmer,

trotzdem wir den etwa im Mai stattfindenden Umzug in unsere Altenteiler-Wohnung vorbereiten, bin ich doch noch nicht so beschäftigt, um alles andere liegen lassen zu müssen. So kam ich sogar neulich am Sonntag dazu, die kleine Eröffnungsansprache zur Fiedler-Ausstellung noch einmal mit ein paar Durchschlägen abzutippen, von denen Sie hier einen dediziert bekommen. Ich habe in irgendeinem Zusammenhang, dessen ich mich nicht mehr genau entsinne (ich weiß nur, dass ein Brief des Studenten Peter Bollmann, P.B. junior also, mit im Spiel war), kürzlich Ihre Briefe von 1947 mit Vergnügen wiedergelesen, wie Sie denn überhaupt nie ganz unter den Horizont tauchen, sondern – für mich jedenfalls – „essentiell" im engeren Hamburger Kunstleben mitenthalten sind, soweit dies heute noch „zählt". Denn die Substanz hat sich doch sehr verdünnt. Der Nachwuchs in der „Gruppe" liegt noch ziemlich in den Windeln. Eben hängt in der Kunsthalle eine kleine Matisse-Wanderausstellung. Das „Institut Français" ist auch sonst bemüht, Anregung zu bringen. Wer Zeit und Energie besitzt, kann sich in dem wieder ziemlich großstädtisch gewordenen Hamburg viel holen, die Türen stehen alle weit offen. Unser Sohn Hans hat fürs nächste Sommersemester einen offiziellen Lehrauftrag für Russisch an der Universität, nachdem er jetzt im Winter schon aushilfsweise die russischen Sprachkurse abhielt. Demnächst wird im „Merkur" eine Übersetzung erscheinen, Fedotow: „Russland und die Freiheit". Der Autor ist ein in New York lebender Sozialist.

Ihnen beiden herzliche Grüße

Ihre Agnes Holthusen

An Agnes Holthusen

LAMONE, 7. März 1951

Verehrte liebe Frau Holthusen!

Ihre Ansprache zur Arnold-Fiedler-Ausstellung (besten Dank für die freundliche Dedikation!) war uns Anlass zu vergleichenden Betrachtungen. Im unglückseligen Helvetien ist es nicht möglich, über „moderne" Malerei *seriös* zu sprechen. Das liegt zuletzt daran, dass es in diesem unglückseligen Helvetien ein öffentliches, verantwortungsbewusstes Geistesleben nicht gibt. Was man ist, weiß man zwar nicht, aber man ist jedenfalls konservativ, und das Konservativsein schließt aus, dass man sich mit ernsthaft fortschrittlichen Problemen – aus geistiger Verpflichtung – zu befassen hätte. „Moderne" Malerei hat natürlich ihren Spielraum, aber vom öffentlichen Geistesleben eingewiesen in dem Raum des erlaubten Verstiegenen, Verrückten oder auch Snobistischen; den direkt Beteiligten wird die Freiheit zugestanden, in amüsanter Weise niemanden *ernsthaft* anzugehen. Ein Sauerlandt wird bei uns nicht im Nazistil liquidiert, er würde einfach beharrlich so lange nicht ernst genommen, bis er aufgibt. Bei uns wird nichts ernst genommen, außer dem Konservativismus, von dem man nicht mehr weiß, als dass er eben angestammter Konservativismus ist. Bei uns ist Nihilismus und Konservativismus das gleiche, wir sind die Ur-Europäer, wir werden der Welt noch beweisen, dass der primitivste asiatische Positivismus der Weltleitung doch noch interessanter ist als unser Europatum. Belächeln Sie diese Unkenrufe – wir verfielen eben in urschweizerisches Heimweh nach Hamburg, indem wir aus Ihrer Ansprache entnahmen, wie sich über ernsthafte Sachen *ernsthaft* sprechen lässt.

Das war gestern eine tolle Sache, wie aus Ihrem Briefe P.B. heraussprang. Er war mit solcher Intensität da, dass man Mühe hatte – wir sprachen den ganzen Abend – im Zusammentragen und Heraufholen von Reminiszenzen als Materialträger auch dabei zu sein. Mir ist immer wieder eine Lieblingsvorstellung: P.B. im bis auf den Boden reichenden Russenmantel in Poppenbüttel unmittelbar nach dem ersten Weltkriege – (ich habe ihn damals natürlich nicht gesehen, denn ich kam erst 1922 nach Hamburg, aber er hat es mir erzählt) – eine leicht ins Mythische hinein ragende Figur, er hatte früher nicht gedient, im Kriege aber war er selbstverständlich Offizier. Wenn Frau Trude einmal Signora Caterina erzählte, in Poppenbüttel stamme jedes zweite Kind von P.B., so war das weit mehr Anteilnahme an einer mythischen Figur als Eheproblematik. P.B. verbreitete keine lästige Problematik um sich, er bewältigte – auf seine Weise – die Probleme des Lebens, ein Könner. Ein Fürst, der die Hamburger „Wohlfahrt" ehrte, indem er ihr freundlichst erlaubte, ihm die monatlichen Unterstützungsbeträge per Post zuzusenden, schließlich war ihm nicht zuzumuten, am Schalter Schlange zu stehen. Es ist hübsch, sich heute auszumalen, dass P.B. es fertig brachte, vom Naziregime als Lehrer an die Landeskunstschule berufen zu werden – und dort in bester Form mit den Problemen fertig zu werden. Meine Schreibmaschine hatte damals – 1935, an der Lübeckerstraße 35 im 5. Stock oben, – ob das Haus wohl noch steht? – die Ehre, das Bewerbungsschreiben an die „Magnifizenz!" Krogmann zu schreiben, wir stilisierten, schliffen die Sätze, machten die entsprechenden Witze dazwischen, auf das graphische Schriftbild und gutes Papier wurde größtes Gewicht gelegt, kurz es war mit P.B. wieder einmal „nett", der Brief bestand aus bestem Selbstbewusstsein und aus geschmeidiger Konzilianz, wie es sich gehörte, – ich betrachte gerührt die Maschine, auf der ich gerade tippe, denn es ist noch die gleiche wie 1935.

Ihre freundliche Formulierung: „P.B. junior“ scheuchte bei mit ein ganzes Rudel von munteren und lustigen Fragegeistern auf. Bevor ich Peter im April 1948 hier im Tessin wieder sah, war er in meiner Vorstellung der Vierjährige von der Schwarzestraße beim Ohlendorffhaus, der das Nazi-Marschlied „Die Fahne hoch, die Reihen dicht geschlossen…“ für seine persönlichen Bedürfnisse leicht umformte in: „Die Fahne hoch, es werd gesossen (geschossen)“. Darin kündigte sich der Theologe an, denn die lieben es zu schießen, auch wenn sie behaupten zu denken. Am 6. April 1948 kam von Peter überraschend eine Karte aus einem evangelischen Ferienheim am Luganersee. Ich setzte mich sogleich aufs Fahrrad und strebte zu dem etwa 10 km entfernten idyllischen evangelischen Heim am See. Peter war gerade auf einer Bootsfahrt weit draußen im See. Bis er zurückkam, konnte ich mir die Situation ein wenig besehen. Es war wie ein Wirtshausgarten mit Tischen und Bänken unter riesigen Bäumen, darum herum Wohn- und Versammlungsräume. Auf einem langen Tische wurden jetzt Bibeln hingelegt, offenbar pro Mann je ein Stück, es hieß, um 9.30 Uhr beginne die Bibelstunde. Peter landete mit seinem Boot und einigen Kameraden und Kameradinnen noch vor Beginn der Stunde. Wir begrüßten uns, strahlten uns an, es war rührend – und nun konnten wir eventuell beginnen, uns kennen zu lernen. Er stand vor dem Abitur, er schien vor zu haben, ein Glanzabitur zu liefern, um dann wahrscheinlich das Studium der Theologie zu beginnen. Mit Peter zusammen erbat ich vom Leiter des Heims, einem Herrn Pfarrer, die Erlaubnis, dass Peter mich besuchen dürfe, wobei ich während des Gesprächs mit dem Herrn Pfarrer annahm, es sei ihm nicht bekannt, dass ich Artikel für den „Freidenker“ schreibe. An einem Sonntag besuchte uns Peter, das Mittagessen schmeckte gut und wir sprachen von Hamburg.

Von Agnes Holthusen

Hamburg 20, 31. Juli 1951

Lieber Herr Ballmer,

ich kann nicht umhin, mich wieder bemerkbar zu machen, um Ihnen zu berichten, wie sehr Sie nach wie vor „dabei" sind, wo der alte Hamburger Kreis in Bruchstücken sich zusammenfindet und in Erinnerungen ergeht. So war es vor gut 3 Wochen, als Rolf Nesch einen Abend bei uns war und jetzt ganz kürzlich, als Freund Eggers-Kestner in Twielenfleth bei Hamburg „sommerfrischte" mit seiner Frau. Er verehrt Sie sehr. Und es konnte nicht ausbleiben, dass dessen Erwähnung getan wurde, auch ohne die obligate gemeinsame Postkarte als sichtbaren Beweis.

Nesch war in seinem Gehaben unverändert herzlich, wie in alten Zeiten. Wir fielen uns bei der Begrüßung um den Hals, und meine darob etwas verdutzte Putzfrau bekam von Nesch zu hören: „Ja *sehen* Sie, so ist es, wenn Menschen sich nach fast *20 Jahren* wiedersehen!" Und das blieb das Motto für den ganzen Abend. Unser Sohn Wilhelm, der fließend Schwedisch spricht, unterhielt sich mit Nesch in dieser Sprache und bekam norwegische Antworten. Eine gute Konversation scheint in diesen beiden skandinavischen Idiomen mühelos zu gehen. Sie erzählten sich viele Witze und lustige Geschichten, die mein Mann und ich leider *nicht* verstanden! Nesch zeigte uns viele Fotos seiner großen Materialbilder, von denen er einige in Hannover auszustellen hofft, in absehbarer Zeit. Er ist in 2. Ehe mit der bedeutendsten Schauspielerin Norwegens verheiratet, die dies Jahr einen Staatspreis bekam. Davon hat sie ihm einen Hof hoch oben in den Bergen gekauft (sie ist selber offenbar Bauerntochter), wo er in Ruhe arbeiten soll. Es klingt alles direkt nach Hamsun. Dass „[unleserlicher Spitzname]" auch wieder malt, wissen Sie vielleicht, sie lebt in Esslingen a.N. bei Stuttgart, also in Neschs alter Heimat.

Durch den schweren Unfall mit Hirnverletzung hat Nesch äußerlich etwas gelitten: er geht *sehr* mühsam, die Beweglichkeit der linken Hand ist *sehr* reduziert, die rechte Gesichtshälfte auch so gelähmt, dass sie für die Mimik ziemlich ausfällt. So kommt eine erzwungene Gelassenheit in sein ganzes körperliches Gehaben, die sich abhebt von der früheren Wendigkeit und Lebhaftigkeit beim Tanzen usw. Aber wie gesagt: *der innere* Mensch blieb durchaus der gleiche. Schwäbisch spricht er noch unverfälscht, das Schriftdeutsch hat einen skandinavischen Akzent bekommen. –

Also Eggers verbrachten ihren Urlaub hier und krönten ihn dann mit einem Vortragsabend von Kurt aus dem „Phantasus" von Arno Holz bei Kluths vor ungefähr 20 Personen aus Karls Freundeskreis und dem von Eggers. Es war sozusagen ein „Versuchsballon", ob dieser in Berlin schon einige Male veranstaltete Abend eventuell auch einmal für eine größere Öffentlichkeit in Frage kommt, worüber die Ansichten divergierten. Kurt hatte mich gebeten, eine ungefähr 20 Minuten dauernde literarische Einleitung dazu zu geben, ein Gefallen, den ich ihm gerne erwies. Hinterher blieb man beim Thema, und es entspann sich eine anregende Diskussion. Benninghoff war natürlich auch dabei. –

Wir sind noch immer hier in unserem Haus, mein Mann kann sich schwer losreißen. Ich bin gespannt, was werden wird, denn die neue kleine Wohnung ist mittlerweile bezugsfertig. Die Söhne haben ihre Garçonnière bereits bezogen, die

Trennung bewährt sich sehr. Es tut nicht gut, wenn die junge und die alte Generation zu lange so dicht aufeinanderhocken. Das Verdienst, dies erkannt und energisch auf die Loslösung bestanden zu haben, gehört mir.

Nehmen Sie mit Ihrer lieben Frau herzliche Grüße

Ihrer

Agnes Holthusen

Hoffentlich geht es Ihnen gut!

Wie interessant!

(1945)

Der literarische Generalstab der bürgerlichen „Bildung“ lässt zur Zeit in reformierten und katholischen Zeitungen ein soeben erschienenes Buch belobigen, das den sonderbaren Titel trägt „*Adolf Hitler in uns*“ und von einem fanatischen Katholiken (Konvertiten!) verfasst ist.

Es handelt sich bei diesem Buche um ein bekanntes, altes und bewährtes Spiel, das da getrieben wird, – um ein Erziehungsspiel aus der frommen Praxis. Die katholische Kirche hat von jeher dafür gesorgt, dass die Menschen es *interessant* finden dürfen, „Sünder“ zu sein. Wenn es den Drahtziehern gelingt, dass die Menschen die „Sünde“ *interessant* finden, dann wird sich das Weitere schon ergeben – – –

Was könnte es nun Interessanteres geben – in unserem Zeitalter der Psychoanalyse und Tiefenpsychologie – als den Glauben, dass in jedem von uns so ein größerer oder kleinerer Hitler-Teufel steckt. Nicht wahr: Wie interessant! wie interessant!

Und nun die Hauptsache: Wer als Medizinmann den Teufel „in uns“ diagnostiziert und erkannt hat, der ist natürlich auch berufen, den Teufel (vielleicht) auszutreiben, vielleicht aber ihn zu hätscheln, wegen des frommen Kokettierens mit der „Sünde“.

Wenn der Katholik heute „Hitler in uns“ sagt, dann dürfte er ehrlicherweise nur die Tatsache meinen, von der alliierte Zeitungsmeldungen berichten: dass nämlich das zwischen dem Papst und Adolf Hitler abgeschlossene *Konkordat* noch immer in Kraft ist.

k.b.

Karl und Katharina Ballmer

Erinnerungen von Agnes Schmid-Kern (1995)

Meine Erinnerungen an Karl Ballmer und seine Frau sind Bilder aus dem Alltag, von Haus und Garten, eingebettet in die Landschaft um Lamone; es sind Erinnerungen an Gemälde, Gespräche, gemeinsame Ausflüge, vor allem aber an den Malunterricht, den ich während etwa zwei Jahren erlebte.

Wenn ich an die beiden als Partner denke, muss ich aufpassen, nicht jetzige Vorstellungen und Vermutungen hineinzumischen. Aus der Sicht des Mädchens scheinen sie mir tief miteinander verbunden, aber nicht verknüpft.

Frau Ballmer erlebte ich als aparte Person mit tiefdunklen Augen, einem stets akkuraten Pagenschnitt und zwei knorrig ausdruckstarken Händen, besonders wenn sie mit uns Jungen eurythmisch arbeitete. Mit Ausdauer rüttelte sie dabei an meiner körperlichen Bequemlichkeit, nicht ohne den für sie so typischen spitzbübischen Humor.

Das hellgraue, kleine Haus lag geduckt im grünumwachsenen Garten. Im Sommer blühten rotfreudige Malven an der Mauer unter dem Stubenfenster, man wurde von ihnen empfangen, und hinten beim Eingang hingen Zwiebeln zum Trocknen, selbstgezogene, an geschützter Stelle.

Im düsteren Vorraum ging es an Bad und Küche vorbei in die Wohnstube, ein nicht alltägliches schmuckloses Zimmer mit schwarz angestrichenen Wänden. Bilder? An kein einziges kann ich mich in diesem Raum erinnern, umsomehr an Stapeln von

Zeitungen und eine Menge Notizblätter. Zwei Türen führten in die beiden schmalen Schlafkammern.

In der Helle des einzigen Fensters stand der runde Tisch als Mittelpunkt und einladend zu Tee und Gutem aus Frau Ballmers Küche. Im Hin und Her der Gespräche prägten sich mir Namen ein wie Haeckel, Portmann, Steiner, Thomas von Aquin, Marie Steiner, Heidegger, allerdings, als vorwiegend passive Zuhörerin, in nebelhaften, verschwommenen Zusammenhängen.

Und so begann die erste Zeichenstunde:

Übermütig schlenderten meine Freundin und ich, es mag etwa 1944 gewesen sein, der Landstraße in Lamone entlang, bogen rechts in den schmalen Weg ein, ganz gemütlich, mit Papier und Buntstiften. Da stand er, Karl Ballmer, schlank, kritisch, und wartete auf uns. Wir kamen zu spät! Den Tonfall seiner Stimme höre ich noch, seine Worte nicht mehr. Ich begriff, dass es ihm ernst war, dass er uns nicht zum Zeitvertreib eingeladen hatte.

Im geräumigen Atelier fiel neutrales Licht von Norden her auf die an den Wänden hängenden und aufgestellten Bilder. Hier stand auch das Tischchen, auf dem ein angeschnittenes Blaukraut lag, bereit, mit seinen weiß-violetten Strukturen ein erstes Zeichenobjekt abzugeben. Dabei ging es um ganz genaues Anschauen, ganz genaues Abzeichnen. Schon etwas differenzierter zeigte sich die nächste Aufgabe: Unterscheiden von Weiß-, Grau- und Schwarztönen anhand eines Stiches aus dem 18., 19. Jahrhundert. Es könnte ein Porträt von Heine oder Eichendorff gewesen sein, das wir mit Bleistift aus einem Buch übertragen mussten.

Diesmal war meine Freundin noch dabei, danach blieb ich alleinige Schülerin.

Jahreszeiten und Wetter brachten neue Anregungen, denn, war es draußen warm und trocken, ging K.B. mit mir ins Freie. Mit Geduld weckte er Aufmerksamkeit und manuelle Fertigkeit. Abgesehen vom damaligen Schreck beim ersten Zuspätkommen, weiß ich von keinen Ängsten, von keinem Druck, von keinem Überdruss zu erzählen.

Manchmal lieh er mir einen seiner besten Japanpinsel aus – nicht ohne besorgte Ermahnung zu schonendster Behandlung – damit ich zuhause das schnelle Auftragen von Wasserfarbe auf große Flächen üben konnte. Beim Schreiben, jetzt, sehe ich seine geschickten flinken Hände. An eigenen Bildern malend habe ich K.B. nie erlebt.

Wiederholt musste ich mit wenig Farben auskommen, mich einschränken. So entstand ein blaues Bild: Blick in eine Dorfgasse von Bedano, ein Motiv zur Übung der Perspektive. Ein kurzer Stift diente als Maßstab bei gestrecktem Arm. Die Größenverhältnisse mussten stimmen. Ein andermal, ganz in Rosatönen, war es die Ansicht der Bergkette zwischen Tamaro und Monte Lema, ohne jegliches Detail, in wenige, großflächige Felder aufgeteilt.

Im Ballmerschen Gärtlein begann der Schnee zu schmelzen. Grasbüschel, Stauden und Erde wurden zu kleinen Inseln im Weiß. Die Sonne schien und ich lernte zu sehen, dass Schatten sehr vielfarbig sein können, keineswegs nur schwarz, violett oder blau. Und noch eine Übung möchte ich erwähnen: Das Erkennen des Hell-Dunkel innerhalb der Farben.

Wir blickten auf den Dorfkern von Lamone. Die Zeichnung davon, auf weißes Papier ganz fein aufgetragen, war fertig. Die hellste Stelle sollte frei bleiben, alles Übrige leicht übermalt. Dann musste auch die zweithellste Partie frei bleiben und der Rest fein übermalt usw.

Pumperl, der siebzehnjährige, ehrwürdige Siamesenkater, aus Hamburg mitgebracht, pflegte auf einem besonders schönen Kissen zu ruhen. Dazu sagte K.B.: „Man muss das Tier in sich selber spüren, seine Formen, seine Bewegungen innerlich nachahmen, um lebendig zeichnen zu können."

Mit größter Selbstverständlichkeit ging ich als junges Mädchen bei Ballmers ein und aus, empfand nie, dass sie „keine Zeit" gehabt hätten.

Unbefangenheit, Staunen, Bewundern, das war's, wenn Karl Ballmer mir eine naturgetreue Kohlezeichnung aus seiner Münchner Studienzeit, das farbige Selbstbildnis, bei Cuno Amiet entstanden, oder Hamburg-Impressionen zeigte.

Auf eine meiner Fragen, ob Rudolf Steiner etwas anderes sei als wir normalen Menschen, kam die entschiedene Antwort: „Nein!" Zu seiner flüchtig entworfenen Skizze dazu bemerkte er: „Manche nehmen einfach einen Hocker, um auch groß auszusehen."

Nach unserem Umzug nach Turgi im Aargau, 1946, bis zu meiner Verheiratung 1952, blieb ich brieflich in Kontakt mit Ballmers.

Ich kann mich nicht erinnern, ihnen je gedankt zu haben.

Briefwechsel mit Agnes Kern

An Agnes Kern

Lamone, 19. Januar 1950

Liebe Agnes,

Entschuldige mich, ich wollte noch vor Neujahr geschrieben und gedankt haben und – wie sagt man doch – kam nicht dazu. Dein Urteil über die moderne Malerei in Paris hat mich überrascht, es wäre interessant, wenn wir uns darüber unterhalten könnten, was ja möglich wäre, wenn Du mal auf einen Sprung herkommst, worauf wir immer eingerichtet sind. Wir haben großen Eindruck gemacht mit Mamas Backkunst[1], bei einem anspruchsvollen Tessiner Bäckereifachmann; vor echter Begeisterung, der er in den höchsten Tönen Ausdruck gab, fr. er gleich die Hälfte weg, natürlich Bagutti, von dem ich noch erzählen werde und von dessen Postkarte ich auch den Gruß habe, den ich am Schlusse dieses Briefes anbringen werde: saluti immensi! hübsch, nicht!

Am 11. November verstarb in St. Niklaus im Wallis unerwartet an einem Herzschlag mein jüngerer Bruder Fritz, geb. 1891, den Aarauern aus früheren Jahren als Fußballer bekannt. Sechs Wochen vor ihm war in Biel seine gleichaltrige Frau gestorben. Wir waren zweimal also in Biel zur Kremation. Ich schufte wild, – mit einem „Brief“, den ich an einen Basler Astronomen

1 Handschriftlich von Katharina Ballmer an dieser Stelle: „Ihnen, liebe Fr. Dr., meinen verspäteten herzlichen Dank für die fabelhaften Guetsli, und an tutti die herzlichsten Grüße. Katharina Ballmer“

über Physik schreibe, in Portionen, bin ich heute auf Seite 123 (Schreibmaschinenseiten) angelangt. Der Briefempfänger hat im Dezember eine sehr interessante Broschüre veröffentlicht: „Scholastik, Barock, exakte Wissenschaften“ (Dr. Fleckenstein). Ich nahm ihn sofort als potentiellen Gesprächspartner für meine Physiksorgen in Aussicht, und er reagierte sympathisierend. Ich hatte keinen Ton von Anthroposophie gesagt, er aber fand: obschon er solche Sachen wie Anthroposophie als Katholik ablehne, finde er meine Thesen interessant und als Möglichkeit sinnvoll. Es ist für mich etwas ganz neues, eine Art Partner zu haben. Ich hoffe meinen „Brief“ zum Druck zu bringen. Nebenbei verzapfe ich MARGINALIEN, das ist so etwas wie eine unregelmäßig erscheinende Rivista; das erste Heft mit 23 Seiten, von Hans Gessner schön vervielfältigt, wird in etwa 14 Tagen vorliegen, Pappi soll sich darauf gefasst machen, es wird Unterhaltendes darin stehen über den Biologen Poppelbaum und über den Thomisten Boos.

Über Neujahr war Herr Horisberger ein paar Tage hier, und dann eine Woche lang **BAGUTTI**. Am 23. Februar letzten Jahres kam er hier an die Türe: er hätte erzählt bekommen, hier wäre ein Maler, und er interessiere sich für Malerei. Ich: Pardon, aber ich bin ein ziemlich verrückter „moderner“ Maler. Er: Eben gerade deswegen. Er sei Bäcker und arbeite z.Zt. bei Bobbia in Ostarietta, und nebenher auch Maler. Wir haben uns inzwischen sehr befreundet, er ist entschieden begabt, auch weitgehend geschult und weiß durchaus in Kunstsachen Bescheid. Er brachte dann auch interessante Tessiner Freunde her, Maler, Bildhauer, Literaten. Zur Zeit bäckert er in Isone, ganz hinten in einem Krachen mit der Post von Rivera aus zu erreichen. Die Woche lang, die er hier war, haben wir heiß philosophiert über den Primo Uomo (Goetheanistisch: Urmensch, Typus) und über scienza spirituale, dazwischen malte er in der Bibliothek – und spielte den Koch für lauter solche Unvergesslichkeiten wie etwa die Käswehen in Bedano: Gnoggi, Risotto, Spaghetti, phantastisch.

Also Agnese, auf wann sollen wir Dich erwarten?

Unsere saluti immensi Dir,
den l. Eltern, Ursi und Brigitta

Karl Ballmer

Von Agnes Kern

Turgi, 24. Januar 1950

Lieber Herr Ballmer,

Gestern kam ich aus München zurück, wo ich eine Woche Ferien genießen durfte, und da fand ich, wenn Sie wüssten mit welcher Freude, Ihren Brief. Ich danke Ihnen für diese unerwartete Überraschung recht herzlich.

Da ich nun aber, eben von der Reise zurückkehrend, kaum in absehbarer Zeit in den Süden kommen werde, versuche ich heute meine hauptsächlichsten Fragen schriftlich zu umreißen.

Eigentlich betrachte ich die bildenden Künste vom Standpunkt der Musik aus, denn zur Zeit betätige ich mich nur auf dem Gebiet der Santa Cecilia! Das Künstlerische annähernd zu verstehen gelingt einem doch erst dann, wenn man sich damit beschäftigt und zwar praktisch. Ich zweifle deshalb etwas an der Berechtigung einer theoretischen Ästhetik.

Bei der Musik gibt es bekanntlich zwei Möglichkeiten die Kunst in die Welt zu setzen: Die erste ist das Ausführen der Werke eines andern Menschen, die zweite das Komponieren, also das Schöpfen des Ewigen aus sich selbst. Dieselben zwei Arten der Ausführung gibt es nun auch bei den bildenden Künsten: erstens die Außenwelt darzustellen und zweitens das von der Außenwelt unabhängige Eigenleben auszudrücken. Im ersten Fall gibt es also folgende Stufen:

a) Sinneswahrnehmung des Notenbildes (resp. der Außenwelt in der Malerei)

b) Lebendigwerdenlassen des Wahrgenommenen durch Verarbeiten der Innenwelt

c) Drang das sich zu eigengemachte wieder in die Welt zu stellen

d) Ausführen dieses Dranges mit Hilfe der sich erworbenen Werkzeuge, d.h. dem technischen Können

e) Betrachten des Selbstgeschaffenen als vor uns liegendes Objekt.

Nun die Fragen:

- Haben große Künstler (ich denke etwa an Beethoven, Michelangelo, Rembrandt u.s.w.) noch ganz andere Gebiete in sich, wo sich das künstlerische Werden abspielt? Oder sind bei diesen Menschen einfach all diese Stufen viel größer und weiter ausgebildet?

- Woraus fließt das im Menschen Liegende, das uns die Möglichkeit gibt, dem durch die Sinne Wahrgenommenen neues Leben zu geben? Ist dieses Element in uns als Phantasie zu bezeichnen? Und wie kann dieses Etwas, dies Lebendige in uns, das oft so kärglich schwach und dünn ist, ausgebildet werden? Durch welche Mittel? Versucht man es mit dem Verstand, dann kommt nichts als Barbarei oder Sentimentalität heraus. Dies Etwas wird ja gewöhnlich als Gefühl bezeichnet. Wie kann sich aber Gefühl durch Gefühl weiter entwickeln, oder haben wir schon von Natur aus noch eine andere Gabe außer dem Verstand, um dem Gefühl mehr Leben und mehr Bedeutung zu geben?

Sehen Sie, gerade in diesem Punkt wurde ich enttäuscht beim Anblick der modernen Malerei in Paris. Mir schien es als hätten sich die Meisten im Verstandesmäßigen festgerannt. Bei Picasso empfand ich diese Art als wuchtig-optimistisch, bei Klee als kränklich-aussichtslos.

Ich war überrascht über mich selbst bei der Entdeckung dieser plötzlichen Abneigung gegen diese modernen Richtungen, denn bis jetzt war mir alles Neue ein wohltuendes Element.

Für diese Fragen muss ich eine Lösung finden, denn ich möchte mich an der Aufgabe meiner Zeit mitbeteiligen können, und dies ist erst möglich wenn ich sie kenne.

Ich hoffe Sie mit diesen Fragen nicht allzufest zu belästigen, denn Sie haben bestimmt jeden Tag mit Briefen und Gedanken ausgefüllt, und trotzdem warte ich im Geheimen auf eine Antwort aus Lamone-Cadempino!

Wir sind indessen sehr gespannt auf das Erscheinen der angekündigten Zeitschrift!

Mit den herzlichsten Grüßen von allen Kernen (wohlgemerkt trotz dem langen Schweigen keine Steine, sondern Kerne!) auch an Frau Ballmer, setze ich einen Strich unter meine Zeilen.

[Agnes Kern]

An Agnes Kern

Lamone, 26. Januar 1950

Liebe Agnes,

Zunächst muss ich Dich beglückwünschen dazu, dass Du Dir einen philosophischen Standort zugelegt hast, und einen ganz ordentlichen und rechten dazu. Es bleibt mir nur übrig, wenn Dir daran liegen sollte, Dir die Gültigkeit und Richtigkeit Deiner „kunsttheoretischen" geistigen Position zu bestätigen.

Unter den Rubriken Deines Briefes a) bis e) ist mir e) die interessanteste: Betrachten des Selbstgeschaffenen als vor uns liegendes Objekt. Natürlich zunächst „Objekt", aber nicht in letzter Instanz, denn das Objekt ist erst dann richtig, wenn es sich zu mir verhält wie meinetwegen das „Objekt" meines Körpers sich zu meinem Selbst verhält. Das Selbst ist nicht Objekt, sondern – ich bitte um Nachsicht –: schöpferischer Un-Gegenstand, eben so etwas wie „Ich". Es besteht durchaus die Möglichkeit, dass der Maler im Atelier findet, das von ihm betrachtete Bild sei die Ursache seiner Existenz. Der Maler würde also dann nicht nur von Vater und Mutter abstammen, sondern auch noch von seinem Bilde, das er selbst sozusagen „gemacht" hat, das aber eben doch nicht eine vulgäre „Mache" ist wie etwa das Holzhacken des gleichen Malers. Das Selbstgeschaffene nimmt deswegen eine Sonderstellung ein, weil wir alle grundsätzlich niemals im ganzen Universum etwas anderes zu verstehen vermögen als – uns selbst. Wenn sich das Universum nicht bequemen würde, „Ich" zu sein (wie die Schelling, Fichte und Hegel richtig verlangten), so wäre das Universum uns fremd und feind, wäre der blöde Totsch, den sich die Physiker vorstellen. Wenn das Weltenall, oder *der* Weltenall, der Ich ist, dann ist er nie ein anderer als ich selbst, höchstens dass er mich um soviel besser kennt, als ich mich mit 59 Jahren besser kenne als mit 20 Jahren.

Nun Deine Fragen. Zuerst Deine Frage nach dem „ganz anderen Gebiete". Erlaube mir einen Kurzschluss: Hat z.B. Rud. St., der am ehesten und besten als schaffender Künstler zu kapieren ist, noch „ganz andere Gebiete" als ein natürlicher Einzelmensch unsere Sorte? Nein! der hat sowenig „ganz anderes" als Beethoven, Michelangelo, Rembrandt usw. Das künstlerische Werden fällt mit keinem anderen Geheimnis als mit dem Geheimnis des MENSCHEN zusammen, fällt in die schöpferischen Möglichkeiten des Menschen. Auch die „„„geeeischtige Wäälllt""" (Steffen!) der Posophen ist eine schöpferische Möglichkeit des Menschen – oder vielmehr *Wirklichkeit* als die Innenwelt des natürlichen Einzelmenschen

R.St., der leider nicht von *Physik* (was gleichbedeutend ist mit: Ästhetik) sprechen konnte, weil keine Hörer dagewesen wären, und der deshalb seine Innenwelt in der Kunstform eines modernen Mythos verschenkte, – wobei er sich seiner werten Klientschaft nicht als Dummkopf, d.h. als Dunkelseher, sondern als gescheit und als „Hellseher“ vorzustellen hatte.

Ich habe wie Du auch stets an der Berechtigung einer theoretischen Ästhetik gezweifelt und mich stets moquiert über kunsttheoretische Geräusche aus der Gegend der Universität und in spätbürgerlichen Zeitungen. Aber es gibt ja – Santa Cecilia! – noch andere Aspekte des Ästhetischen, z.B. die *Herkunft der Philosophie aus der Musik*! Das wäre doch, seit Du Philosoph geworden, ein Thema für Dich, liebe Agnese mit dem Fiedelbogen! Also ich empfehle Dir dringend, mal im Zyklus 17, im ersten Vortrage vom 25. Oktober 1909 das Entsprechende über Apollo nachzulesen; Ergänzendes dazu gibt es dann auch im Zyklus 9 vom August 1909 im 8. Vortrage. Lass Dir ja nicht als Musikerin die Gelegenheit entgehen, Dich an den besagten Textstellen mit Deinem Ich zu unterhalten: Tua res agitur! Ich ist EINES mit verschiedenen Farbnüancierungen. In München müsste doch schließlich auch von Schelling etwas in der Luft liegen, hast Du es bemerkt?

Ich habe Dir gleich geantwortet, damit ich jetzt wieder an meine Physik (= Ästhetik) gehen kann.

Saluti immensi!

Karl Ballmer

Von Agnes Kern

Turgi, 29. Januar 1950

Lieber Herr Ballmer!

Ich bin vielleicht noch etwas unbeholfen im Nüsse knacken, denn mit den von Ihnen erhaltenen Aufgaben ging und geht mir das Lösen noch recht langsam von der Hand. Gerade das Verhältnis vom Ich zum Universum ist mir noch ein fremder Gedanke. Ich kann Ihnen deshalb heute noch keine direkte Antwort auf Ihren Brief geben, nein ich kann nur mit neuen Fragen zu Ihnen kommen. Sie müssen eben diese als Dank für Ihre nahrhafte Antwort hinnehmen.

Frage ich mich selbst: was muss die moderne Kunst anstreben? – so kann ich mir nur folgende Antwort geben: *ein bewusstes* Erschaffen des Künstlerischen. Nun habe ich aber erfahren, dass mit dem Verstand, mit dem bloßen Denken kein lebendiges Weiterwachsen möglich ist, weil durch das abstrakte Gedankliche alles Künstlerische zum trockenen Skelett wird, sowohl bei der Ausführung eines Bildes, wie auch im Formen von Tönen.

Es muss also eine neue Art des Arbeitens geben. Ich komme bei meinem Suchen auf R. Steiner. Da komme ich immer wieder zur Überzeugung, dass ein fruchtbares Weiterkommen, hauptsächlich im Künstlerischen, ohne eine innere Schulung unmöglich wird. Ich glaube, dass man absterben würde, wenn nicht auf solche Art Nahrung vorhanden wäre.

Was gibt uns aber die Sicherheit, dass der von R. Steiner angegebene Weg der richtige ist? Mein Wahrheitsgefühl lässt mich oft auf diesem Gebiet im Stich. Nun könnte man nämlich einwenden, dass man, um über etwas urteilen zu können, es erst kennen muss. Bei der Anthroposophie ist es aber glaube ich so, dass es ein Verstehen nur gibt, wenn man sich mit „Leib und Seele" hineinwagt.

Der Hauptgrund meines ab und zu auftauchenden Zweifelns kommt wohl daher, dass es viele Menschen gibt, die ohne Anthroposophie weit mehr hervorbringen, als solche, die sich damit beschäftigen. Es gibt doch wirklich etliche konfuse Menschen, die sich Anthroposophen nennen. Es muss also eine gewisse Gefahr des Abirrens vom richtigen Weg geben. *Wo haben wir aber in uns den so wichtigen Halt, der uns vor solchen Irrtümern retten kann?*

Womit arbeiten denn all die andern bestimmt auch großen Köpfe, die von R.Steiner nichts kennen? Haben solche sich Fähigkeiten innerer Lebendigkeit aus früheren Zeiten herübergerettet? oder steht unsere Zeit wirklich so schlimm? Sollte wirklich alles, was nicht durch Anthroposophie erarbeitet wurde, totes Gerippe sein und Keime des Absterbens in sich tragen?

Die lauwarme Haltung der Anthroposophie gegenüber halte ich nicht mehr aus. Es gibt da wirklich nur ein Entweder-oder. Deswegen versuche ich alle Gründe dafür und alle Gründe dagegen aufzustellen, vielleicht komme ich so dazu, einen überzeugenden Entschluss zu fassen.

Mit diesem vielleicht unerfreulichen Brief grüße ich Sie beide herzlich

[Agnes Kern]

An Agnes Kern

Lamone, 3. Februar 1950

Liebe Agnese,

Natürlich müsst auch Ihr Jüngeren das *selbst* durchmachen, was wir Älteren durchgemacht haben. Aber wir Älteren können den Jüngeren *erzählen* von dem, was wir durchgemacht haben. Für uns Ältere war das Folgende absolut klar:

Wenn man Leuten begegnen wollte, die eifrig von Kunst *reden*, aber von Kunst nichts kapieren, weil sie halt nur deswegen so energisch von Kunst *reden*, weil sie Muster von absolut unkünstlerischen Menschen, von künstlerisch unbegabten und ahnungslosen Subjekten sind, – wenn man also dieser Sorte von Leuten begegnen wollte, dann musste man unter die Anthroposophen gehen. Das war uns Älteren absolut klar. Aber da wir in gewissem Grade gescheite Leute waren, sagten wir uns (und wir hatten viele Gründe, es uns zu sagen): Es fällt uns gar nicht ein, für den Unverstand und das Unvermögen der von Kunst redenden Anthroposophen den Rudolf Steiner haftbar zu machen. Wenn Der den armen Seelen große Dinge verschenken will, dann können die armen Seelen ja zusehen, dass sie sich am geschenkten Reichtum ein wenig auffrischen; aber die armen armen Seelen, nun, die musste der Schenkende schon so nehmen, wie sie eben sind, da war nur viel Geduld und noch mehr Resignation möglich und sogar die Bereitschaft, sich von den unentwegt über Kunst *redenden* armen Seelen blamieren zu lassen.

Es wurde da den armen Seelen z.B. das Kunstinstrument der Eurythmie geschenkt. Ein Instrument ist ein Ding, um darauf zu spielen. Um Kunst zu machen auf einem Instrument, dazu braucht es in Gottes Namen eben – *Künstler*. Die armen Seelen waren alles andere eher als Künstler. So machten sie aus der Eurythmie jenen holden KITSCH für heiratsneugierige Pensionstöchter („bin ich nicht ungemein sympathisch von vorne und von hinten, indem ich mich so graziös vor der rezitierenden Madame Doctor bewege?"). Und R.St. nahm die Blamage gelassen auf die Rechnung, wo er schon die anderen Blamagen untergebracht hatte.

Die armen Seelen nehmen nun, wenn sie zum eigenen Schaffen aufsteigen wollen, das Buch „Wie erlangt man Erkenntnisse der höheren Welten?" zur Hand und schneuggen ein wenig darin. Sie denken, in diesem Buche stünden die Rezepte, nach denen man ein selbstschaffender Künstler, also das Gegenteil von einem Dunkelseher wird. Aber die armen Seelen sind da auf dem Holzwege. Das genannte anthroposophische Buch ist nämlich einem Kochbuch zu vergleichen: Wenn einer ein Kochbuch durchstudiert hat, ist er deswegen noch kein Koch, denn gut kochen ist auch eine *Kunst*, und Kunst wird in Gottes Namen von Künstlern und nicht von armen Seelen gemacht. Wenn die armen Seelen nur ein bisschen intelligenter wären, würden sie schon längst dahinter gekommen sein, dass das Buch „Wie erlangt man…" eine **ETHIK** ist. In dieser Ethik wird nämlich geschildert, wie es die armen Seelen anzustellen haben, um sich ein klein wenig aufzufrischen, und das ganze Geheimnis dieser höheren Ethik besteht in der Anleitung: wie die schlechten seelischen Manieren zu überwinden und auszutilgen sind. Die schlechten seelischen Manieren der armen Seelen sind das Klugschnacken auf Grund von Nichtgelernthaben oder auf Grund von gewöhnlichen Vorurteilen; ferner das Übertölpelnwollen des Lebens mit eitlen Süchten wie Eigensucht und Neid; ferner die als Frommheit maskierte

Eigensucht von geistigen Aspiranten usw. usw. usw. Wenn nun einer es auf Grund dieser ethischen Lehren des Buches „Wie erlangt man…“ dahin gebracht hätte, in Selbstzucht und Selbstkontrolle den Erscheinungen des Lebens selbstlos liebend gegenüber zu treten, dann hätte er die Eigenschaften erworben, die *schon immer* die Grundeigenschaften von wirklichen Künstlern waren; und dann wäre er – wie es die echten Künstler schon immer waren – eben das Gegenteil von einem die Welt als Dunkelseher Durchstapfenden. Die letzten Geheimnisse sind viel viel einfacher, als es den armen Seelen gesagt werden kann.

– – –

Ich komme noch einmal auf bestimmte Sätze Deines ersten Briefes zurück. Du solltest, liebe Agnese, zu Vorstellungen kommen über den *radikalen Unterschied zwischen Musik und Malerei*. „Sinneswahrnehmung des Notenbildes“ kann unmöglich in Parallele gesetzt werden mit der sinnlichen Wahrnehmung der Außenwelt in der Malerei. Das sinnlich wahrgenommene Notenbild ist ja ein rein Konventionelles, eine Stenographie in ganz willkürlichen Zeichen. Nun nimmt allerdings die „moderne Physik“ die sinnlich erfahrbare Außenwelt auch nur als „Zeichen“ auf, die auf ein Unbekanntes hinweisen, während man im physikalischen System die „Zeichen“ als Unterlage für Rechenkunststücke gebrauchen kann. Weil die moderne Physik diese Methode befolgt, ist sie eben ein grandioser KITSCH. In der Malerei darf also niemals die sinnliche Außenwelt mit dem sichtbaren Notenbild des Musikers analog gesetzt werden. Aber was ist dann die sinnliche *Außenwelt*, mit der es der Maler – im Gegensatz zum Musiker – zu tun hat? Mit der richtigen Beantwortung dieser Entscheidungsfrage fängt die – Anthroposophie an. Voraussetzung der

Anthroposophie ist die Beantwortung der Frage: WAS IST DIE SINNESWAHRNEHMUNG?

Hier *meine* kurze (allzukurze) Antwort auf die Frage „Was ist die Sinneswahrnehmung?“ Bisher dachten die Menschen: hier ist der Mensch und dort ist die Welt, man nahm Mensch und Welt als *zwei* verschiedene Dinge an. Durch Goethe wurde eine neue Ansicht vorbereitet. Goethe ahnte, dass das Auge etwas Besonderes sei. Das Auge nämlich ist *nicht das Mittel*, um eine gegenüberstehende Welt wahrzunehmen, sondern das Auge ist selbst – **WELT**, im sehenden Auge verhält sich die WELT zu sich selbst. Dieser Gedanke ist die Keimzelle der ganzen Anthroposophie. Und dieser Gedanke war bisher verunmöglicht, weil die Menschen alte religiöse Vorstellungen mit sich schleppten, nach denen „Gott“, „Mensch“ und „Welt“ Verschiedenes bedeuten sollten. Sie bedeuten aber das Gleiche. Aber es ist sehr schwierig, sich diesen Gedanken anzueignen, er steht allem gewohnten Denken radikal entgegen. Und den armen Seelen musste das Neue in einer ganz anderen Sprache gesagt werden, sonst wären sie vor Schreck einfach umgekommen, die armen Seelen. Wenn also ein in sich abgeschlossener Mensch die äußere Welt mit physischen Augen anschaut, was sieht er dann? Er sieht in allem SICH, aber das könnte kein Naturvorgang sein, das könnte nur ein künstlerisch-schöpferischer Akt sein. Was ist also (die Frage in Deinem zweiten Briefe!) das Verhältnis des Ich zum Universum? Dieses Verhältnis ist z.B. im Sehen des Auges: das Verhältnis der WELT zu sich selbst, und dann ist es zweitens dasselbe als das Verhältnis des bestimmten Einzelmenschen zu seiner Außenwelt, die er – es gibt kein Entrinnen – als „sich selbst“ zu erfragen hat.

Es scheint mir eine äußerst wichtige Aufgabe, sich die prinzipielle Differenz von Malerei und Musik klar zu machen. Heute ist die AUSSEN-Welt das vordringliche Problem, und man wird nur zur Innenwelt kommen via Außenwelt.

Nun habe ich ein wenig heftig drauflosgeschossen, hoffentlich erschreckt es Dich nicht zu sehr. – Nimm für heute unser beider

herzliche Grüße

Karl Ballmer

Von Agnes Kern

Turgi, 21. Februar 1950

Lieber Herr Ballmer,

unterdessen glaube ich meinen Irrtum in Bezug auf Notenbild und Außenwelt beiseite gelegt zu haben. Die Notenschrift bedeutet also nichts weiteres als ein Symbol des Musikgebietes an sich.

Folgender Vergleich wird wohl richtiger sein:

Musik	Malerei
1) Musikwelt	1) Außenwelt
2) Wahrnehmung der Töne (nicht nur der physischen, sondern auch derer, die wir aus der Notenschrift heraushören können) (Erfahrung)	2) Wahrnehmung der Farben und Formen (Erfahrung)
3) Empfinden der Töne	3) Empfinden der Farben und Formen
4) Erkennen ihrer Form / Takt, Höhe, Musikstück als Ganzes etc.;	4) Erkennen ihrer Gestalt (Erkennen des Gegenstandes)

Auf dieser Stufe angekommen hat man ein Abbild des äußeren Gegenstandes. Und nun kommt die Aufgabe, das so in einem Gewachsene wieder in die Außenwelt zurückzustellen, und zwar so, dass es selbst ästhetischer Schein (Briefe von Schiller) wird, um den Horchenden (resp. Betrachtenden) die Möglichkeit zu geben, sich in einen ästhetischen Zustand versetzen zu können.

Genügt also ein Umwandeln des Sinneseindruckes (z.B. eines Apfelbaumes), um ihn ästhetisch hervorbringen zu können? Unter Umwandeln verstehe ich also Punkt 3 und 4 (Empfinden, Erkennen), oder muss ein Künstler zur Idee eines Apfelbaumes zurück, um ihn wie ein neuer Schöpfer neu zu gestalten? Ich hätte hier also zwei theoretische Wege, um dahin zu gelangen, einen Gegenstand ästhetisch (künstlerisch) darstellen zu können.

Welcher ist der Richtige?

a)

1) Idee des Apfelbaumes
(Idee = Ursprung sowohl des physischen wie des Bildes in uns)

↓ ↓

2a) physischer Apfelbaum — 2b) von uns in uns geformter Baum (ästhetischer Baum)

In diesem Fall wäre der äußere Baum nur ein Weg, um zu seiner Idee zu gelangen

b)

1) Idee des Apfelbaums (Idee = Ursprung nur des physischen Baumes)

↓

2) physischer Apfelbaum

↓

3) Umwandlung des Sinneseindruckes in uns

↓

4) ästhetischer Apfelbaum in uns

In Ihrem vorletzten Brief schrieben Sie, dass Ihnen das vor uns liegende Objekt als das Wichtigste gelte.

Ist es aber nicht so, dass das in uns lebende Bild und unserer innerer Zustand die Hauptrolle tragen? Denn ein gemaltes Bild oder ein gespieltes Musikstück sollte doch immer der Ausdruck von etwas Realem sein. An dem äußern Objekt haben wir eigentlich einen Spiegel, der uns unser inneres Bild zeigt (insofern es überhaupt unter Mitwirken der inneren Qualitäten entstanden ist).

Eine bloße Photographie einer Außenwelt oder Musikwelt hätte doch gar keinen Sinn, denn dann betrachtet man doch besser direkt die Außenwelt. Man kann doch auch durch den Anblick eines Naturgegenstandes in den von Schiller als notwendig bezeichneten ästhetischen Zustand gelangen. Es muss also, damit die Kunst überhaupt einen Sinn hat, etwas vom Menschen dazukommen, das die Natur nicht besitzt!

Wie kommt Picasso (und andere) dazu, das Bild eines Menschen z.B. so verzerrt und verschoben darzustellen? Dass er die wirklichen Formen genau so sieht wie ich, darin besteht für mich kein Zweifel. Durch welchen „Umweg" kommt er also dazu, ihn gerade so darzustellen? Sollte dies eine Möglichkeit des ästhetischen Scheins für die Darstellung des Menschen sein?

Sie werden fragen, warum ich denn schon wieder Vergleiche ziehe zwischen Malerei und Musik. Meine Rechtfertigung: für mein Gefühl sind Musik, Malerei und Dichtkunst im Grunde genommen dasselbe. Es sind alle drei Möglichkeiten, etwas in die Welt zu setzen, um sich selbst und auch andere weiterentwickeln zu können. Ich möchte nun von beiden Seiten herkommend das allgemein Künstlerische begreifen lernen, denn ab und zu frage ich mich, wozu denn eigentlich so viel gespielt, gemalt und gedichtet wird.

Es ist oft schwer, von einer alten Auffassung sich frei zu machen, um das Richtige zu sehen.

[Agnes Kern]

An Agnes Kern

Lamone, 5. März 1950

Liebe Agnese,

Heute habe ich Muße, mich mit Deinem Brief vom 20. 2. [gemeint ist wohl: 21. 2.] zu befassen, nachdem ich gestern ein „Memorandum über Herausgeber-Notwendigkeiten zu Handen von Herrn Dr. Erich Schwebsch“ (27 Schreibmaschinenseiten) abgeschlossen und abgesandt habe. Und da muss ich zunächst eine wichtige Feststellung treffen in Bezug auf SCHILLER.

Schillers Briefe über die ästhetische Erziehung sind eine *Ethik* und sind bei der Diskussion über Kunst und Kunstschaffen überhaupt nicht zu gebrauchen. Man soll sich durch Schillers Verwendung des Wortes und Begriffes „ästhetisch“ nicht irreleiten lassen. Schiller untersucht in seiner als Ästhetik aufgezogenen *Ethik*, wie sich die Menschen zwischen zwei Notwendigkeiten durchschlängeln können. Von außen her nämlich unterliegen die Menschen der Nötigung durch die Sinneseindrücke, von innen nötigen sie sich selber durch ihre Gescheitheit – oder, wie Schiller sagt, durch die Vernunft, wobei Schiller, wenn er „Vernunft“ sagt, an Kant denkt und an Kants berühmten „kategorischen Imperativ“, der im Sinne Kants ein

„vernünftiges Sittengesetz“ von allgemeiner Gültigkeit sein soll. Schiller will die doppelte Nötigung überwinden durch einen Zustand der „Freiheit“, durch den „ästhetischen Zustand“. Indem der Mensch sich in den ästhetischen Zustand versetzt, erfolgt so eine Art Versöhnungsfeier zwischen den beiden im Menschen wirkenden Nötigungen. – Man kann nun ohne weiteres zugeben, dass dieser Schillersche Ansatz zur *Ethik* sehr bedeutend ist – weil ja tatsächlich jedes lebendige sittliche Verhalten immer nur ein tänzelndes Sichdurchschlängeln sein kann zwischen den Nötigungen von außen (durch liebe Mitmenschen) und den Nötigungen von innen, denen man sich selber, meistens aus hohem Idealismus, unterwirft. Aber als Maler sage ich zugleich: Man bleibe mir um Gottes willen weit weg vom Leibe mit diesem Schiller, wenn es um Malerei geht. Ich muss mir einfach verbitten, von Schiller belehrt zu werden, mein Auge werde „genötigt“, indem ich die äußere Welt ansehe. Was Schiller nicht weiß, ist dieses: Das Auge steht nicht im Dienste eines idealen Innenlebens, ist nicht der Gegenpol zu einem Innenleben, sondern das Auge ist *selbst* ein ganzer totaler Jemand. Das Auge ist seinem Wesen nach befähigt, das natürliche Sinnliche unmittelbar als Geist zu *sehen*. Und sofern das Auge dieses Können beherrscht, kann Kunst entstehen. Davon hat Schiller und hat der ganze „deutsche Idealismus“ keinen blassen Schimmer einer Ahnung. Der Maler hat einfach ganz Auge zu sein, sonst spinnt er. Die Kriterien des Schönen liegen bei der Malerei immer und restlos im sinnlich *Sichtbaren*, und diese Kriterien haben mit der ehrenwerten Ethik Schillers nichts zu tun.

Und nun noch eine zweite Feststellung. Du schreibst von der „Idee des Apfelbaums“ – aber diese Idee des Apfelbaums ist ein Spuk, so etwas gibt es überhaupt nicht. Der *Idealismus* meint die Dinge der Welt auf Ideen zurückführen zu sollen, die

Ideen sollen der Ursprung der Dinge sein. Das ist ein Unsinn. Wenn es eine „Idee des Apfelbaums" gäbe, dann müsste es ja auch die „Idee Goethe" oder die „Idee Schiller" geben. Man müsste dann nur noch wissen, wo das Gehirn ist, das die „Idee Goethe" denkt und wie es zugeht, dass aus einem Gedanken ein wirklicher Mensch wird. Nein, die „Idee Goethe", das ist eben der Goethe selbst, der physische Goethe mit Haut und Haar. Anthroposophie unterscheidet sich dadurch von allem lieblichen Idealismus, dass ihr Ordnungsprinzip nicht die Idee ist, sondern der wirkliche physische Mensch. Das erste im Universum ist nicht die Idee, sondern der leibhaftige physische Mensch, der „Urmensch". Wenn der Urmensch plausibel machen kann, dass er als physische Wirklichkeit GEIST ist, dann wollen wir von Geist reden, sonst nicht. Alles andere Gerede vom Geist ist eben doch nur antiquierter tantenhafter „Idealismus". Und dieser tantenhafte Idealismus hat die Ästhetik verdorben. In der Malerei wird das Schöne – als ein Sinnlich-Sichtbares – vom AUGE beurteilt und von niemand sonst. Der Idealist Schiller versteht von Malerei ebensowenig wie er von Anthroposophie versteht. Anthroposophie ist nicht IDEALISMUS, sondern **SENSUALISMUS**.

Und nun, liebe Agnese, lass Dir von meiner rabbia nicht imponieren.

Herzlich grüßend

Karl Ballmer

Von Agnes Kern

Turgi, 24. September 1950

Lieber Herr Ballmer,

Mit dem heutigen Brief möchte ich Sie bitten, insofern Sie dazu Zeit finden können, mir alle Schriften (und vielleicht auch Aussagen in Zyklen) von Dr. Steiner über Malerei anzugeben. Vater kennt wahrscheinlich als Nichtmaler nicht so genau, was alles auf diesem Gebiet vorhanden ist.

Und nun noch eine Frage: Darf der Künstler eine Idee, als erste Stufe, in die Welt stellen, gerade so, wie sie herauskommt? oder sollte jede Ausführung nach außen schon innerlich irgendwie verarbeitet und künstlerisch gestaltet sein?

Ich denke bei dieser Frage an Maler, die, bevor sie ein Bild malen, als erstes einfach Eindrücke und innere Bilder aufs Papier bringen, ohne dabei etwas zu denken. Und dann versuchen sie aus diesen an allen Wänden des Ateliers herumhängenden unbewussten Malereien und Kritzeleien bewusste künstlerisch gültige Werke zu schaffen.

Ein in der Phantasie entstandenes Bild verwischt sich oft ins Undeutliche oder Tote, wenn man es genauer anpacken und betrachten will. Nun kann ich mir erstens denken, dass solche „unsolide“ Vorstellungen keinen Wert haben, oder dann zweitens, dass der Künstler das Recht hat, sie einigermaßen wahrheitsgetreu aufs Papier zu bringen, bevor sie durch Gedanken zerstört werden. Es geschieht doch gar nicht selten, dass man lange das Abbild eines bekannten Menschen-Gesichts (z.B.) in der Vorstellung hat, das dann aber beim bewussten Hinschauen sogleich seine Konturen verliert und nur ein nebelhaftes Gebilde übrig bleibt, das einen höchstens ein Gefühl für das Wesen, den Charakter des geschauten Menschen-Gesichts empfinden lässt.

Ist es möglich die Phantasie zu solcher Lebendigkeit zu entwickeln, dass man zu jeder Zeit ein Erinnerungsbild neuschaffen und dann festhalten kann? Hängt eine innere Entwicklung mit dieser speziell malerischen Phantasie zusammen?

[Agnes Kern]

An Agnes Kern

Lamone, 2. Oktober 1950

Liebe Agnese,

Du wirfst die Frage auf, ob der Maler „darf". Ich zweifle, ob es fruchtbar ist, zu fragen, was der Künstler „darf". Richtig ist, dass die Frage des künstlerischen Schaffens immer notwendig beim Problem der „Freiheit" landet. So hat Schiller die Sache gesehen, als er seine Ansichten über das Kunstschaffen und Kunstempfangen so darstellte, dass es mehr eine Ethik als eine Ästhetik war.

Du frägst weiter (und das ist dann wohl eine spezifisch „anthroposophische" Frage), ob eine „innere Entwicklung" dem Maler förderlich sei. Das ist eine sehr interessante Frage, die absolut zu bejahen ist, vorausgesetzt, dass der die innere Entwicklung mit Fleiß Betreibende schon ein Maler *ist*. Andernfalls wäre die Bemühung durchaus hoffnungs- und aussichtslos. Ich nehme an, dass die Dornacher Maler sich unentwegt „innerlich entwickeln", – da sie aber keine sind, ist die Sache für die Malerei ohne Belang.

Dass die Anthroposophen künstlerisch minderbemittelt sind, ersehe ich daraus, dass ihr Künstlerblick angesichts des Problems der Freiheit versagt. Ich gebe eine kurze Beschreibung des Freiheitsproblems: Die Menschen (Goethe definiert: Monadenpack, Weltgesindel) sind der Ansicht, dass sie zuerst wollen und dann tun. Die Anthroposophen z.B. wollen die Menschheit vorwärts bringen und ihre Handlungen erscheinen ihnen als die Folge ihres edlen Wollens. Aber daraus ergeben sich nur liebliche Illusionen. Freiheit gibt es nämlich nur dort, wo das Wollen dem Tun *nicht* vorangeht. Der Freie tut nicht, was er will, sondern er will, was er soeben tut. Das ist ein wichtiger Gesichtspunkt. Um das Freiheitsproblem zu haben, muss man die HANDLUNG beurteilen. Ist die Handlung ein *realer* Vorgang im allgemeinen Weltgeschehen? Die Physiker sagen Dir (mit Recht), dass nur die Welt als solche ein Geschehen ist und der einzelne handelnde Mensch nur ein lächerlich unwichtiger Ausschnitt im Geschehen des Kosmos und jedenfalls nicht der Täter des *wirklichen* Geschehens. – – – –

Wenn nun Einer käme und sagte zu den Physikern: „Ich bin mit euch einverstanden, dass euer Kosmos keinen Sinn hat, nämlich kein Ziel und keinen Zweck. Ich erlaube mir einfach meine Handlung als den Sinn und Zweck des Kosmos zu haben. Meine Handlung ist originales Weltgeschehen. Indem ich will, was ich soeben tue, bin ich der freie Wille, bin ich die Freiheit der Welt, die mit ihrer Notwendigkeit zusammenfällt" – wenn also so Einer käme, so wäre damit das Freiheitsproblem erstmals gestellt, und es bestünde die Aussicht, dass mancherlei „anthroposophisches“ Geschwätz dereinst überflüssig würde.

Das Schaffen des Malers ist nun ein Abbild der Freiheit des Einen. Wenn der Maler sein Bild fertig hat, dann weiß er, was er gewollt hat. Früher kann er nicht wissen, was er will. Die Situation ist ein wenig heikel, aber nicht zu ändern. Freiheit ist eben eine ziemlich paradoxe Sache.

(Als eine für den Maler höchst wertvolle Aufgabe, auf dem Wege der „inneren Entwicklung“, würde ich es ansehen, sich ein Urteil zu bilden über die von Goethe falsch gelöste Frage der *farbigen Schatten*. Im I. Naturwissenschaftlichen Kurs handelt der 7. Vortrag von dieser eminenten Frage.)

Mit vielen herzlichen Grüßen

Karl Ballmer

Von Agnes Kern

Turgi, 28. November 1951

Lieber Herr Ballmer,

Es heißt: Weg vom naturalistischen Malen!

Sagen wir, ein innerlich geschulter Mensch stünde vor uns. Er möchte das, was in ihm liegt, in Malerischem ausdrücken. Nun fehlt ihm aber das malerische Können.

Wie soll das eigentlich Technische errungen werden?

Ist es nicht richtig, wenn sich der Maler fortwährend an äußeren Gegenständen in naturalistischer Art Auge und Hand übt?

Wollte man exakt sein, dann wäre ein solches Üben schon eine recht strenge Schulung. Genügt aber eine naturalistische Kopie der äußeren Gegenstände (sei es nun ein Kaffeekrug oder ein architektonisches Gebäude), um malerisch-zeichnerische „Fingerfertigkeit" zu erreichen? Vielleicht sollte sich solche Übung überhaupt nur auf tote Gegenstände beschränken, so dass man z.B. ein Tier, eine Pflanze oder einen Menschen nicht zur naturalistischen Darstellung missbrauchen dürfte.

Übungen und Ausführung eines Kunstwerkes sind doch bestimmt zwei Dinge, die unterschieden werden müssen, oder bin ich da im Irrtum?

Die Grundstimmung ist wohl dieselbe, aber der zu behandelnde Gegenstand ist verschiedener Art. Für mich ist es nicht dasselbe, ob ich nun Fingerübungen mache, oder ob ich eine Bachsonate übe.

Ich freue mich auf eine anregende Antwort von Ihnen, die für mich einen „Schupf" in meinen spärlichen Zeichnungsübungen bedeuten würde.

Indem ich auch von den andern Grüße beilege, grüße ich Sie u. Frau Ballmer herzlich

Agnes

An Agnes Kern

LAMONE, 30. November 1951

Liebe Agnese!

R.ST. sagte in Dornach zu seinen Hörern: „Wenn Sie ein Kamel ansehen, so hat Ihr Ätherleib die Tendenz, ganz Kamel zu werden." In diesem Gedanken ist eigentlich alles enthalten, was notwendig ist zur Beantwortung der Frage, ob man „naturalistisch" malen soll. Der *echte* Künstler malt eben, wenn er das Kamel malt, *sich selbst*. Ohne diese fröhliche Ironie geht es nun einmal nicht. Ich werde immer etwas nervös, wenn man Kunstproduktion und Ethik zusammenbringt. Die Ethik ist nützlich für alles mögliche, nur nicht für die Kunstproduktion. Wenn Picasso oder Klee die Kräfte, die sie auf ihren Bildern austoben, in andern Zusammenhängen – im Familienleben oder in der weiteren sozialen Gemeinschaft – betätigen würden, so wären sie ganz einfach Verbrecher. Ergo ist der Künstler, vom Standpunkte des ethischen Normalspießers, ein Verbrecher. Er malt Dinge, die es in der genormten Philisterwelt nicht gibt, weil er außer seiner schönen Seele auch noch das Kamel, den Wolf, Tiger und Löwen und sogar den Teufel in sich hat.

In dem Buche „Wie erlangt man…?" geht R.ST. von der Voraussetzung aus, dass seine Kundschaft den Teufel in sich hat. Es wäre aber in Rücksicht auf die Artung seiner Kunden und Kundinnen unzweckmäßig gewesen, diese direkt zur Entfesselung des Teufels anzufeuern. Es kam für R.ST. weit eher auf das Gegenteil an. Nämlich darauf, dass die Aspiranten den Teufel ausrotten, weil ihre bescheidene geistige Kompetenz den Umgang mit den diversen Teufeln noch nicht empfehlenswert macht. Diese Ethik ist nun allerdings mit dem Nachteil verbunden, dass den Aspiranten der Weg zur Kunstproduktion verbaut ist, was ja an der ehrenwerten „anthr. Malerei“ zu ersehen ist.

Sieh Dir doch, liebe Agnese, ganz einfach die Leute an, die munter künstlerisch produzieren, ganz unbeschwert von der rein akademischen Frage: naturalistisch oder sonstwas. Diesen munteren Leuten fällt es gar nicht ein, die Natur photographisch zu „studieren“; es fällt ihnen nicht ein, derlei zu „üben“, so wenig es dem Eiskunstläufer einfällt, zur Beförderung des Eiskunstlaufes das Klavierspiel zu „üben“. Die ethisch Unbeschwerten, wenn sie „üben“, üben ganz einfach das Handwerk der künstlerischen Produktion aus.

Herzliche Grüße
Karl Ballmer

Apropos: als R.ST. in Berlin 1902 die erste Zeitschrift der anthr. Bewegung herausgab, trug sie den Titel: Der Teufel.

An Agnes Kern

Lamone, 25. Februar 1952

Liebe Agnes,

Das Edelgeschwätz des Herrn Jedlicka ist typisch für die NZZ-freisinnige Verkommenheit unserer Bourgeoisie. So ein Herr

Universitäts-Jedlicka ist zu sehr *historisch* gebildet, als dass er von *gegenwärtiger* Kunst begeistert sein könnte. Würde er seinen Enthusiasmus für irgend etwas Bestimmtes ausdrücken, so würde er das Richtige tun. Er hat aber keinen. Und so kann er nur Moral pauken: „Tut gebildet! Seid nett! Es ist nicht so schlimm, wir sind ja sooo tolerant! Wie wir als Normalspießer überhaupt zu verkommen sind, um irgend etwas überhaupt *ernst* zu nehmen!"

herzlich grüßend
Karl Ballmer

Von Agnes Kern

Turgi, 28. Februar 1952

Lieber Herr Ballmer,

Freudig danke ich auf die unerwartete Zusendung des gescheiten Artikels. Schon der erste Satz löste den Widerspruch in mir: Aber es muss doch eine Möglichkeit geben, unser Urteil über den Zustand der modernen Kunst auf eine allgemeingültige, objektive Basis zu bringen! Warum traut man dem historischen Denken mehr Objektivität zu als dem der Gegenwart direkt gegenüberstehenden?

Meine eigene Antwort: Weil das Gefühl für das Wahre verschleiert oder überhaupt unter abstraktem, totem Denken vergraben wurde.

Was mir besser gefiel: „Eine künstlerische Gestaltung enthält immer mehr Notwendigkeit (Not-wendigkeit) als ein bloßes Urteil darüber, in dem nie ein Schicksal verwirklicht, sondern eine meist unverbindliche Meinung geäußert wird.“ Das heißt also: besser Tun als Reden.

Gibt es gegenstandslose (d.h. inhaltslose) Kunst? Jedlicka hat wohl recht, wenn er sagt: künstlerische Qualität sei Verwirklichung eines tiefen Welterlebnisses.

Aber Welterlebnisse sind doch auch Inhalte (geistige oder seelische Gegenstände)?

Was versteht der Verfasser unter Lebensgefühl eigentlich genau? Am Schluss, nachdem ich den Artikel gelesen hatte, blieb mir der Eindruck, dass es dem Herrn Jedlicka trotz allem nicht so ganz wohl sein könne, irgendetwas Resigniertes liegt in der Stimmung – und darauf waren mir Ihre Zeilen eine erlösende Antwort.

[Agnes Kern]

Anmerkungen der Herausgeber

„Die letzten Geheimnisse sind viel viel einfacher, als es den armen Seelen gesagt werden kann." (S.180.) Unser Buchtitel bzw. Ballmers Satz, dem er entnommen wurde, spielt mit einer Hoffnung des Lesers, die sich regelmäßig als illusionär erweist: als könne es vereinfachende Umwege geben, um der harten Nuss des Ballmerschen Denkens beizukommen. Das ist nicht der Fall; eher könnte man sagen: die Konzentration des zu Sagenden in typisch markante Sätze, „letzte Geheimnisse" oder „unscheinbare begriffliche Pappschachteln" (S.148f) ist bekanntermaßen ein methodisches Element des Schreib-Pädagogen Ballmer, der sich selbst öfters als „terrible simplificateur" bezeichnete. Seine starken, spröden „Formeln", vor denen die Denkgewohnheiten des Lesers blockieren und ihn zur „armen Seele" machen, sind Ruhe- oder Fluchtpunkte in Texten, die aus einem jahrzehntelangen „Arbeiten wie ein Pferd" (S.99) resultieren. „Aber glauben Sie mir:", schreibt Ballmer 1956 an eine junge Frau, als wolle er die Funktion solcher fast Koan-artigen Haltepunkte beschreiben, „das intensiv erlebte Nichtverstehen ist die nicht zu vermeidende Vorbedingung für das Verstehen."

In den hier zusammengestellten Briefen und kleinen Texten wird die besagte Hoffnung durch eine weichere, buntere, mehr lockere Diktion genährt. Spricht hier also ein anderer Karl Ballmer als der schroffe Produzent von Briefserien, wo sich, entzündet an wissenschaftlichem Zorn (siehe etwa *Briefwechsel über die motorischen Nerven*) oder an wissenschaftlicher Begeisterung (*Deutsche Physik – von einem Schweizer*) Gedankenkaskaden ergeben, denen schwer zu folgen ist? Haben wir es leichter (mit dem „Verstehen"), wenn „zum Frühstück die Privatbriefe" erledigt werden, „eine halbe Stunde mit Hamburg geplaudert" wird? Und verrät dieser weichere Ballmer uns etwas mehr über den Künstler (denn ein Teil der Leserschaft wird sich vorrangig für den rätselhaften Bildermaler interessieren, weniger für den skurrilen Schreiber)? – Mehrheitlich sind es Frauen, die die hier vorgelegten Briefe Ballmers empfangen, und überwiegend ist Ballmer mit ihnen durch die Kunstszene bekannt geworden (die „Hamburger Dame“ Magdalene Blohm, Alice Sauerlandt, Agnes Holthusen); der jugendlichen Agnes Kern hat er im Tessin Malunterricht gegeben. Der Komplex *Hamburger Dame / Ludwig Binswanger / Wache Mythen* hat es mit „Traum“, „Träumen“, „Psychotherapie“ zu tun, eher seltenen Themen Ballmers – die unseren durch ein langes „Jahrhundert der Psychologie“ geprägten Populärinteressen jedoch angeblich näher liegen als eine hohe abendländische Philosophie. Ergibt sich durch unsere Textzusammenstellung, deren Kriterien wir hier andeuten, also ein leichterer Zugang zur harten Nuss Ballmer?

Wohl nicht, denn es gibt nur einen Ballmer, und der ist unhöflich. Den kunstwissenschaftlichen Erforschern von Ballmers Malerei wird die Passage aus seinem *Requiem* bzw. der *Kleinen Geschichtsphilosophie* bekannt sein: wer überflüssiger- und bequemerweise intellektuelle Fragen an „Kunst“ stelle, erhalte „vom Dasein des Schönen bildlich gesagt eine Ohrfeige. Hier gibt es überhaupt keine Fragen zu stellen. Hier wird angeschaut! Die Antwort auf jede mögliche Frage ist in der unmittelbaren Schau einfach vorweggenommen, die Antwort ergibt sich dem intellektuellen Gedanken nicht, sie muss angeschaut werden.“ (Die Passage ist ähnlich enthalten in *Deutsche Physik – von einem Schweizer*, S.176f)

Ebensowenig wie der Maler lässt sich der Denker Ballmer hintergehen. Wer etwa aus dem Aperçu „Die Philosophie kann nicht – träumen!“ (S.75) folgert, Ballmer spreche für ein träumendes Denken, liegt vielleicht nicht falsch – müsste dabei jedoch beachten, wie dieser spontane Gedanke aus dem medizinischen Phänomen der Apraxie abgeleitet ist, und müsste Ballmers an dieser Stelle angedeuteten Begriff des Traums exakt nachvollziehen; andernfalls gerät man unweigerlich auf Holzwege. Die Analogie zur zitierten „Ohrfeige“ könnte lauten: Hier wird nicht Bekanntes wiedererkannt, diskutiert, kontextualisiert – hier wird gedacht; hier werden aus der vorliegenden Antwort die richtigen Fragen gebildet.

Zur Buntheit dieser Texte gehören auch die netten biographischen Details. Eine komfortable Ballmer-Biografie liegt ja nicht vor und kann auf absehbare Zeit auch nicht erwartet werden, denn dafür müsste mit aufopfernder Akribie in verschiedenen Materialien geforscht werden: in den Spuren der Hamburger Kunstszene, in den Wiedergutmachungsakten zum vom Nazistaat geschädigten Ehepaar Ballmer, in den Archiven zu Hildebrand Gurlitt, um nur einiges zu nennen. Der inhaltlich sich auf Ballmer einlassende Leser allerdings wird im Laufe des herben langen Studiums die Neugier auf üblich Biografisches ohnehin verlernen, je mehr er sieht, dass beim Miterleben der Zeitläufte für Ballmer nicht die Oberflächenfakten das wichtige sind, sondern „Tatsachen des Geistes“: Wenn Agnes Holthusen ihrem Briefpartner Ballmer attestiert, gegenüber Max Picard und dessen „interessantem“ *Hitler in uns selbst* doch „andere Tiefen“ zur Verfügung zu haben (S.145), so haben es diese Tiefen wohl eher mit Heidegger als mit Hitler zu tun: der „unpersönlich großformatige ‘metaphysische’ Zorn“ y(S.72) Ballmers gegen Heideggers Philosophie zieht sich durch Jahrzehnte, die Nazizeit übergreifend bis in die letzten Texte wie *Abschied vom „Leib-Seele-Problem“*. Wenn Samuel Beckett einmal notierte, dass Ballmer „unter den Schriften des *Herrn* Heidegger aufs grausamste litt“ (*Die Welt und die Hose* (1945), deutsch in *Das Gleiche nochmal anders – Texte zur Bildenden Kunst*, Suhrkamp-Taschenbuch, Frankfurt a.M. 2000, S.22) und diese Wahrnehmung auf die Begegnungen im Herbst 1936 zurückgehen muss, so scheint dieses Leiden auch zehn oder mehr Jahre später noch die persönlich erlittenen Nazi-Verbrechen (Berufsverbot, Rück-Emigration in die Schweiz, dabei Teilenteignung durch scheinlegale „Reichsfluchtsteuer“, schleppende „Wiedergutmachung“) zu überwiegen – davon legen auch die hier vorgelegten Briefe Zeugnis ab. Der in Hamburg durchaus anerkannte Maler – seine Bilder hingen einmal neben denen Kandinskys – ist sich im Tessin nicht zu schade, seinen Lebensunterhalt eher durch Erdbeerpflücken als durch Schlangestehen vor Museumdirektoren zu besorgen; aus dem in die Hamburger Kulturszene vielfältig einbezogenen Künstler wird ein „in der Stille hausender Privatgelehrter ohne Bindungen", wie er am 24. November 1947 an Werner Meyer schreibt. Aber dieser Werdegang ist nicht durch äußere Ereignisse bestimmt, sondern Ballmer hatte sich „diese Sorte von 'Existenz' seinerzeit schon für Glinde ausgedacht" (S.107). „Existenz" – Ballmer findet eine solche eben nicht in den Niederungen der Endlichkeit, in die Heidegger den Menschen stößt (S.124). Zwar hat er diese Niederungen als junger Mann zur Genüge erfahren und lebt ja selbst längst in einem „Haus ohne Rückwand" (S.238). Aber es sind für ihn in der Zwischenzeit „allerhand geistige Dinge, von denen ich überrascht worden war" geschehen (S.34), und sein leidenschaftliches Studieren und Denken hat den Sinn, diese geschehenen „Fakten des Geistes" zu verstehen.

> Wir haben aufgehört, in (oder gar hinter) der Natur, in der Religion, „Gott" zu suchen. Ob wir uns entschließen werden, am selben Orte „Ich" zu suchen, wird nicht vom Belieben der Philosophen abhängen, und wird vielleicht abhängen von *Fakten* des Geistes, die uns dazu *drängen*. Eine Welt und eine Natur, ein „Sein" (und ein Sozial-Leben), die vom christlich-katholischen Vatergott nicht mehr getragen werden, werden sie nicht einst vom Menschen getragen werden müssen?

So schreibt Ballmer im Sommer 1928 im Aufsatz *Was ist's um Anthroposophie?*, der zu Lebzeiten ungedruckt bleibt. Im Band *Das Ereignis Rudolf Steiner*, Edition LGC 1995, begleitet dieser kurze Text die gleichzeitig entstandenen Aufsätze seiner Zeitschrift *Rudolf Steiner-Blätter*, mit denen er nach einem Jahrzehnt des „intensivsten Studiums" (S.12) die Öffentlichkeit auf diese „Fakten des Geistes" aufmerksam machen will. Ballmer hat die „Herausforderung" dieser Fakten für sich angenommen – und wird fortan zeitlebens, statt sich in einer anthroposophischen Anhängerschaft und Szene einzurichten, andere herausfordern:

> Wer sich nicht darauf beschränken will, mitverantwortlicher Träger und Nutznießer des von Rudolf Steiner hinterlassenen ungeheuren Geistes*erbes* zu sein; wer in dem Wirken Dr. Rudolf Steiners eine *Herausforderung* des selbstverantwortlichen Denkers erkennt; und wer als Herausgeforderter nicht ruhen kann, bis er das „Ereignis Rudolf Steiner“ denkend bewältigt hat, so wie er irgendein Naturereignis denkend bewältigt, – von einem solchen werden heute ganz klare und eindeutige Entscheidungen verlangt.

An dieser Herausforderung, an den notwendigen Entscheidungen schauen bis heute nicht nur die Anhänger, sondern ebenso die seit einigen Jahren verstärkt auftretenden unberufenen „Kontextualisierer“ Steiners vorbei, die in seinem Werk stets nur Eklektizismus entdecken können. Steiner hat tausendfach betont, dass *seine* „Geisteswissenschaft“ in der Konsequenzlinie westlichen Denkens, der Naturwissenschaft, ja des Materialismus liegt – millionenfach überhört man dies, weil es allemal bequemer ist, „Einflüsse“ oder Zunutzemachung östlicher, theosophischer Lehren zu sehen, oder für die Anhänger: Eingebung von oben. So aber bleibt der Kerngehalt unsichtbar, den ein Karl Ballmer als „spirituellen Materialismus“ herausarbeitet (siehe *Elf Briefe über Wiederverkörperung*, Neuausgabe bei Edition LGC 2019, S. 155).

Der heftigste Zorn Ballmers aber richtet sich eben auf einen Heidegger, der hohe westliche und christliche Errungenschaften wie den „Existenz“-Begriff, weil ihm sein nicht überwundener Theismus keinen anderen Ausweg lässt, *korrumpiert*. So heißt es in einem noch unveröffentlichten Manuskript von 1933:

> Existenz heißt im Verstand echter Ontologie, dass ich mein Dasein nicht aus mir selbst, sondern von dem vollkommenen Urwesen der Welt habe. Ich *habe* Existenz. – Nun weiß man, dass Heideggers Trachten dahin geht, diesen eindeutigen Sinn des Begriffes „Existenz“ zu korrumpieren. Heideggers „Existenz“

> meint: Ich *habe* nicht – von Gott her – das Sein, sondern ich bin eigenwesentlich dieses Sein: vielmehr ich bin nicht das ontologisch gemeinte göttliche Sein, sondern eine aus Willkür und philosophischem Unverstand gezeugte Abart und Missform des göttlichen Seins: „Dasein“ qua „Mensch“.

Ballmer „spürt“ vielleicht mehr und früher als andere, wie solche modischen philosophischen „Holzwege“ ein Jahrhundert bestimmen können, während ein ungeheures *Erbe* weiter im Dornröschenschlaf liegt.

Die harte Nuss Ballmer führt also letztlich zurück auf die zu knackende Nuss westlicher Spiritualität, von der Steiner am 24. November 1921 in Oslo sprach (siehe dazu auch Ballmers Andeutung an die „Hamburger Dame“, S. 63). Wir zitieren dies abschließend gerne, in Zeiten einer von einem deutschen Politiker (an Steiners Geburtstag 2022, im Parlament und im Fernsehen) pathetisch beschworenen, doch gravierend missverstandenen „Zeitenwende“:

> Dem gegenüber [gegenüber der „wie aus Himmelshöhen der Menschheit“ strahlenden „orientalischen Weisheit“] steht die rein materielle Kultur des Westens: Europas und Amerikas. Auch diese rein materielle Kultur und die rein materielle Denkweise sollen nicht herabgesetzt werden. Aber gesagt muss werden, dass zunächst das, was uns da an materieller Kultur entgegentritt, sich ausnimmt wie eine harte Nussschale, wie eine absterbende Nussschale. Aber darinnen ist doch die Nuss. Und lässt sich diese Nuss finden, dann wird das, was zutage tritt, überstrahlen alles das, was einstmals an orientalischem Weisheitslichte in die Menschheit gekommen ist. Aber täuschen Sie sich nicht darüber, dass die Sache so ist: Solange die Europäer und Amerikaner mit den Asiaten sich nur um wirtschaftliche Interessen unterhalten, so lange wird niemals Vertrauen unter den Asiaten Platz greifen, und man wird sich lange über Abrüstungsfragen und wie schön es wäre, wenn keine Kriege geführt würden, unterhalten können.

> Der große Krieg wird geführt werden zwischen Asien und dem Westen trotz aller Abrüstungskonferenzen, wenn nicht eines eintritt, wenn nicht die Asiaten vom Westen herkommend etwas sehen, was Geist des Westens ist, der ihnen deshalb leuchten kann und zu dem sie Vertrauen werden haben können, weil sie dafür Verständnis haben aus ihrer eigenen, obzwar in die Dekadenz gekommenen Geistigkeit heraus. An dem Verständnis dieser Sachlage hängt der Friede der Welt, nicht an jenen Unterhaltungen, die heute die äußeren Führer der Menschheit pflegen. (GA209, S.17f)

Es gibt, 100 Jahre nach diesen Äußerungen, eine gewissen kleinen Leserkreis, der die geistige Schufterei unseres „Privatgelehrten" als entscheidendes Hilfsmittel für das Knacken der Schale und „Finden" der Nuss erahnt. Nicht nur das Denken, auch das trotz der „Stille" in vielen Details beziehungsreiche Leben Ballmers spricht dabei eine Sprache, die entsprechende Leser interessieren wird. Eine systematische und umfängliche Aufarbeitung dieses Gesprochenen liegt ja noch nicht vor. Dies veranlasst uns, im Anmerkungsapparat wenig zurückhaltend zu sein und gegebenenfalls eine oder mehrere Druckseiten nicht für unangemessen zu halten, um an passender Stelle z.B. bisher nicht veröffentlichte Textpassagen oder Kontexte zugänglich zu machen.

Technisch sind noch zwei Dinge zu bemerken:

- Wo Antwortbriefe der PartnerInnen vorliegen, werden diese der Vollständigkeit halber ohne Kürzung mit veröffentlicht, weil manche Details dieser zumeist erstmals veröffentlichten Briefe durchaus auf Spezialinteressen (wie etwa das kunsthistorische) stoßen könnten – aber vor allem, weil Ballmer ein durchaus aufmerksamer Briefbeantworter ist, der auch z.B. einer Frage nach der „Sinneswahrnehmung des Notenbildes" einen überraschenden tieferen Sinn geben kann (s. S.171 und 180).

- Dass es sich bei diesen Briefen oft um „flüchtigere" Privatbriefe handelt, macht sich durchaus an einigen Stellen durch fehlerhafte Kommasetzung bemerkbar; dies wird so belassen.

Briefe an Hedwig Kleiner

Hedwig Kleiner wird von Hans Gessner, dem ebenfalls aus Aarau stammenden Freund Karl Ballmers, an mehreren Stellen als „Freundin aus der Aarauer Zeit" bezeichnet. Näheres zu dieser Freundschaft ist jedoch nicht zu finden. Auch zur Person Hedwig Kleiner liegt wenig vor: das Geburtsjahr können wir als ähnlich wie bei Ballmer (1891) vermuten; gestorben ist sie am 30. Januar 1985. Letztere Angabe entnehmen wir einer von ihrer Nichte angefertigten Lebensbeschreibung, die zwar auch unergiebig ist, die wir jedoch mangels anderer Informationen auf der Website von *Edition LGC* unter den „Addenda" zu vorliegendem Buch bereitstellen. Zwei Stellen aus Briefen an Friedrich Widmer, die wir unten in den Anmerkungen zitieren, deuten wohl eine (gemeinsame?) Verliebtheit in die junge Frau an, doch auch diese Spur ist nicht weiter ergiebig.

Die Briefe Ballmers an Hedwig Kleiner liegen als Abschriften von Hans Gessner bzw. seiner Tochter Franziska vor; die Originale sind verschollen. Die Reihe wird nicht vollständig sein: wie es Kontakte vor 1910 gegeben hat (siehe die erwähnten „Neujahrsgratulationen"), so vermutlich doch auch zwischen 1910 und 1927, und mindestens der Beginn des Briefes vom 28. April 1927, aber auch die Bezugnahme auf die Ilkley-Vorträge am 9. Juli 1927 macht klar, dass jeweils ein vorhergehender Brief verloren gegangen ist. Auch die Antwortbriefe Kleiners an Ballmer haben sich nicht erhalten.

7 *bin ich seit April in München*: Ballmer war mit seinem Freund Friedrich Widmer (1889–1966) nach München gezogen. Ab

25.10.1910, so verzeichnet es das Matrikelbuch, studiert er an der Kunstakademie; als „Kunstfach" ist „Zeichenschule [Angelo] Jank" angegeben.

8 *dass mich in letzter Zeit Spitteler stark beschäftigte*: Carl Spitteler (1845–1924), Schriftsteller, Nobelpreis für Literatur. Weitere Bemerkungen Ballmers zu Spitteler gibt es nur verstreut, diejenigen in den folgenden Briefen sind die ausführlichsten. Dabei liegt zwischen dem „leuchtenden Bild", das der 19jährige Ballmer in sich hegt, und den differenzierteren Äußerungen des 36jährigen in den nächsten Briefen offenbar eine Phase stark emotionaler Abkehr von Spitteler: Zu Spittelers 70. Geburtstag am 24. April 1915 schickt Ballmer ihm folgenden Kurzbrief (archiviert im Schweizerischen Literaturarchiv, Bern): „Herr Carl Spitteler / Verehrter Herr, / Heute muss ich Ihren Geist ebenso heftig hassen wie ich ihn zuerst heftig liebte. / Carl Ballmer / Maler". Kurze Zeit später schreibt er an Friedrich Widmer (aus Courtedoux, 10. Mai 1915): „Wenn es Dich interessiert: Ich empfinde einen unbeschreiblichen Ekel vor Spitteler. Ich weiß ganz sicher, dass er kein schöpferischer Geist ist. Man wird wohl stets sich von seinem heroischen auflehnenden Geiste erschüttern lassen, aber in den Reihen der Großen zählt er nicht." Es scheint dabei unwahrscheinlich, dass für Ballmers Sinneswandel etwa Spittelers berühmte Rede *Unser Schweizer Standpunkt* (am 14. Dezember 1914 in Zürich) eine Rolle spielte, in der er sich gegen eine Parteinahme für Deutschland und für eine Neutralität im Krieg einsetzte. Diese Rede sorgte in Deutschland und der deutschsprachigen Schweiz für viel Empörung; sie „verzögerte" sogar die Verleihung des Nobelpreises. Die Rede findet sich gedruckt in Ballmers Bibliothek, allerdings mit der Jahresangabe 1918. Eine nationalistische Kriegsbegeisterung ist für Ballmer jedenfalls nicht bekannt.

9 *Dein Brief kommt mir als das denkbar Unerwartetste.*: Hedwig Kleiner hatte am 21. Februar geschrieben, wohl zu Ballmers

Geburtstag am 23. Februar; siehe auch weiter unten den Brief vom 16. März.
Am gleichen Tag (also seinem Geburtstag) schrieb Ballmer andeutungsreich an Friedrich Widmer (der mit dem Aufbau der Rudolf Steiner Schule Basel beschäftigt war):

> Mein Lieber! Ich stehe bei mir im Verdacht, dass ich, wenn auch nicht gleich morgen schon aber für einen offen gelassenen Zeitpunkt, in die Lage kommen könnte, Dir Ratschläge zur Verfügung zu stellen wenn es sich um die Gewinnung von neuer Lehrkraft für Eure Schule handelt. – Darf ich Dich daran erinnern dass es 1910 in München nicht allein *Deine* sondern auch meine angenehme Pflicht war, die Seele zeitweilig nach dem Wynentale schweifen zu lassen (resp. für mich war es der Punkt wo die Wyne in die Suhre einmündet). Feldblumen habe *ich* allerdings keine bekommen. Das Karma der betreffenden Persönlichkeit (heute aargauische Lehrerin) scheint sich für Anthroposophie zu interessieren. Wenigstens ergab sich eine neue direkte persönliche Beziehung. Vielleicht hat die Persönlichkeit meine Adresse über Dich?

Und im Brief Ballmers an Widmer vom 3. März 1927 folgt eine weitere Andeutung:

> Die „aargauische Lehrerin", die ich meine, ist ein Fräulein Hedwig Kleiner, z.Z. Lehrerin an ihrer Heimatgemeinde *Suhr*. (Jetzt geht Dir vielleicht ein Licht auf, warum ich immer so nervös wurde, wenn wir durch Suhr zottelten.)

10 *Roman Boos*: 1889–1952, Schweizer Jurist, Sozialwissenschaftler, Anthroposoph und freier Schriftsteller, setzte sich stark für die Verbreitung der sozialen Dreigliederungs-Idee ein und war teilweise Rudolf Steiners persönlicher Sekretär. Ballmer und Boos waren zunächst befreundet, entzweiten sich aber spätestens 1920. – Laut Christoph Widmer war Boos um 1916 Sekretär bei der von Ballmer erwähnten Neuen Helvetischen Gesellschaft.

11 *dass ich im selben Hause wie Boos wohnte*: In der Wohllebgasse 5. Dazu Ralf Lienhard in seinem Buch *Der Kreis der „Individualität“*, Bern 2003, S. 55: „Die Wohnung in der Wohllebgasse 5, mitten in der Zürcher Altstadt, direkt an der Limmat gelegen, diente Roman Boos als Wohnadresse, als Büro des Schweizer Bundes für Dreigliederung und als Ort für seine Arbeitsgruppe, an der zwischen 1917 und 1919 Willy Stokar, Karl Ballmer, Ita Wegmann und andere teilnahmen.“

11 *Abhandlung über die Darstellung des Menschen in der Malerei*: Es handelt sich um ein Manuskript *Einige Wahrnehmungen betreffend die Entwicklung der modernen Malerei* von Oktober 1918.

11 *die Persönlichkeit, die dann der treue Freund wurde*: Katharina Ballmer, geb. van Cleef, 1890–1970; am 5. November 1936 heirateten die beiden in Hamburg.

12 *Ich schreibe intensiv an einem erkenntnistheoretischen opus*: Ein darauf passendes Manuskript scheint verlorengegangen oder sogar vernichtet worden zu sein. Als erstes *opus* können eigentlich erst die Aufsätze der *Rudolf Steiner-Blätter* ab Sommer 1928 gelten, siehe den Band *Das Ereignis Rudolf Steiner*, Edition LGC 1995. Aus der Zeit davor sind keine längeren Manuskripte erhalten, mit Ausnahme des Ahriman-Spiegels, der im letzten Brief erwähnt wird, s. Anmerkung zu S. 41, doch dies ist kein „erkenntnistheoretisches“ Werk.
Es gibt nur wenige Briefstellen – sie sollen bei dieser Gelegenheit wiedergegeben werden –, in denen Ballmer vor 1928 über seine Schreib-Vorhaben spricht. Sie lassen vermuten, dass Ballmer tatsächlich Geschriebenes aus dieser Zeit verworfen und vernichtet hat. Alle Briefe sind an Friedrich Widmer:
12. Februar 1924: „Ich bin noch immer in dem Stadium, wo ich schriftlich Festgelegtes schon nach zwei oder drei Monaten als verfrüht zu bedauern hätte. Wenn man nicht in der angenehmen Lage ist einfach abzuhaspeln was vorgeburtlich

aufgehaspelt wurde, wenn man vielmehr das Aufhaspeln in einer Weise auffasst wie es heute *nur* in der irdischen Existenz möglich ist, wenn man sich also gewissermaßen durch allerhand mehr oder weniger zweckdienliche Praktiken erst zur „Haspel“ zuzubereiten hat, wird die Angelegenheit etwas Beschwerliches und Kompliziertes.“

19. Oktober 1926: „Ich schreibe seit ein paar Wochen rabiat, diesmal wird's ein Ganzes, ich habe die Sache im Griff: 'Die Grundfrage der Erkenntnistheorie als anthroposophisches Gegenwartsproblem'.“

24. Oktober 1926: „Das Ganze rundet sich. Das Manuskript, das im Moment auf ca. 200 Druckseiten gediehen ist, ist dem Stil und Inhalte nach von jener beinahe banalen Selbstverständlichkeit durchzogen – obschon es sich um die vertracktesten Abstraktionen handelt – die Dich s.Z. an den Zeitungsartikeln, die ich in Bern schrieb, intrigierte. Da es sich hier aber um das Ganze handelt, so kann eigentlich für niemanden ein Grund bestehen, die Selbstverständlichkeit und Flüssigkeit verdächtig zu finden. – Aus meinen Gedankengängen ersteht als echter Philosoph immer wieder *Unger*, den ich ausführlich zitiere und verarbeite. Gewisse Dinge von ihm haben unbedingt selbständigen bleibenden Wert. *Stein* hat stets nur die Hälfte vom Ganzen. Ich werte aber diese eine Hälfte stets positiv und füge die andere selber hinzu. Vielleicht merkt er etwas. Ich kann mir nicht denken, dass es für die Herren ein Auskneifen geben kann, so ungewohnt ihnen manches vorkommen muss.“

20. Dezember 1926: „Es scheint, dass ich eine Entwicklung durchlaufe. Nachdem mein Manuskript an die 250 Druckseiten hatte, kam ich auf den Gedanken, die erarbeiteten Resultate so zu verwenden, dass sie den *Anfang* bilden einer noch konzentrierteren Darstellung, die ich denn auch sogleich in Angriff nahm. Denselben Prozess habe ich seither noch zweimal wiederholt, – und ich denke, wenn ich diese Methode noch ein halbes Dutzend Mal anwende, schließlich zu Ende zu kommen. Ich bin überhaupt der Meinung, dass wenn man 10 Jahre auf

das Studium von ‘Wahrheit und Wissenschaft’ verwenden würde, man zu einer gelinden Ahnung kommen könnte, was da eigentlich vorliegt in diesem ‘Ouvertürchen’.“
Im Sommer 1927 schließlich scheint eine Schrift *Rudolf Steiner und die Physik* soweit gediehen zu sein, dass Ballmer sie den Verlegern Hans Ruhe (6. August 1927) und Willy Storrer (11. August 1927) anbietet. Ballmer spricht von 80 bzw. 100 Seiten, und nach seiner inhaltlichen Beschreibung träfe die Bezeichnung „erkenntnistheoretisches opus“ hierauf sicherlich zu. Jedoch auch dies Manuskript ist nicht aufzufinden.

14 *Das beiliegende Bildchen*: Leider nicht aufzufinden.

16 *Morgen werde ich*: Offenbar hat Ballmer den Brief noch nicht abgeschickt, sondern erst zusammen mit dem folgenden – daher der fehlende Gruß und die Fortsetzungs-Pünktchen auf dem folgenden Brief.

17 *Das Zauberwort, das wie ein Blitz*: Das XII. Kapitel von Steiners *Philosophie der Freiheit* ist mit „Die moralische Phantasie“ überschrieben.

18 *Menschen, die sich von Göttern regiert glauben*: Steiner in seinem Aufsatz *Der Egoismus in der Philosophie* (später *Der Individualismus in der Philosophie*) von 1899; siehe GA30, S.102.

24 *Ausstellung, die über Ostern in Dornach veranstaltet wird*: Zu Ostern 1927 fand am Goetheanum eine Kunsttagung mit Ausstellung statt. Laut einem Brief an Friedrich Widmer (20. März 1927) schickt Ballmer dafür „drei gerahmte Öl-Bilder, 1. ‘Archai’, 2. ‘Manu’, 3. ‘Engel’ und eine unter Glas gerahmte Zeichnung: ‘Porträt’“ nach Dornach. Am 14. April ergänzt er: „Zu der Ausstellung der Arbeiten von Dr. [Steiner] habe ich die Verarbeitung, die Dr. an einem Entwurf von mir für die Boos’sche Zeitschrift ‘Soziale Zukunft’ (Buchschmuck-Kopfleiste) vorgenommen hat, gesandt, mit meinem Entwurf zusam-

men." Dieser interessante Vorgang von 1919 ist dokumentiert in: Rudolf Steiner, *Das graphische Werk* (hrsg. von Roland Halfen und Walter Kugler), Rudolf Steiner Verlag, Dornach 2005, Bildband S. 97 und Textband S. 135–137. – Mit der „Porträt"-Zeichnung ist wohl das als Lithographie vervielfältigte Steiner Porträt (siehe https://www.edition-lgc.de/i.php?n=A-bilder.Bild-A017) gemeint. Ob auf der Ausstellung tatsächlich nur dies Porträt, nicht aber die drei Gemälde gezeigt wurden, wie Ballmer im Brief vom 28. April 1927 sowie auch in einer Postkarte an Widmer vom gleichen Tag vermutet, bleibt unklar; gegenüber beiden betont er seine „beträchtliche Gelassenheit" angesichts einer solchen Missachtung.

25 *Mit Rührung denke ich heute an die Neujahrsgratulationen*: Im *Bildband 1990* ist auf S. 12 eine solche von Ballmer gezeichnete und kolorierte (*Bleistift und Gouache*) *Neujahrskarte 1908* an Hedwig Kleiner abgebildet (nur die Vorderseite).

26 *Ich möchte hier eine hübsche Anekdote erzählen*: Leider müssen diese Kinderzeichnungen als verschollen gelten. Ballmer schreibt am 15. April 1926 an seinen Freund Friedrich Widmer: „Ich dachte schon öfters daran, dass vielleicht die Zeichnungen, die unter meiner Leitung am Goetheanum produziert worden sind und die Du ja z. T. kennst, bei Dir gut aufgehoben wären. Die Sache scheint mir nun aktuell, wo Du in der neuen Schule drinstehst. Falls Du magst, so autorisiere ich Dich, mit Herrn Alfred Meebold, Schriftsteller in Heidenheim a. d. Brenz, Württemberg, wo die Sachen liegen müssen und hoffentlich noch liegen als mein Eigentum, Dich ins Vernehmen zu setzen dass er Dir, resp. der Basler Schule, die Dinge zukommen lässt. Dr. hatte s. Z. die Zeichnungen persönlich mit nach Stuttgart genommen, um sie den Waldorflehrern zu zeigen, die, wie mir Stein einmal erzählte, 'Ochse am Berge' spielten. Die Sachen haben also einen gewissen anthroposophiegeschichtlichen Wert. Mir wäre es lieb, wenn sie in Deine Obhut kämen. Sie könnten ausdrücklich Eurer Schule zum Eigentum vermacht

werden." Bei Alfred Meebold hatte Ballmer nach seinem Wegzug aus Dornach 1920 vorübergehend gewohnt. Ballmer fragt dann in der nächsten Zeit wiederholt nach und schreibt am 9. Januar 1927 an Widmer: „Mit dem Bescheid des 'Hauses' Meebold kann ich mich natürlich nicht zufrieden geben, es wäre doch höchst sonderbar, wenn die Dinge verloren sein sollten. Das Gedächtnis des Meebold scheint ja eine etwas sonderbare Einrichtung zu sein; solche Leute haben eben eine fabelhafte Routine, manches was mit Dr. zusammenhängt, einfach zu vergessen." Daraufhin schreibt Ballmer selber an Meebold und berichtet wiederum an Widmer am 29. Januar 1927: „Meebold schreibt mir aus Dornach, dass die Zeichnungen sicher bei ihm noch liegen, er sei in England gewesen, und er habe der Haushälterin nicht angeben können, in welcher Ecke sie suchen solle. Bei seiner Rückkehr nach Heidenheim im April werde er sich um die Sache bemühen. Vielleicht hast Du Gelegenheit, M. in Dornach persönlich kennen zu lernen und auf die Sache zu sprechen zu kommen." Danach scheint die Sache aber im Sande verlaufen zu sein. Für Hinweise wären wir dankbar!

26 *25. März*: Ballmer hat diesen Brief, den er am 16. März begann, also offenbar länger liegen gelassen. Als er ihn dann fortgeführt und gerade abgeschickt hatte, traf wohl ein Brief von Kleiner ein, denn er antwortet nun mit dem weiteren Brief vom 25. März.

28 *Dr. Steiner schildert einmal den Typus des religiösen Menschen*: Wie im vorletzten Brief bereits kurz zitiert: aus Steiners Aufsatz *Der Egoismus in der Philosophie* (später *Der Individualismus in der Philosophie*) von 1899; siehe GA30, S.102.

36 *Mit Deiner Äußerung über Steffen*: Albert Steffen, 1884–1963. Siehe auch Ballmers *Albert Steffen – ein Lehrer der Anthroposophie* (1935), in unserm Band *Anthroposophische Methodik – Sechs Aufsätze aus den Hamburger Jahren*, Edition LGC 2009.

36 *Ich hatte lange überlegt, ob ich die auf Steffen bezügliche Stelle in meinem letzten Briefe hinsetze*: Es muss also einen weiteren Brief von Ballmer gegeben haben.

38 *Dass Dir das „Porträt" eine fremde Welt sein muss*: Das Steiner-Porträt von Ballmer, siehe oben die Anmerkung zu S. 24. Hedwig Kleiner hat also die Dornacher Ausstellung besucht und auch Friedrich Widmer dort getroffen. Ballmer hatte dies Kennenlernen vermittelt oder zumindest gewünscht; in einem Brief Ballmers an Widmer vom 14. April 1927 heißt es: „Es wäre nett, wenn Du und deine Frau Frl. Kleiner persönlich kennen lernen würdet. Sie behauptet, sich an Dich zu erinnern, woher ist mir eigentlich unklar."

39 *Ilkley-Vorträge Dr. Steiners*: *Gegenwärtiges Geistesleben und Erziehung*, ein Zyklus von 14 Vorträgen in Ilkley, 5. bis 17. August 1923 (GA307).

41 *Ich bin sehr eingespannt mit einer Art Zeitschrift*: Ballmer schreibt am 13. Juli 1927 an Friedrich Widmer: „Ich gebe im Selbstverlag einen 'Ahrimanspiegel' heraus, 'Anthroposophie in der Meinung und Beurteilung des öffentlich literarischen Lebens', mit Fußnoten, auf die es mir insbesondere ankommt. Zweck: Anbahnung einer öffentlichen Diskussion." Am 23. Juli 1927: „Stelle Dir durchaus nicht Polemiken vor. Alles sehr vornehm und elegant, alles nur der Anlass, Dr's Ideen herauszustellen. Solche Dinge werden ja heute nur gelesen, wenn die Beziehung und Verbindung besteht zum aktuellen Geistesbetrieb. Ich bin meiner Sache absolut sicher, und die Gelassenheit selbst – auch für den Fall, dass man 'anthroposophischerseits' allerhand Neues in meinen Aufstellungen bemerken sollte, die sich ja allerdings weniger mit dem Gral als mit – Physik beschäftigen." Im August wird für Ballmer deutlich, dass er das Projekt finanziell nicht verwirklichen kann; er versucht noch, Geldgeber zu finden; am 19. August 1927 dann: „Ich habe mir heute einen Vervielfältigungsapparat zugelegt; es werden auf der Schreibmaschine

Schablonen getippt, die dann beliebig oft abgezogen werden können. Statt das erste Heft des Ahrimanspiegel mit 150 Seiten werde ich ein erstes Heft mit ca. 40 Seiten herausbringen. Auf die Schablonen können auch beliebig Zeichnungen angebracht werden, und so wird es zu jedem Artikel auch entsprechende Initialen absetzen, was einiges zum Wohlgefallen der verehrten Abnehmer beitragen wird. Ich freue mich über die Lösung." Am 29. März 1928 schreibt Ballmer jedoch von heftigen, offenbar von Louis Werbeck ausgehenden „Intriguen, die mich im vergangenen Herbst veranlassten, in letzter Minute die Sache liegen zu lassen". Details werden dem in Zukunft zu veröffentlichenden kompletten Briefwechsel mit Widmer zu entnehmen sein. Letztendlich ist vom *Ahrimanspiegel* nur die erste, auf der Vervielfältigungsmaschine entstandene und auf 16 Seiten begrenzte Nummer („galvanisierte Leiche des Ahrimanspiegel", schreibt Ballmer) erhalten geblieben und nicht vertrieben worden. Ballmer war sich – wenige Monate bevor er mit den *Rudolf Steiner-Blättern* einen weiteren, größeren, nur wenig erfolgreicheren Versuch unternahm – darüber klar geworden, wie allein er in der anthroposophischen Szene mit seinem Anliegen stand. Am 2. Mai 1928 an Widmer: „Du wirst leicht ins Bild kommen, was ich wollte: Eine redliche Unterhaltung in der literarisch-wissenschaftlichen Öffentlichkeit, wie solche einem 'freien Geistesleben' wohl ansteht. Ich versprach mir von dem Verzicht auf 'mystelndes Dunkelgeschwätz' Fruchtbares für das Ansehen der Anthroposophie. Material ist reich vorhanden. Ich hatte solches zusammen für ein paar weitere Hefte. Und aus ursprünglich als Fußnoten gedachten Bemerkungen entwickelten sich ein paar größere Aufsätze. Ich wollte die Herrschaften, die ich anzapfte – Scheler u. a. – veranlassen, sich wieder zu äußern und auf diese Weise eine *redliche Unterhaltung* hervorrufen. Heute bin ich überzeugt, dass unter den schreibenden Anthroposophen kaum jemand eine solche Diskussion nach 'außen' hin überhaupt wünscht. Man will unter sich sein, exklusiv, das 'Erbe' antreten und genießen. Das ist ein ganz möglicher Standpunkt, aber nicht meiner."

42 *Brief vom 25. Oktober 1945*: Auch dieser Briefbeginn klingt nicht so, als wäre er (oder der vorhergehende Brief von Kleiner) die Wiederaufnahme des Kontaktes nach 18 Jahren. Mit Sicherheit gab es Briefe dazwischen. Hedwig Kleiner hält sich offenbar seit einiger Zeit in Tesserete, einem Dorf ganz in der Nähe von Ballmers Wohnort Lamone, auf. Die Einladung zum Tee am Schluss klingt so, als hätte es bereits einen Besuch Kleiners bei Ballmers gegeben. Hans Gessner schreibt definitiv von (wohl: mindestens) einem Besuch Kleiners im Tessin.

44 *einen hübschen Ausspruch von R. St.*: Am Ende der Vortrages vom 23. November 1918 in Dornach, in der Vortragsreihe *Entwicklungsgeschichtliche Unterlagen zur Bildung eines sozialen Urteils* (GA185a).

An eine Hamburger Dame

Diese drei Briefe liegen im Nachlass in Form eines durchgehend paginierten Schreibmaschinenmanuskripts von 16 Seiten vor. Offenbar hat Ballmer hier drei reale Briefe an eine reale Person sozusagen literarisch aufbereitet. Dass es sich um eine Abschrift und nicht etwa um die realen Briefe selbst handelt, geht nicht nur aus den Anonymisierungen hervor, sondern auch daraus, dass der Anfang des zweiten Briefes sofort nach dem Schluss des ersten auf derselben Seite steht.

Die Originalbriefe liegen nicht vor, aber es ergibt sich, dass es sich bei der *Hamburger Dame* um Magdalene Blohm (1879–1950, geb. Matthes) handelt (an einigen Stellen im Internet wird als Vorname auch Magdalena genannt). Mit ihrem Mann Otto Blohm (1870–1944, Mitinhaber eines im Jahre 1829 gegründeten Handelshauses in Venezuela) legte sie in ihrer Villa am Harvestehuder Weg 36 an der Außenalster eine berühmte Porzellansammlung an – die „weitaus bedeutendste Kollektion aus der Frühzeit der europäischen Porzellankunst", wie es in einem *Spiegel*-Artikel von 1960 heißt, als ein Drittel der Sammlung zu Rekordpreisen bei „Sotheby" verkauft wurde. Ein anderer Teil der Sammlung ist bis heute in einem eigenen „Blohm-Zimmer" mit von Rudolf Alexander Schröder entworfenen Wandmalereien im Hamburger Museum für Kunst und Gewerbe ausgestellt.

Magdalene Blohm war nun wohl im Jahr 1932 Patientin des berühmten Psychiaters *Ludwig Binswanger* (1881–1966), der das von seinem namensgleichen Großvater gegründete Sanatorium Bellevue in Kreuzlingen am Bodensee leitete. In den erhaltenen Patientenakten des Sanatoriums ist Blohm zwar nicht verzeichnet, aber dies passt wiederum zum Anfang des ersten Briefes, wonach Blohm sich „gewissermaßen in der Nähe von B.", wohl in Konstanz aufhält. Ludwig Binswanger ist der Empfänger der im Anschluss wiedergegeben Briefe sowie der *Wachen Mythen*. Im Jahr 1948 schreibt Ballmer in einer Notiz, die sich mit Träumen befasst (sie wird unten, Anmerkung zu S.70, ausführlicher zitiert): „Meine grundsätzliche Auffassung über das Träumen habe ich etwa 1929 an Dr. Ludwig Binswanger in Kreuzlingen kundgetan, von Hamburg aus, weil ich mit einer Hamburger Patientin Binswangers in Malereiangelegenheiten befreundet war." Damit muss Ballmer seinen ersten Brief vom 19. September 1932 meinen (s. S.66); dass er sich in der Erinnerung um drei Jahre verschätzt hat, mag wiederum daran liegen, dass er an die zugleich mitgeschickten *Wachen Mythen* dachte, die 1926 entstanden waren. – Es sind bisher keine weiteren Verbindungen zwischen Magdalene Blohm und Ballmer in dessen Nachlass auffindbar.

Aus besagtem ersten Brief an Binswanger ergibt sich auch die Datierung der realen Briefe, die dem Skript zugrunde gelegen haben müssen: der zweite Brief an Blohm ist am 17. September, der dritte an ebendemselben 19. September 1932 geschrieben; der erste wird einige Zeit vorher entstanden sein, als Blohm noch in Konstanz weilte.

47 *des mir aus Zürich geläufigen Prof. Bleuler*: Hier ist, wie auch bei der Nennung kurz zuvor, Eugen Bleuler (1857–1939) gemeint, nicht etwa dessen Sohn Manfred (1903–1994). Der Vater war von 1898 bis 1927, der Sohn von 1942 bis 1969 Leiter des „Burghölzli", der der Universität Zürich angegliederten psychiatrischen Klinik. Zu Eugens dortigen Mitarbeitern gehörten zeitweise C.G. Jung und Charlot Strasser – bei dem Ballmer persönliche Hilfe suchte, wie am Briefanfang (und siehe auch S.10) angedeutet. Mit Manfred Bleuler setzt Ballmer sich in *Abschied vom „Leib-Seele-Problem"* von 1956 auseinander. Noch 1957 würdigt er den Vater als „alten Recken" und schreibt dann: „Mir wäre es recht gewesen, wenn der Sohn Manfred im Gedenken an seinen Vater einen harten Geisteskampf ausgefochten hätte mit Professor Medard Boss, dem Verfasser der 'Psychosomatischen Medizin' (1954), der die Nicht-Einsicht in das Leib-Seele-Problem mit spätbürgerlicher Schwarzwaldlyrik verziert. Es stimmt mich traurig, dass so ein Manfred nicht über das Rüstzeug verfügt, um Heideggers Lehre vom menschlichen 'Dasein' als einen eitlen Schmarren zu durchschauen."

55 *Puna-Erlebnis*: Keyserling meint hier mit Puna „jene innerhalb der genauen Grenzen bestimmter Erzlager, offenbar von deren Emanationen ausgelöste Bergkrankheit. (…) Die Puna durch 'Höhe' zu erklären, ist ebenso töricht und ehrfurchtslos, wie zwecks Verständnisses der Hölle über Streichholzmarken zu spekulieren." (S.13)

57 *ein Aperçu Steiners über Keyserlings „geistige Atemnot"*: wohl GA338, S.160

61 *„Damen-Philosophie"*: Weder diese Bezeichnung noch überhaupt eine Stellungnahme zu Klages lässt sich in der Steiner-GA nachweisen – womit die „Legende" ja nicht falsifiziert ist.

Briefwechsel mit Ludwig Binswanger

Der kurze Briefwechsel dokumentiert wohl den kompletten Kontakt zwischen Ballmer und Binswanger – siehe zum Kontext auch die Anmerkungen zur *Hamburger Dame*. Führt man sich (etwa durch Wikipedia) vor Augen, welche illustren Namen des Kulturlebens zu Ludwig Binswangers (des jüngeren) Zeiten im berühmten Sanatorium Bellevue zu Gast oder mit Binswanger in Kontakt waren (z.B. Aby Warburg), dann ist wahrscheinlich, dass Ballmer über Dritte schon vorher in Berührung zumindest mit dem Namen des Psychiaters gekommen ist – siehe der gleich eingangs erwähnte Fritz Kronenberg. Die Kürze des Briefkontaktes bedeutet nicht, dass Ballmer Binswanger aus dem Blick verliert; die Verästelungen des Heidegger-Einflusses interessieren ihn durch Jahrzehnte, und in seiner späten, kleinen, intensiven Schrift *Abschied vom „Leib-Seele-Problem“* (1956, veröffentlicht bei Edition LGC in 2. Auflage 1997) setzt er sich unter anderem mit Binswangers „Daseinsanalyse“ auseinander.

66 *mein Maler-Freund Kronenberg*: Fritz Kronenberg (1901–1960), Maler, seit 1927 in Hamburg, Mitglied der Hamburgischen Sezession. Über einen Aufenthalt Kronenbergs in Binswangers Klinik ließ sich bis jetzt nichts recherchieren.

67 *größere Arbeit zu Problemen, die in Heidegger zentriert sind*: Es ist noch unklar, um welche Arbeit es sich handeln kann; in mehreren brieflichen Äußerungen spricht Ballmer von einer solchen Arbeit – wobei er wohl auch hier Manuskriptteile verwirft, neu kombiniert, anders verwertet etc. Es handelt sich nicht um *Aber Herr Heidegger!*, welche Schrift eine Reaktion auf die berüchtigte Rede Heideggers zum Antritt des Rektoriats der Universität Freiburg i.Br. war, die erst am 27. Mai 1933 gehalten wurde.

67 *„Wandlungen in der Auffassung des Traumes“*: Ludwig Binswanger, Wandlungen in der Auffassung und Deutung des Traumes

– von den Griechen bis zur Gegenwart, Berlin (Springer) 1928, 112 S.

70 *Die Annahme verschiedener Ebenen*: Ballmer kommt später noch mindestens zweimal auf das neuartige Träumen zurück: In einer von vielen an Karl Barth gerichteten Notizen – diesmal über der Lektüre der *Kirchlichen Dogmatik* und mit Bezug auf den Begriff des „Heiligen Geistes", schreibt er am 17. September 1948:
„In Lamone wird ferner im Hl. Geist – *geträumt*. Ich träumte in der Nacht vom 17. auf den 18. und in der Nacht vom 18./19. September, mein Barthianer-Freund [hier handelt es sich um den zu dieser Zeit bei Ballmer weilenden jungen Cornelius Gurlitt, den späteren Kunstsammler des „Schwabinger Kunstfundes"] träumte in der Nacht vom 17./18. Sept. – Jung und Freud sind von holder Ahnungslosigkeit in bezug auf das Träumen im Hl. Geist. Meine grundsätzliche Auffassung über das Träumen habe ich etwa 1929 an Dr. Ludwig Binswanger in Kreuzlingen kundgetan, von Hamburg aus, weil ich mit einer Hamburger Patientin Binswangers in Malereiangelegenheiten befreundet war.
Träumen heißt – nicht zu jeder Zeit aber heute – im Hl. Geist –: ich träume mit dem Materiale *meiner* Vorstellungswelt aus der Kraft des andern Ich oder der andern Ichs, mit denen ich an dem Tage vor der Traumnacht in geistiger Auseinandersetzung stand. Letztes Subjekt dieses meines Träumens ist der Gleiche wie der Ich als Subjekt der Sinneswahrnehmung, der persönliche N.N. und Hl. Geist. Es träumt in mir also eigentlich das andere Ich mit Hülfe des N.N."
In seinem *Abschied vom „Leib-Seele-Problem"* (1956, veröffentlicht bei Edition LGC in 2. Auflage 1997) bezeichnet Ballmer das neuartige Träumen ebenfalls als „in der Gegenwart möglich". „Subjekt meines neuartigen Traumes ist die personale Welt." (S. 39f)

72 *ein paar Versuche in einer neuen Art von „Lyrik" / einmal Max Rychner vorgelegen*: Ballmer schickt sein Typoskript *Wache Mythen* mit, das hier im Anschluss wiedergegeben wird. Max Rychner (1897–1965) war ein Schweizer Journalist und Schriftsteller; bis 1937 lebte er als Redakteur der Kölnischen Zeitung und Korrespondent der Neuen Zürcher Zeitung in Köln. Dass Ballmer ihm den Text schickte, ist sonst im Nachlass nicht ersichtlich.

74 *die neueste Broschüre von C. G. Jung*: *Die Beziehungen der Psychotherapie zur Seelsorge*, Zürich 1932 (Vortrag gehalten vor der Elsässischen Pastoralkonferenz zu Strassburg im Mai 1932).

76 *Ihr Manuskript, auf dessen zweiter Seite ich meinen Namen freundlicherweise vermerkt gefunden habe*: Dem an Binswanger geschickten fadengehefteten Manuskript (es gibt tatsächlich im Ballmer-Nachlass ein weiteres Exemplar) wurde extra ein 2. Blatt eingefügt, das einfach die Widmung „Herrn Dr. Ludwig Binswanger" trägt.

76 *Baeumler in seiner Bachofen-Einleitung*: Der Nationalsozialist Alfred Baeumler schrieb eine umfangreiche Einleitung zu einer von Manfred Schroeter herausgegebenen Auswahl aus Johann Jakob Bachofen: *Der Mythus von Orient und Occident*, München 1926. Aus Baeumlers Feder stammen übrigens auch zwei Gutachten von 1937 und 1938 (im Netz zu finden), in denen die grundsätzliche Unvereinbarkeit von Nationalsozialismus und Anthroposophie festgestellt wird: „Die biologische Wirklichkeit wird vom ihm [Steiner] nicht nur übersehen, sondern bewusst in ihr Gegenteil verkehrt. Die Anthroposophie ist eines der konsequentesten antibiologischen Systeme, die es gibt."

Außer den Bemerkungen im Brief an Binswanger sind bis jetzt keine weitere Bezugnahmen auf dieses kleine Schriftstück im Nachlass sichtbar. Das verwundert allerdings zunächst deswegen nicht, weil es Hinterlassenschaften aus der Entstehungszeit – 1926, noch vor einem „opus 1" (vgl. S.12 und Anmerkung dazu) – überhaupt wenige gibt. Erst als das Projekt der *Rudolf Steiner-Blätter* ins Rollen kam, fing Ballmer offenbar an, Briefe und Durchschläge eigener Briefe halbwegs systematisch abzulegen. Aber darüber hinaus: Zwei andere „Versuche" eines anderen, künstlerischen Umganges mit Sprache haben eine ähnliche Zurückhaltung seitens ihres Urhebers erfahren: Eine *Reportage*, die sich, in etwas ähnlicher Weise wie der erste Abschnitt der *Wachen Mythen*, anhand einer Zeitungsmeldung vom 6. Januar 1933 mit der „mutvollen Wirklichkeit des Widerspruchs" befasst, wurde zwar für die Veröffentlichung in der Hamburger avantgardistischen Kulturzeitschrift *Der Kreis* angenommen, jedoch musste die Zeitschrift mit Hitlers Machtübernahme ihr Erscheinen einstellen. Auch hier ist es *ein* ausgewählter Empfänger, der Philosoph und Psychologe Maximilian Beck, der diesen „Versuch solchen Experimentierens" fast fünf Jahre später zugeschickt bekommt, und wiederum ca. Ende 1940 notiert Ballmer dazu: „Der angemessene Aufenthaltsort für bestimmt scriptura ist zu Zeiten die Schreibtischschublade. Außer Maximilian Beck hat von der vorstehenden Hamburger-Reportage niemand Notiz genommen." Die *Reportage* ist enthalten in: Karl Ballmer, *Der Macher bin ich – den Schöpfer empfange ich*, Verlag Fornasella, 3.Aufl. 2007. – Aus dem Jahr 1951 ist es dann *Anknüpfend an eine Bemerkung über James Joyce* (Edition LGC 1996), das als säuberlich vorbereitetes Typoskript mit ebenfalls sprachlich ganz eigenem Duktus (ein pausenlos fließender Text, auf 31 Seiten kein einziger Absatz) aus dem Nachlass heraussticht; und auch diesen Text legt Ballmer wohl nur unverbindlich *einem* Leser vor, nämlich Claude Richard Stange, der mit einer Betrachtung über Joyce den Anlass gegeben hat.

Von den *Wachen Mythen* führte Ballmer beide erhaltene Exemplare (das an Binswanger geschickte und ein im Nachlass liegendes) sehr sauber aus, und der Vergleich mit ebenfalls erhaltenen Entwurfsvarianten zeigt, wie fein er daran feilte. Einige sprachliche „Inkorrektheiten" wurden so gelassen, da sie tatsächlich offenbar bewusst gesetzt sind.

Es wurde vermutet, der Titel spiele auf die 1923 erschienenen *Kleinen Mythen* von Albert Steffen an. Dies kann kaum entschieden werden; in Ballmers Bibliothek ist dies Büchlein jedenfalls nicht vorhanden.

78 *Attentat auf Mussolini / Untergang der „Garibaldi"*: Beide Ereignisse waren am Vortag, 31. Oktober 1926 geschehen. Zum Attentäter siehe https://de.wikipedia.org/wiki/Anteo_Zamboni; der Vorname lautet hiernach also nicht wie bei Ballmer „Antemo", sondern „Anteo". Das (1902 in England für eine deutsche Rederei gebaute) russische Schiff ist unter http://www.ddghansa-shipsphotos.de/stahleck200.htm beschrieben. Sein Name wurde 1920 von „Garibaldi" in „Guiseppe Garibaldi" präzisiert. (Rudolf Steiner sprach in seinen „Karma-Vorträgen", insbesondere am 22. und 23. März 1924, GA 235, über Garibaldi.) Das Schiff, von Leningrad kommend, wurde nach der Kollision bei Schulau gehoben und bald verschrottet. Der Name des deutschen Motorschiffes war „Vogtland".

Meine Tätigkeit richtet sich…

Der Text, dem Ballmer keinen Titel gab, entstand im September 1932 auf Bitten des damals in Hamburg lebenden Psychiaters Otto Kankeleit (1887–1973), zur Vorbereitung von dessen Buch *Die schöpferische Macht des Unbewussten* (Verlag De Gruyter, Berlin 1933; Zweitauflage, mit einem Vorwort von C.G. Jung, unter dem Titel

Das Unbewusste als Keimstätte des Schöpferischen. Selbstzeugnisse von Gelehrten, Dichtern und Künstlern, Ernst Reinhardt Verlag, München/Basel 1959).

Auf einem dem Manuskript angehefteten Zettel schreibt Ballmer:

> Beitrag für ein Buch eines befreundeten „Seelenarztes" (Akademiker) über „Das schöpferische Unbewusste", das außer Zeichnungen von seelisch Erkrankten auch Selbstcharakteristiken von Malern und Schriftstellern über den künstlerischen Schaffensprozess enthalten wird. Der Verfasser des Buches hat Fragebogen verteilt, u. a. mit den Fragen: „Haben Sie Visionen?" – „Haben Sie ekstatische Zustände?" Er stellt sich „Das Unbewusste" recht handgreiflich vor. Meine Selbstdarstellung ist eine unausgesprochene Polemik gegen die Auffassung des Unbewussten als eines Sackes, aus dem irgendwer alles nach Bedarf herausholt, die Anthroposophen sagen so sinnig: „herunterholt".

In einem Brief von Katharina Ballmer an Friedrich Widmer vom 29. April 1959 skizziert sie die Entstehungsumstände des Textes folgendermaßen:

> „Die Arbeit von Karl, die Sie mir heute senden, hatte ich als solche nicht mehr im Gedächtnis. Ich weiß nur noch genau von der Situation, wie sie entstanden ist. Mir ist der Name des Arztes im Moment nicht gegenwärtig, ich frage aber Hamburger Künstler die bei der damaligen Zusammenkunft im Hause des Arztes anwesend waren. Es ging damals interessant und hoch her: Dr. Steiner wurde sehr diskutiert. Außer Karl und mir waren aber keine Anthroposophen dabei."

Ballmer schreibt am 9. September 1932 an Max Sauerlandt:

> „Lieber Herr Professor!
> Dr. Kankeleit, den Sie, wie ich mich zu erinnern glaube, kennen, bringt eine Schrift heraus über das „Schöpferische Unbewusste" vom Standpunkt der Psychotherapie unter Verwendung auch von Beiträgen von Schriftstellern und Künstlern. Er hat Fragebo-

gen verteilt, ich lege Ihnen einen solchen bei. Da mir die etwas massive Ausdeutung des schöpferischen Unbewussten bei Dr. Kankeleit nicht recht liegt, kam ich erst mit ihm in Diskussionen und sah keine rechte Möglichkeit zu einer Äußerung. Schließlich fand ich die Lösung, die ich Ihnen beiliegend überreiche in der Voraussetzung Ihres Interesses. – Wie ich höre, hat sogar Prof. Schuhmacher einen größeren Beitrag geliefert.
Mit freundlichen Grüßen Ihr Karl Ballmer“

Sauerlandt antwortet am 16. September 1932 mit folgender Postkarte:

„Lieber Herr Ballmer!
Ich habe gestern vergeblich versucht, Sie telefonisch zu erreichen, darum heute meinen schriftlichen Dank für die Übersendung Ihrer Erörterungen, die Sie Herrn Dr. Kankeleit übermittelt haben.
Herr Dr. Kankeleit hat mich auch mit seinem Fragebogen beehrt; ich konnte ihm aber nur mitteilen, dass ich meine Tätigkeit nicht als schöpferisch in seinem Sinne betrachte und dass sich die Mitarbeit des Unbewussten bei mir auf die alte Geschichte von dem Buch unter dem Kopfkissen beschränkt.
Ihre Ausführungen habe ich mit großem Interesse gelesen und glaube, sie nachempfinden zu können. So gefährlich in vielen Fällen ein solches abwechselndes Tun, wie Sie es erleben, sein mag, so habe ich doch den Eindruck, dass für Sie selbst keine Gefahr dabei besteht.
Darf ich um einen Anruf bitten, wenn ich Sie einmal aufsuchen darf.
Mit bestem Gruß bin ich
Ihr
M. Sauerlandt“

Ballmers Beitrag fand keine Aufnahme in Kankeleits Buch. Es gibt im Nachlass keine weiteren Spuren zu Otto Kankeleit.

Briefwechsel mit Alice Sauerlandt

Von den drei erhaltenen und hier abgedruckten Briefen an *Alice Sauerlandt* (1880–1972, die Witwe von Max Sauerlandt) werden die späteren zwei recht oft in kunstfachlichen Texten zitiert, da sie so schwungvolle autobiographische Formulierungen Ballmers enthalten. Von Anthroposophie ist in diesen Briefen nicht die Rede, oder überhaupt von den Themen von Ballmers Schreibtätigkeit, der „anderen Fakultät". Trotz der Spärlichkeit des Briefwechsels – der in unserer Vorstellung durch einige verschollene Briefe ergänzt werden muss – kommt eine hohe gegenseitige Wertschätzung zum Ausdruck: für Ballmer „verdichtet sich immer mehr der ganze Komplex 'Hamburg' in den einen Namen Max Sauerlandt"; Alice Sauerlandt betont, was ihr Ballmers Brief und das immer noch bei ihr hängende Ballmer-Bild (s.u.) bedeutet.

Alice Sauerlandt geb. Schmidt war (nach Wikipedia) Schülerin von Käthe Kollwitz gewesen, ist jedoch nicht selbst öffentlich künstlerisch hervorgetreten, zumal sie 5 Töchter und einen Sohn großzog. An der Seite ihres Mannes, dem wohl wichtigsten Förderer Ballmers, wird sie in den knapp vier Jahren von 1930 bis einschließlich 1933 – Max Sauerlandt starb am 1. Januar 1934 – Karl Ballmer gut kennen gelernt haben. Die Beziehung zwischen Max Sauerlandt und Ballmer – dieser nennt ihn „einen mir sehr befreundeten Kunstkenner und Hamburger Museumsdirektor" – ist in kunstfachlichen Zusammenhängen mittlerweile gut dokumentiert, siehe hierzu insbesondere: Rüdiger Joppien: *Karl Ballmer und Max Sauerlandt – im Spiegel der Taschenkalender Max Sauerlandts*, im *Bildband 2016*. Zusammenfassend schreibt Joppien: „Die Ausführungen der grundlegenden Ballmer-Monografie Beat Wismers aus dem Jahr 1990 [*Bildband 1990*] ließen sich in diesem Aufsatz durch entsprechende Belege aus Sauerlandts Taschenkalender datenmäßig abstützen; auch konnte der eine oder andere Zusammenhang erhärtet werden. Was darüber hinaus evident wurde, ist der Umstand, dass aus dem ursprünglich künstlerischen Interesse Sauerlandts an Ballmers Werk in kurzer

Zeit eine persönliche Freundschaft erwuchs. Dass Ballmer von Sauerlandt mehrere Porträtskizzen und ein Porträt in Öl, außerdem Kopfstudien von dessen Tochter Charlotte, angefertigt hatte (…), unterstreicht den engen Kontakt des Direktors des Museums für Kunst und Gewerbe mit dem Schweizer Künstler."

Gerade im letzten Lebensjahr Sauerlandts hat sich offenbar die Beziehung intensiviert: Er notierte im Kalender für 1933 beispielsweise vierzehn Treffen, die z.T. auch in den Privatwohnungen beider Parteien stattfanden. In diesen Jahren wechselten Ballmer und Sauerlandt noch eine Reihe von kurzen Briefen oder Postkarten, von denen einige im Nachlass Ballmers enthalten sind; sie sind jedoch inhaltlich wenig aussagekräftig, sondern behandeln das Alltagsgeschehen oder etwa nur Terminabsprachen, weswegen wir hier von einer Veröffentlichung absehen. Heraus hebt sich allerdings ein Brief von Max Sauerlandt an Ballmer vom 10. Juni 1933, der wiederum im *Bildband 1990* vollständig abgedruckt ist. Hier bringt Sauerlandt die künstlerische Wertschätzung von Ballmers Malerei zum Ausdruck – wie er es dann auch öffentlich in seiner gedruckten Vorlesung *Die Kunst der letzten 30 Jahre* von 1933 tut. Ballmer selbst konnte mit Sauerlandts um Begriffe ringender „idealistischer" Interpretation seiner Malerei offenbar nicht viel anfangen; als Samuel Beckett (*Die Welt und die Hose*, in: *Das Gleiche nochmal anders – Texte zur Bildenden Kunst*, Suhrkamp-Verlag, Frankfurt a. M. 1990) ihn 1936 darauf ansprach, soll er „sehr bescheiden" geantwortet haben: „Das geht mich nichts an." Auch in einem Brief an den Philosophen Eberhard Grisebach (21. Juli 1943), der mit Sauerlandt studiert hatte und dem er Sauerlandts Buch auslieh, schrieb er: „Mit Sauerlandts 'Deutung' (S.187) habe ich nichts zu tun, sie geht ganz auf sein Konto." In der Tat wollte Ballmer die beiden „Fakultäten" (Denken, Philosophieren, Schreiben einerseits; Malen andererseits) je aus ihrem eigenen Bereich heraus bearbeiten. Andererseits sei bei dieser Gelegenheit aus einer Gesprächsnotiz von Hans Gessner aus dem Jahr 1948 zitiert: Gessner und Fritz Flinte, beide ebenfalls Maler, unterhielten sich mit

Ballmer über die Kompetenz von Kunstwissenschaftlern, Kunst zu beurteilen: „Flinte hatte u.a. von [wohl Gustav] Pauli und [Alfred] Lichtwark gesprochen. Wir machten uns lustig darüber, dass die zwei Professoren genau da aufhören mit ihrem Urteil, wo sie ihre Studienzeit beendet haben. Lichtwark konnte weder Munch noch van Gogh sehen. Pauli auch nicht Flinte. Von Sauerlandt hingegen sagte Ballmer, dass er willig gewesen sei hinzuzulernen, und dass er auch wirklich hinzugelernt habe."

Wir überlassen jedoch – langer Rede kurzer Sinn – das Kunstwissenschaftliche den Kunstwissenschaftlern und ergänzen den Alice-Sauerland-Briefwechsel hier lediglich durch den leider unvollendet gebliebenen Briefentwurf an „Fräulein Sauerlandt", sicherlich eine der 5 Töchter von Max und Alice, etwa Susanne (s. S.102, 104, 143), die vielleicht Theologie oder Philosophie studierte. Hier schreibt wieder der Anthroposoph Ballmer – wohl wie in ähnlichen Fällen von einem jungen suchenden Menschen angefragt. Zusätzlich wird – zur Skizzierung der Gesamtsituation aus kompetentem Munde – die bisher unveröffentlichte Gesprächsnotiz von Hans Gessner aus 1960 vorangestellt.

95 *Ihre Glossen aus der Göttinger Weisheitszentrale*: Unklar, worauf sich dies bezieht; vermutlich studiert die Sauerlandt-Tochter in Göttingen.

97 *mein Bild (mit den drei Menschen) in diesen letzten Tagen*: Max Sauerlandt war am 1. Januar zu Hause gestorben. Ballmer und seine Lebensgefährtin hatten ihn in den Weihnachtstagen noch zum Abschied besucht. Im vorangegangenen Sommer hatte Ballmer dem Haus Sauerlandt zwei Bilder zunächst leihweise überlassen, von denen das eine, bedeutendere, Max Sauerlandt sehr beeindruckte. Siehe dazu im einzelnen die Ausführungen und Abbildungen in *Bildband 1990* und *Bildband 2016*.

98 *Rothenbaumschaussee*: Sitz der Rundfunkanstalt (heute NDR); Ballmer hatte sicherlich noch weitere Assoziationen zu der

Straße: an ihr lag z.B. das Curiohaus, in dem die berühmten „Hamburger Künstlerfeste" stattfanden.

98 *Dr. Julius und seine Familie*: Otto Siegfried Julius (1883–1967) war Arzt (Urologe), ist aber besonders als Kunstsammler hervorgetreten: In seinem Haus fanden in den 20er und frühen 30er Jahren Treffen wichtiger Künstler statt; siehe dazu *Kunst in der Krise*, Bd. 1, S. 243–245. Aus einem Brief Ballmers an Friedrich Widmer, 16. November 1935: „Wir stehen seit Jahren dem Ehepaar und Arzthause Dr. Julius *sehr* nahe. Unsere erste Bekanntschaft erfolgte über Maler-Kollegen. Julius' unterhielten Beziehungen zu Hamburger Malern, besitzen eine nicht unbedeutende Sammlung von Modersohn-Bildern. Im Laufe der Jahre wuchst ein fundiertes Interesse an Rudolf Steiner, das sich dann praktisch in der Zugehörigkeit zur Christengemeinschaft auswirkte. Julius' Vorfahren waren vor Zeiten Nichtarier und eine dunkle Erinnerung daran ist vorhanden. Dies nur der Vollständigkeit halber." Ballmer hat der Familie möglicherweise durch sein beherztes Eingreifen an der Schweizer Grenze das Leben gerettet – so schildert es in einer unveröffentlichten Erinnerung Franziska Gessner, Tochter von Hans Gessner, dessen Familie bereits vorher von Hamburg nach Basel geflüchtet war: „Übrigens ist natürlich in 'K.B. der Maler' verschwiegen worden, dass Ballmer mit dem Schweizer Beamten 3/4 Stunden lang reden musste, damit die Familie Julius (Israeliten) nach New York über Paris ausreisen konnte. Die Schweiz hat zu der Zeit sämtliche Juden wieder nach Deutschland zurückgeschickt und keine mehr ausreisen lassen! Ich weiß das genau, denn ich war dabei als wir alle in Basel auf dem Perron standen, die Familie J. mit Fahrkarte um in den Zug einzusteigen der schon dastand!, als im letzten Augenblick Ballmer mit der Genehmigung, diese schon von weitem hoch in der Luft schwenkend, daherkam! Dass es sich da um Leben oder Tod handelte, hat sogar ein 6jähriges Kind begriffen."

99 *unser Haus Glinde*: Ballmers hatten am 22. März 1937 ihr neu gebautes Wohn- und Atelierhaus in Glinde vor den Toren Hamburgs bezogen. Das Richtfest am 30. November 1936 fiel übrigens in die Zeit von Samuel Becketts Aufenthalt in Hamburg, so dass auch er dabei zugegen war und dies in seinem Tagebuch festgehalten hat. Hildebrand Gurlitt, als Kunsthändler ein Freund und Förderer Ballmers, schrieb später im Rahmen des Entschädigungsverfahrens: „Als Schweizer, mit einer deutschen Jüdin verheiratet, musste er, nachdem ihm die peinlichsten Drohungen ins Haus geschickt waren, Deutschland und sein besonders schönes Haus, das er sich in Glinde eingerichtet hatte, verlassen. Dieses Haus in Glinde war eine Art Refugium für alle Freunde moderner Kunst, wie Ballmer überhaupt zu den Männern zählte, an die sich die gesamte junge Künstlerschaft wandte, wenn sie in Bedrängnis war." – Zu diesem Haus siehe folgende Beiträge: 1) Johannes Spallek, *Karl und Katharina Ballmer – Opfer der nationalsozialistischen Gewaltherrschaft*, in: *Jahrbuch für den Kreis Stormarn 2006* (24. Jahrgang), herausgegeben vom Schleswig-Holsteinischen Heimatbund, Kreisverband Stormarn, S.6–19. 2) Johannes Spallek, *Kunst im Kreis Stormarn – ein kurzer Rückblick (Teil 3)*, in: *Jahrbuch für den Kreis Stormarn 2020* (38. Jahrgang), herausgegeben vom Heimatbund Stormarn, S.7–22. 3) *Glinde 2004 – Eine lebendige Ortsgeschichte*, nach einer Idee von Prof. Dr. Wolfgang Bachofer hrsg. von Marion Böckel, Glinde 2004. 4) Website „Kultur in Stormarn": www.kultur-stormarn.de/stormarn-smart-entdecken/glinde/view/13

100 *Ich habe viel zu schreiben*: Im Herbst bis Winter 1947 sind tatsächlich, soweit das Nachlassmaterial schon zu überblicken ist, mehrere Komplexe erkennbar, in die Ballmer sich schreibend vertiefte. Da dies ja auch der zeitliche Kontext für mehrere der Briefe an Agnes Holthusen ist, seien sie hier genannt:

1) Werner Teichert, der sich mit Herausgaben insbesondere aus dem Frühwerk von Rudolf Steiner beschäftigte und dadurch

Ballmer im Sommer 1947 kennen gelernt hatte, hatte diesen im September auf ein Buch aufmerksam gemacht: Hans Erhard Lauer, *Die Wiedergeburt der Erkenntnis in der Entwicklungsgeschichte des menschlichen Erkenntnisstrebens*, Freiburg i.Br. 1946. Es entspann sich eine Dreier-Korrespondenz zwischen Ballmer, Teichert und Lauer, in der Ballmer mit vorsichtig-väterlicher, „mäeutischer" Kritik an Lauer nicht sparte. Teichert erwog die Gründung eines Verlages, innerhalb dessen Ballmer seine Ausführungen unter dem Titel *Mäeutisches* zu publizieren andachte. Siehe hierzu auch unsere Erläuterungen in Ballmers *Elf Briefe über Wiederverkörperung*, Edition LGC 2019, S.186ff.

2) Wohl durch Teicherts angedachte Verlagsgründung (die nicht erfolgte) angeregt, plante Ballmer, die Früchte seiner jahrzehntelangen Auseinandersetzung mit theologischen Themen zu publizieren, und zwar durch eine Neuherausgabe des dogmengeschichtlichen Teiles der *Christlichen Dogmatik* von Alois Emanuel Biedermann. Dieser verschlankte, von wissenschaftlichem Apparat entlastete Teil wäre umrahmt worden von ausführlichen Texten Ballmers, in denen er seine an Steiner erarbeitete geisteswissenschaftliche Christologie darstellte.

3) Zugleich wurde Ballmer durch einen Aufsatz auf den erstaunlich jungen evangelisch-reformierten Theologen Ulrich Neuenschwander aufmerksam und kam mit diesem in intensiven brieflichen Austausch über theologische Themen.

Diese beiden letztgenannten Textkomplexe (zu Biedermann und Neuenschwander) sind veröffentlicht in: Karl Ballmer, *Umrisse einer Christologie der Geisteswissenschaft – Texte und Briefe*, mit einem Nachwort herausgegeben von Karen Swassjan, Verlag am Goetheanum, Dornach 1999, wobei die Texte Ballmers leider sehr fehlerhaft wiedergegeben wurden; eine erweiterte und verbesserte Neuausgabe ist in Planung.

100 *Hamburger Frühjahrsausstellung*: Mit Brief vom 21. Januar 1947 war Ballmer von Ernst Hauswedell zur Beteiligung an einer Ausstellung in Hamburg eingeladen worden. Hauswedell war schon zu Ballmers Hamburger Zeit erfolgreicher Buchhändler, Verleger, Antiquar und Kunsthändler gewesen. Nach dem 2. Weltkrieg setzte er seine Kontakte ein, um die 1933 verbotene *Hamburgische Sezession* wieder aufleben zu lassen. Wieder gegründet wurde sie am 11. Juni 1945 „durch Ivo Hauptmanns Bemühungen" (siehe Uta Schoop, *Arnold Fiedler (1900-1985) – Eine Künstlermonographie*, Dissertation Hamburg 2011, im Netz zu finden, S. 316 f). Hauswedell schreibt an Ballmer: „Die Geschäftsführung ist mir übertragen worden. (...) Darüber hinaus hat die Gründungsversammlung beschlossen, Kluth (der noch in Gefangenschaft ist), Nesch, Sie und Bargheer als zugehörig anzusehen, sobald Sie wieder nach Hamburg zurückkehren oder auch schon, wenn Sie als auswärtiges Mitglied Wert darauf legen sollten, Mitglied der Hamburgischen Sezession zu bleiben oder neu zu werden." Anfang November 1945 hatte es in Hauswedells Räumen bereits eine erste Ausstellung gegeben (vgl. Schoop a. a. O.); laut Prospekt waren jedoch noch nicht alle Kontakte wiederhergestellt: „Von denen, die ins Ausland geflüchtet waren: Karl Ballmer, Eduard Bargheer, Arnold Fiedler, Rolf Nesch, Karl Schneider, Gretchen Wohlwill, haben wir keine Nachricht." Die neue Ausstellung nun fand in den Räumen der Kunsthandlung Bock statt, die der Kunsthalle zur Verfügung gestellt waren. In der Eröffnungsansprache am 22. März 1947 zitierte Ivo Hauptmann aus Ballmers Antwortbrief an Hauswedell, worin Ballmer seine Verbundenheit mit Hamburg ausgedrückt und erklärt hatte, Bilder schicken zu wollen; auch bei der Sitzung der Sezession am 28. Februar 1947 hatte Hauptmann dies verlesen und damit „beinahe einen Jubel ausgelöst". Ballmer bemühte sich tatsächlich intensiv um den Transport der Bilder, gab aber zum Schluss entnervt auf: obwohl Hauswedell ihm angeboten hatte, die Bilder auch nach Ablauf der Ausstellung

separat auszustellen, entschied er laut Brief an Hauswedell vom 27. Mai 1947 (!): „Um die Sendung nicht Willkürmaßnahmen auszusetzen, unter denen die französische Willkür vielleicht nur eine Probe ist, verzichte ich auf die Weiterleitung und habe die Kiste nach Lamone zurückgerufen. Ich bin sehr verärgert und warte bessere Zeiten ab."

101 *Neuausgabe von „Die Kunst der letzten 30 Jahre"*: Max Sauerlandt, *Die Kunst der letzten 30 Jahre*, hrsg. von Harald Busch, Berlin 1935, S.186–189. Die zweite Auflage des Buches erschien in Hamburg 1948, hrsg. von Kurt Sternelle; der Titel blieb *Die Kunst der letzten 30 Jahre*, mit dem Untertitel *Eine Vorlesung aus dem Jahre 1933*.

101 *Dr. Harald Busch*: Dieser (1904–1983) war für kurze Zeit 1934/1935 Leiter der Gemäldegalerie der Hamburger Kunsthalle. Den Vorgang der „Ermunterung" zur „Konkurrenzarbeit" kommentiert Beat Wismer im *Bildband 1990* (S.61) wie folgt: „Auch dies eine absurde Situation, deren es seinerzeit nicht nur in Hamburg zahlreiche gab: Ballmer, der Entartete, wird von Busch, einem Mitglied der NSDAP, unterstützt. Busch ist es auch, der 1935 die Vorlesung des verfemten Sauerlandt als Buch publiziert, welches unmittelbar nach Erscheinen dann verboten wird. Während die von Sauerlandt aufgebaute moderne Sammlung des Museums für Kunst und Gewerbe schon im Frühjahr 1933 magaziniert wird, kann die Kunsthalle noch bis 1936 Werke der Moderne, darunter auch Bilder ehemaliger Sezessionisten, zeigen."

102 *Biedermann, über den ich damals gerade schrieb*: Karl Ballmer, *A.E. Biedermann heute!*, hrsg. von Friedrich Eymann, Troxler-Verlag, Bern 1941.

102 *dass Prof. Baumgartner seinen 60. Geburtstag feierte*: Gemeint ist wohl der Theologe Walter Baumgartner (* 24. November 1887 in Winterthur; † 30. Januar 1970 in Basel); „Suzanne" meint wohl die Sauerlandt-Tochter Susanne.

102 *Ein Blatt von Füssli*: Offenbar hat Alice Sauerlandt in einem nicht erhalten gebliebenen Brief die Idee geäußert, Ballmer eine Zeichnung von (welchem der in Frage kommenden?) Füssli zu vermachen, was sie dann erst 1953 verwirklichte; siehe dazu den folgenden Brief.

103 *es Flinte mitzugeben*: Der Maler Fritz Flinte (1876–1963), Gründungsmitglied der Hamburgischen Sezession, hielt auch nach der Selbstauflösung der Sezession (infolge des Nationalsozialismus) guten Kontakt zu den Malerfreunden. Vom 6. August 1948 bis Anfang Januar 1949 war er zu Besuch bei Ballmers Freund Hans Gessner in Besazio, in der Nähe von Ballmers Wohnort Lamone (aus dieser Zeit stammt auch die oben S. 227 zitierte Gesprächsnotiz).

104 *Künstlerbund-Ausstellung*: Unklar, um welche Ausstellung genau es sich handelte. Hier nur schlaglichtartig eine Äußerung des Malers Emil Schumacher, der die Situation so charakterisiert: „Zur etablierten Malergesellschaft, die sich in den gleich nach dem Krieg aufkommenden Künstlerbünden, erst im Westdeutschen Künstlerbund und später im Deutschen Künstlerbund organisierte, zählten bereits Willi Baumeister, Ernst Wilhelm Nay und natürlich Georg Meistermann, Fritz Winter und Theodor Werner. Wir Jungen kamen in die Ausstellungen nicht hinein…" In: Klant, Michael; Zuschlag, Christoph: Emil Schumacher im Gespräch. Der Erde näher als den Sternen, Stuttgart 1992, S. 21f.

107 *Von höchster Stelle erhielt ich vor einigen Tagen*: Es sei hier der kurze Brief von Carl Georg Heise, Direktor der Hamburger Kunsthalle, vollständig zitiert: „Hamburg 1, 15. Dezember 1953 / Sehr geehrter Herr Ballmer! / Sie haben uns vor einigen Jahren mehrere Bilder Ihrer Hand gestiftet. Vielleicht haben Sie erfahren, dass Sie nur selten ausgestellt gewesen sind. Es liegt mir daher daran, Ihnen zu erzählen, dass wir jetzt einen neuen Raum in der Kunsthalle eingerichtet haben mit nach-

expressionistischer, meist gegenstandsloser Malerei, und dass dort jetzt drei Ihrer Bilder eine m.E. sehr schöne Hängung gefunden haben. Ich selbst habe große Freude daran und hoffe, dass auch einige Besucher sie teilen werden. / Als im Sommer Willem Grimm bei Ihnen war, sind meine Frau und ich auch im Tessin gewesen, jedoch ganz am anderen Ende, und obgleich wir den Wunsch hatten, Sie aufzusuchen, fühlten wir uns beide so erholungsbedürftig, dass es dann schließlich nicht dazu gekommen ist. Wir hoffen aber wiederzukommen, und dann werde ich mir erlauben, bei Ihnen einzukehren. / Es grüßt Sie auf das Freundlichste / Carl Georg Heise" – Heise war erst nach dem 2. Weltkrieg Direktor der Kunsthalle geworden und hatte die Zeit, wo Ballmer in Hamburg war, in Lübeck verbracht; vermutlich kannten sich beide damals nicht persönlich. Es gab jedoch vor dem zitierten Brief bereits schriftlichen Kontakt; Heise dankte z.B. am 2. Januar 1950 für die Schenkung dreier Bilder und hoffte auf weitere Erwerbungen, „um Ihre Kunst bei uns in Erinnerung zu halten"; auch vor 1949 hatte er sich an Fritz Flinte gewandt mit dem Wunsch, über Fotos „neuere Arbeiten" von Ballmer kennen zu lernen und gegebenenfalls auszustellen.

110 *das neueste Hamburger Genie: Eugen Marks*: Hier wurde die Entzifferung der Handschrift von Christoph Widmer übernommen; der Nachname könnte auch „Mooß" gelesen werden, jedoch ließ sich zu keiner Variante ein Künstler identifizieren.

111 *den guten Nass*: Friedrich Wilhelm (Willi) Heinrich Nass, 1899–1966, Hamburger Maler und Grafiker.

Briefwechsel mit Agnes Holthusen

Über Agnes Holthusen geb. Weizsäcker (1896–1990) lässt sich im Internet (u.a. Wikipedia) gut recherchieren. Ihre finanzielle und ideelle Förderung für die junge Hamburger Künstlerschaft zwischen den Weltkriegen (Holthusen war ihrem Mann 1922 von Heidelberg dorthin gefolgt) ist in *Kunst in der Krise* (Bd.1, S.232, siehe außerdem Personenregister) skizziert.

Mehr als bei Alice Sauerlandt (dass die beiden miteinander bekannt waren, lässt sich schon der Briefstelle S.110 entnehmen) lag bei Holthusen neben dem künstlerisch-kulturellen ein originär philosophisches Interesse vor. Eine von ihr verantwortete Ausgabe der *Philosophischen Briefe* Friedrich Schillers (und Christian Gottfried Körners) spielt denn auch eine Rolle in dem Briefwechsel mit Ballmer – und blieb allerdings die einzige größere Veröffentlichung von ihr, neben einer Monographie über *Gustav Heinrich Wolff: Das plastische und graphische Werk*, Hamburg 1964 (siehe dazu auch den Brief vom 6. November 1950). Vielleicht spielten bei dieser Zurückhaltung „gesellschaftliche Konventionen" eine Rolle: so begründet der Wikipedia-Artikel, dass sie das Angebot zur Mitarbeit seitens des bekannten Kunsthistorikers Aby Warburg abgelehnt hat, trotz dessen deutlicher Hochschätzung ihrer Kompetenz. Auch in den hier wiedergegebenen Briefen bringt sie mehrmals zum Ausdruck, wie sie an das „zeitraubende Hausfrauendasein" gefesselt ist. Ballmer jedenfalls hatte hier eine Briefpartnerin zwar aus dem privaten Umfeld, der gegenüber er jedoch philosophisch-anthroposophisch ganz anders ausholen konnte als gegenüber Alice Sauerlandt.

113 *das so freundlich geliehene Buch*: Unklar, um welches Buch es sich handelt. Cassirers Aufsatz *Goethe und Platon* war bereits 1922 wohl als 22seitiges Heft erschienen; es könnte sich bei dem geliehenen Buch aber auch gut um Cassirers Sammelband *Goethe und die geschichtliche Welt* (Meiner-Verlag, 1932) handeln, wo der Aufsatz ebenfalls enthalten ist. In Ballmers

Bücherbestand (in der Kantonsbibliothek Aarau) liegt der Aufsatz allerdings nicht vor.

113 *Ihren eigenen Aufsatz*: Unklar, um welchen Aufsatz es sich handelt.

113 *Ward das leibliche Auge*: Aus: *Ideen zur Philosophie der Geschichte der Menschheit*, Zweiter Teil, Neuntes Buch. Die gemeinte Ausgabe wohl: *Ausgewählte Werke* (hrsg. von H. Kurz, Hildburghausen 1871, 4 Bände).

114 *Niemeyer*: Wilhelm Niemeyer (1874–1960), Kunsthistoriker, Dozent und Schriftsteller, seit 1919 literarisches Mitglied der Hamburgischen Sezession; dennoch kannte ihn Ballmer bisher (siehe aber nächsten Brief) nicht persönlich.

115 *die letzten Wochen waren für mich besonders stürmisch und anspannend*: Für Sommer und Herbst 1932 sind einige Aktivitäten im Hamburger Kunstleben dokumentiert, an denen Ballmer beteiligt war, unter anderem eine Einzelausstellung im Kunstverein, „sodass Ballmers künstlerisches Schaffen spätestens zu diesem Zeitpunkt einer breiteren Öffentlichkeit in der Hansestadt bekannt wurde“ (Rüdiger Joppien im *Bildband 2016*, S.57). Zugleich scheint Ballmer in Bezug auf die anthroposophische Szene Hamburgs einen gewissen Anflug von Optimismus zu haben, wie aus einem Brief an Friedrich Widmer vom 22. September 1932 spricht: „Auf meine Veranlassung findet die Erziehungstagung der Wandsbeker Goetheschule Anfang Oktober im hochmodernen Hamburger Kunstverein statt, verbunden mit einer Ausstellung von Kinderarbeiten [die Ballmer mitbetreuen soll, d.Hrsg.]. Wenn das so weiter geht, gibt es in der zweitgrößten Stadt Deutschlands bald nur noch Anthroposophen, wovon die Dornacher möglicherweise im nächsten Jahrhundert aus der 300. Auflage der Geheimwissenschaft Kenntnis nehmen werden. – Ja, es ist ein großes Risiko für die Hamburger, sich mit unsereinem einzulassen, aber es ist eben so, wie mein Maler-Kollege Kronenberg (von Hause

ein Kölner) sagt: wenn man A sagt, muss man auch schloch sagen."

118 *Die große Täuschung des Menschen*: Aus *Der Individualismus in der Philosophie* (s.a. Anmerkung zu S.18; GA30, S.108)

119 *Der Neuplatonismus*: A.a.O. (GA30, S.116ff).

122 *neuartige Herausgabe von Goethes Sprüchen in Prosa*: Johann Wolfgang von Goethe: *Sprüche in Prosa*. Einleitungen und Anmerkungen von Rudolf Steiner, Verlag Freies Geistesleben, Stuttgart 1967.

124 *Polemik gegen Plotin*: Franz Brentano in *Was für ein Philosoph manchmal Epoche macht* (Wien, Pest, Leipzig, Hartlebens Verlag, 1876), S.14. Steiner schreibt in seinem Nachruf auf *Franz Brentano* in *Von Seelenrätseln* (1917, GA21), Brentano würde ein solches Urteil sicherlich auch „über die von mir gemeinte Anthroposophie" gefällt haben.

125 *„Dritter Humanismus" / Helbing /Frommel*: *Der Dritte Humanismus* war ein vielbeachtetes Buch von Lothar Helbing (Pseudonym für Wolfgang Frommel), Verlag Die Runde, Berlin 1932. Ballmer lernte Frommel am 25. Oktober 1932 bei einem Vortrag über sein Buch (in der Buchhandlung Saucke) persönlich kennen, woraufhin Frommel mit Sauerlandt Ballmer am 27. Oktober 1932 im Atelier besuchte; dort hat Ballmer ihm „den Durchschlag meiner Kritik des 3. Humanismus" gegeben, wie er notiert. Obwohl Frommel, ein Anhänger Stefan Georges, später nicht etwa Nazi wurde, stellte Ballmer anfangs seines Aufsatzes fest: „Was wir von der Straße her nur schlecht kennen, weil wir nicht hinzusehen pflegen – das nicht ganz scharf konturierte 'Dritte Reich' – stellt sich uns im einwandfreien literarischen Kostüm, im Ornat respektabler Bildung vor als der 'Dritte Humanismus'." Ballmers Kritik wurde von Ludwig Benninghoff (s. Anmerkung zu S.131) im Januar in der Hamburger Zeitschrift *Der Kreis* veröffentlicht (kurz vor

deren Verbot) und ist wieder gedruckt in: Karl Ballmer, *Anthroposophische Methodik*, Sechs Aufsätze aus den Hamburger Jahren, Edition LGC 2009.

126 *Spielen von Haaß-Berkow*: Gottfried Haaß-Berkow (1888–1957, siehe zur Biographie https://biographien.kulturimpuls.org)

128 *Brief vom 9. November 1947*: Aus dem Kontext wird klar, dass zwischen dem zuletzt hier abgedruckten und diesem Brief, die 15 Jahre auseinanderliegen, sicherlich weitere Kontakte bestanden haben – zumindest wohl eine Benachrichtigung Holthusens über die Bollmann-Ausstellung im September 1947. Zum Maler Paul Bollmann (1885–1944) siehe Wikipedia, *Kunst in der Krise* sowie Ballmers weitere hier folgende Briefe. Die beigelegte Ausstellungsbesprechung war von Holthusens Hand; sie ist im Netz zu finden in den „Addenda" zu vorliegendem Buch. *Wo* genau die Ausstellung stattfand, ist unklar.

128 *Fiedler*: Arnold Fiedler (1900–1985) war Maler und Graphiker und wie Ballmer Mitglied der Hamburgischen Sezession gewesen. Siehe die in der Anmerkung zu S.100 genannte Dissertation. Fiedler war 1938 mit seiner Lebensgefährtin Maria Wenz nach Paris ausgewandert. Dort trennten sie sich, beide wurden 1939 bzw. 1940 als deutsche Flüchtlinge in verschiedenen Lagern interniert. Aus einer Mappe in Ballmers Nachlass geht hervor, wie er beiden durch Geldzuwendungen geholfen hat. 1946 kehrte Fiedler nach Hamburg zurück; auf S.315 der genannten Dissertation wird die katastrophale Wohnsituation in einem halb zerstörten Haus geschildert und dazu aus einer Postkarte von Ballmer an Fiedler (3. Juli 1946) zitiert: „Wie herrlich, ein Haus ohne Rückwand! Das ist ein gutes Symbol, denn wie arg ging es doch auch in der Kunst zumeist um das Anlehnen an eine illusorische Rückwand. Fällt endlich die Rückwand, so kann die Freiheit beginnen. Seien Sie nachsichtig mit diesem Geschwätz, ich muss halt meiner Freude über Ihr Lebenszeichen Ausdruck geben."

129 *Meine Schreibmaschine klappert den ganzen Tag*: Siehe Anmerkung zu S. 100.

129 *Äther von Rothenbaumchaussee 132*: S. Anmerkung zu S. 98

130 *Mir sind die Staufer interessanter / Eduard von Hartmann / Barbarossas Raben*: (Ballmers Schreibweise „Stauffer" wurde stillschweigend korrigiert.) Zu diesen beziehungsreichen Andeutungen siehe zunächst die vielen Stellen, an denen Ballmer von Hartmann einen philosophischen „Kaiser" nennt, z. B. die Passage im oben genannten *Dritten Humanismus* (s. o. Anmerkung zu S. 125), in der Neuausgabe S. 121 ff. Zum Staufer Kaiser Friedrich I („Barbarossa") vgl. die entsprechende Sage, nach der die Raben solange um den Kyffhäuser-Berg kreisen, bis für den darin schlafenden Kaiser die Zeit zum Erwachen gekommen ist. Bei dieser Gelegenheit sei auch eine bisher unveröffentlichte handschriftliche Notiz vom 12. Juli 1952 wiedergegeben:

„12. Juli 1952

urmächtiger Bahnsen

gewaltiger Eduard von Hartmann

Der

Berliner Krieg

ist eines der Symbole des theogonischen Zeitalters und der Spätphase der Götterdämmerung.

Von den beiden philosophischen Gegenkaisern Julius Bahnsen (1830–1881) und Eduard von Hartmann (1842–1906) soll hier erzählt werden –

Das waren Zeiten! Damals – ich spreche von Julius Bahnsen (1830–1881) und Eduard von Hartmann (1842–1906) – gab es noch nicht Schiffsladungen amerikanischer Romane in Deutschland und zwecks Weltanschauung englische

Geschichtsphilosophie, um sich über den Sinn des Weltprozesses im allgemeinen und über das werte Abendland im besonderen zu unterrichten. Damals, sozusagen, philosophierten die Deutschen *selbst.* Worüber philosophierten sie – mit dem zu allem entschlossenen Ernst, dessen die Deutschen fähig sind? Bahnsen und Ed. v. H. schritten als Philosophen gleichsam auf der Kaiserstraße, auf der vormals die Staufer Friedrichs, deren Geschlecht Thomas von Aquino entstammte, herrschende Ordnungsstifter in den Niederungen der irdischen Welt waren. Doch ephemer und irdisch winzig erscheint Ziel und Sinn des vormaligen Streites zwischen Kaiser und Papst, verglichen mit dem unerhörten Anliegen, das den Widerstreit zwischen den jüngeren Philosophenkaisern veranlasste. Nicht mehr nur um die Herrschaft über die arme lenkungsbedürftige Menschheit drehte sich jetzt der Streit, der universale Streit ging jetzt um das kosmologische Vorhandensein unserer Welt überhaupt! Die Kaiser Bahnsen und von Hartmann stritten um die wissenschaftlich richtige Methode, die Weltvernichtung zu bewirken. Der Pessimist Ed. v. Hartmann vertrat die optimistische Ansicht, die Menschen vermöchten durch selbstlose intelligente Tätigkeit maßgeblich bei der Weltvernichtung mitzuwirken; Julius Bahnsen" [bricht ab]

Ballmers Wahrnehmung Eduard von Hartmanns als „philosophischer Kaiser" steht auch oft im Zusammenhang – und natürlich Gegensatz – mit Visionen von einem zu errichtenden einheitlichen „Reich", wie sie in seiner bewegten Zeit gängig waren. Schon in der Hamburger Zeit ironisiert Ballmer ausgiebig die Vorstellungen des (ortsansässigen) nationalistischen Publizisten *Wilhelm Stapel* (Chefredakteur und Herausgeber der Monatszeitschrift *Deutsches Volkstum*) und zitiert dessen „eindrucksame Idee des 'Reiches'' auch noch 1941 aus dem „Exil" in seiner auf Karl Barth bezogenen Schrift *Ein Schweizerischer Staatsrechtslehrer* (noch erhältlich bei Verlag

Fornasella, Schmitten im Taunus). An die Schweizer richtet er die aktuelle Bemerkung: „Die 'politische Idee' der Schweiz? Möglicherweise stehen wir dennoch und immer noch innerhalb der schon genannten völlig offenen Aufgabe der Konstituierung des europäischen 'Reiches', wenn wir imstande wären, die Reichsidee selber zu produzieren, wenn wir sie weder dem Papste noch – Wilhelm Stapel danken wollen.“ 1950 dann, als „die Deutschen ihr liebes heiliges Deutschland in einen Trümmerhaufen und Leichenfriedhof verwandelt um sich haben“, erinnert er, „oberhalb der Vulgärgeschichte wo um das Reich im politischen Sinne gestritten werden muss“, an die „Tatsache, dass sich das Abendland äußerlich erbildet hat aus der Kraft und aus der Wirklichkeit des Widerspruchs zwischen Kaiser und Papst. Der Traum und Gedanke vom REICH wurde geträumt und gedacht.“ Siehe den Abschnitt „Vom Reich“ in *Deutsche Physik – von einem Schweizer* (Edition LGC 1995, S.175ff), und siehe wiederum den Aufsatz zum *Dritten Humanismus* (s. Anmerkung zu S.125), der bei der Frage landet, „welche Beziehung besteht zwischen *Dantes* Zwei-Kaiser-Idee (weltlicher und geistiger Kaiser) und des 'Thomisten' Steiner 'Drei-Kaiser-Idee' (Dreigliederung des sozialen Organismus).“

131 *Kurt Saucke*: Hamburger Buchhändler und Verleger, 1895–1970.

131 *„Ein schweizerischer Staatsrechtslehrer“*: Ballmer hat diese Schrift 1941 offiziell im Selbstverlag herausgegeben; nach den Nachlass-Materialien sieht es jedoch so aus, dass real der Verleger Emil Oprecht (1895–1952) zumindest den Druck besorgte. Aus einem Brief vom 12. November 1940: „Und nun die Unterhaltung bei O[precht].: Zu 95% ist O. mit der Schrift einverstanden, nur ist es eine unerwünschte Belastung für ihn, Barth zu diskreditieren, da Barth in einer gemeinsamen Antinazifront steht. Darauf ich: Das gebe ich Ihnen prompt über den Tisch hinüber zurück: Ihr Emigrantenverlag ist für mich – soeben

sprach mir ein Akademiker davon – eine unerwünschte Belastung. – Somit hatten wir plötzlich den schönsten Kontakt und die Sache wurde schnell und sehr vernünftig geregelt: ich firmiere als 'Selbstverlag' und O. tut alles das, was er sonst als Verleger auch täte, er besorgt Druck und Vertrieb usw. Eine für mich ideale Lösung." – Dass Oprecht sich allerdings um den Vertrieb kümmerte, erscheint unwahrscheinlich, da der Verlag Fornasella (Hans Gessner) später und bis heute die Schrift anbietet.

131 *im Frühjahr einige größere neuere Sachen in Hamburg auszustellen*: Siehe Anmerkung zu S. 100.

131 *Benninghoff*: Ludwig Benninghoff (1890–1966), einer der beiden Herausgeber der 1924 bis 1933 monatlich erschienenen deutschen avantgardistischen Kulturzeitschrift *Der Kreis*.

131 *Dingelstedt*: Dr. Kurt Dingelstedt (gest. 13.02.1964) war Kustos am Museum für Kunst und Gewerbe in Hamburg.

131 *Dr. Harald Busch*: Siehe Anmerkung zu S. 101.

131 *Vinzenz Krogmann*: Carl Vincent Krogmann (1889–1978), Reeder, Bankier und Industrieller aus Hamburg und während der Zeit des Nationalsozialismus ab 8. März 1933 Erster Bürgermeister und ab 19. Mai 1933 „Regierender Bürgermeister" der Stadt Hamburg; siehe Wikipedia sowie viele Erwähnungen in *Kunst in der Krise*.

131 *Nesch*: Rolf Nesch (1893–1975) war Maler, Mitglied der Hamburgischen Sezession.

132 *Friedrich Schiller, Philosophische Briefe*: Siehe z. B. den Wikipedia-Artikel „Philosophische Briefe": das Werk ist „eine Reihe fiktiver Briefe von Friedrich Schiller (1786) und Christian Gottfried Körner (1789), in denen der Aufklärer Raphael [=Körner] den jungen Julius [=Schiller] von seiner theosophisch-kosmologischen Schwärmerei zu heilen versucht".

Ballmers Ausgabe, beim oben erwähnten Kurt Saucke verlegt, war von Agnes Holthusen herausgegeben.

135 *Meyer-Amden*: Otto Meyer-Amden (1885–1933) war ein Schweizer Maler; bisher ist kein persönlicher Kontakt zu Ballmer nachgewiesen.

136 *Donald Brinkmann*: 1909–1963, Schweizer Psychologe und Philosoph. Ballmer schreibt in einem Brief von 1953: „Mit Donald Brinkmann bin ich persönlich bekannt, seit ca. 1943. Seine Arbeit über 'Natur und Kunst', anscheinend eine erweiterte Dissertation bei [Herman] Schmalenbach, ließ mich in Br. den potentiellen 'Goetheanisten' wittern. Wir kamen in einigen Kontakt, er war einige Male hier in Lamone." Der Sinn der Bemerkung „natürlich frug ich ihn bei unserer ersten Begegnung, ob er denn Hamburger sei" erschließt sich nicht.

138 *Arnold Fiedler*: siehe Anmerkung zu S.128.

139 *der Vogel Phönix von Arnold Fiedler*: Der aus der Asche auferstehende Phoenix war ein ausgiebig von Fiedler bearbeitetes Bildmotiv dieser Jahre. Welche Zeichnung Ballmer genau von Holthusen erhielt, ist unklar: in dieser Nachlass-Mappe liegt eine postkartengroße Zeichnung mit diesem Motiv, die direkt diesem Brief vom 18. Dezember beigelegen haben könnte. Andererseits bestätigt Ballmer im Folgebrief vom 27. Dezember den Eingang eines „Phönix", entschuldigt sich aber zugleich, dass er nicht zum Briefschreiben gekommen sei – dies spricht dafür, dass noch ein separates Poststück dem Brief nachfolgte. – Siehe auch die auf http://www.arnold-fiedler.com/index.php?go=gallery_detail&id=97 abgebildete farbige Ausführung; dort heißt es: „Der 'Vogel Phönix' und dessen Geburt kann geradezu als programmatisch für das optimistische Lebensgefühl von Arnold Fiedler in der ersten Nachkriegszeit gelten. Erste Entwürfe für dieses Motiv entstanden in der amerikanischen Kriegsgefangenschaft. Zurück in Hamburg schuf Fiedler 1946

die Lithografie 'Vogel Phönix', die bei musisch interessierten Menschen den Zeitgeist traf und sich rasch verbreitete. Bis heute erfreut sich diese Lithographie einer hohen Beliebtheit und zählt zu den bekanntesten Arbeiten von Arnold Fiedler aus dieser Zeit."

139 *im Rahmen einer größeren Arbeit*: Siehe wiederum die Anmerkung zu S. 100, darunter den 2. Komplex. Ballmers „These" ist im Kapitel *Versuch einer Skizze der geisteswissenschaftlichen Christologie* niedergelegt.

143 *Ausstellung, wo wir Ihre Bilder leider nicht sehen durften*: Vgl. Anmerkung zu S. 100.

144 *Requiem*: In seinem *Requiem* behandelt Ballmer 1945 die „Synchronizität" (wie er später mit dem Jung'schen Terminus sagen würde) zwischen dem Tod des Philosophen *Eberhard Grisebach* und der Explosion der ersten (Versuchs-) Atombombe, am 17. Juli 1945. Der Text erschien erst ein Jahr später, in den *Schweizer Monatsheften*, 26. Jahrg., Heft 4, Juli 1946; vom Aufsatz wurden Sonderabdrucke hergestellt – wovon Ballmer offenbar ein Exemplar an Holthusen geschickt hatte (siehe die Erwähnung „Ihrer kleinen Arbeit" in Holthusens Brief vom 18. Dezember). Ballmer nahm den Text auch in seine *Deutsche Physik – von einem Schweizer* auf, postum veröffentlicht bei Edition LGC 1995.

145 *Max Picard in seinem Buch*: Max Picard, *Hitler in uns selbst*, Zürich 1946. Siehe Ballmers Antwortbrief. Das Erscheinungsjahr ist offenbar vordatiert, denn Ballmer veröffentlichte bereits in der *Berner Tagwacht* Nr. 266 vom 13. November 1945 eine Glosse „Wie interessant!" dazu, die im Anschluss an diesen Briefwechsel wiedergegeben wird.

146 *unvergleichlich herrliche Rezension*: Friedrich Hebbel, *Schillers Briefwechsel mit Körner*, z. B. in ders., *Sämtliche Werke*, hrsg.

von Richard Maria Werner, 12 Bde. Berlin 1900ff, Bd.XI. S.90–197 (und Anmerkungen S.454–456).

147 *Seit einem guten halben Jahr*: Nur selten gibt Ballmer solche Selbstauskünfte; daher sei auf Parallelstellen hingewiesen: Am 1. Februar 1948 schreibt er an Heinrich Oskar Proskauer: „Seit einem halben Jahre bin ich mit meiner Sinneswahrnehmungslehre im Reinen." Am 9. August 1946 an Wilhelm Keller: „Durch die persönliche Begegnung mit R.St. (ab 1917) erwuchs mit unvermutet die Aufgabe, nach Begriffen zu angeln (…)", und am 13. Mai 1951 an denselben Empfänger: „Mit meiner Arbeit des 'Angelns nach Begriffen', von der ich Ihnen einmal schrieb, bin ich zu einem gewissen Abschluss gekommen: ich fange an, mich in einer fertigen Begriffswelt häuslich einzurichten." Siehe die in den dazwischenliegenden Jahren entstandenen längeren Texte *Deutsche Physik – von einem Schweizer* und *Ehrung – des Philosophen Herman Schmalenbach*, in denen eine „fertige Begriffswelt" ausführlich entrollt wird.

149 *mit den Wassern Berkeleys gewaschene Sinnes- und Wahrnehungslehre*: Ballmer setzt sich mit George Berkeley auseinander in einer Notizenserie „Im Hinblick auf 'Blut ist ein ganz besonderer Saft'' von 1952/1954, enthalten in der Neuausgabe der *Elf Briefe über Wiederverkörperung*, Edition LGC 2019, S.155–160.

150 *der konservative Herr Schriftleiter*: Ballmer schrieb u.a. in den *Schweizer Monatsheften* unter der Redaktion von *Jann von Sprecher*, Sohn von Theophil von Sprecher (auch Theophil Sprecher von Bernegg), dem Generalstabschef der Schweizer Armee im 1. Weltkrieg.

151 *Ihre Notiz über Nora Hartmann*: Es ist unklar, wer mit „Stuttgarter Freunden" gemeint ist. Die Adresse der Hartmann-Tochter, die Ballmer dann von Holthusen erhält (siehe S.152), gibt er, allerdings erst am 2. Mai 1951, an Carlo Septimus Picht weiter

und schreibt dazu: „Eduard von Hartmann verstarb am 6. Juni 1906 (beiläufig: die Berliner Urtheosophin Gräfin Brockdorff verstarb am 8. Juni 1906). Da das Buch ‘Theosophie’ 1904 erschien, besteht theoretisch die Möglichkeit, dass Ed. v. H. das Buch noch kennen lernte. Die Frage, ob es faktisch der Fall war, quält mich von Zeit zu Zeit. Ist Ihnen darüber etwas bekannt? – Vor einigen Jahren korrespondierte ich mit Herrn [Werner] Teichert über die Frage eines Austausches der Briefe R.ST’s an Ed.v.H. und der Briefe in umgekehrter Richtung durch die beiderseitigen Nachlassverwaltungen. Wo sich der Nachlass Ed.v.Hartmanns befindet, und wer Besitzer und Verwalter ist, ist mir nicht bekannt. Eine mir befreundete Hamburger Dame vermittelte mir 1948 die Adresse von Ed.v.Hts. Tochter Nora.“ Picht wie Teichert waren mit dem Nachlass Steiners und Herausgaben daraus befasst, Ballmer war mit beiden in Kontakt.

151 *Meinen letzten ausführlichen Brief*: Ein solcher Brief – in dem Holthusen sicherlich auch auf den gewichtigen Inhalt von Ballmers letztem Brief eingegangen ist – liegt uns nicht vor.

152 *Sezessionsausstellung*: Über diese Ausstellung liegen keine Informationen vor. Siehe kurz zusammenfassend den Abschnitt „Die Neugründung der Hamburgischen Sezession“ in *Kunst in der Krise*, Bd.1, S.484f.; die neugegründete Sezession löste sich bereits 1952 wieder auf.

152 *Prospekt zur Ausstellung Arnold Fiedler*: Dieser liegt als „Addendum“ zum vorliegenden Buch auf unserer Website vor.

153 *Ihr so sehr freundlicher Brief*: Liegt leider nicht vor.

154 *Heise*: Siehe Anmerkung zu S.107.

155 *Eröffnungsansprache zur Fiedler-Ausstellung*: verfasst von Holthusen; liegt als „Addendum“ zum vorliegenden Buch auf unserer Website vor.

159 *Brief vom 7. März 1951*: Gerade am Ende einer Schreibmaschinenseite hört dieser nur als Durchschlag vorhandene Brief auf. Vielleicht schrieb Ballmer per Hand einen Gruß darunter, vielleicht ist aber auch ein Blatt verloren gegangen.

160 *Rolf Nesch*: Siehe Anmerkung zu S. 131.

160 *Freund Eggers-Kestner*: Kurt Eggers-Kestner, gest. 1967, Lebensdaten sind merkwürdigerweise spärlich zu finden. Er war Schauspieler, Intendant und Regisseur, u.a. Anfang der 30er Jahre in Hamburg (Altonaer Stadttheater), später in Kiel. Er war mit Karl Kluth befreundet, der für ihn Bühnenbilder machte. Samuel Beckett reiste nach seinem Hamburger Aufenthalt im Herbst 1936 (siehe ausführliche Infos im Netz) weiter durch Deutschland und traf 1937 in München Eggers-Kestner, der ihn Schriften von Ballmer lesen ließ. Ballmer hat ca. 1934 zwei Töchter von Eggers-Kestner (auf einem gemeinsamen Bild in Gouache) porträtiert.

161 *Kluths*: Der Maler Karl Kluth (1898–1972) und seine Frau Hannah geb. Ruffler, siehe *Kunst in der Krise*.

163 *Wie interessant!*: Dies bezieht sich auf das Buch von Max Picard, siehe S. 145 und die Anmerkung dazu, sowie S. 150.

Erinnerungen von Agnes Schmid-Kern / Briefwechsel

Agnes Kern (geb. 1928) ist die einzige noch lebende der in diesem Buch vorkommenden Briefpartnerinnen Ballmers. Sie ist die Tochter des anthroposophischen Arztes Heinrich Kern (1895–1988), ebenfalls aus Aarau stammend. Dieser war mit seiner Familie ca. im April 1942 nach Bedano gezogen, einem Nachbardörfchen von Lamone, wo Ballmers seit Herbst 1941 lebten. Nach einer Notiz vom 27. Juni 1942 hat Ballmer erst zu diesem Zeitpunkt erfahren, dass „Dr. Kern“ seit 2 Monaten dort wohnt. Dass die beiden Männer mit ihren 4 Jahren Altesunterschied sich von der Aarauer Schulzeit her kannten, ist wahrscheinlich, doch ob sie in der Zwischenzeit Kontakt zueinander hatten, ist unklar. Kerns Entschluss, sich im Tessin eine Existenz aufzubauen, scheint wenig realitätsnah gewesen zu sein, denn er konnte dort keine Arztlizenz bekommen und nur wenige Privatpatienten behandeln. Die 14jährige Tochter Agnes sprach kein Italienisch, scheiterte daher an der weiterführenden Schule und unterließ den Schulbesuch, was die Eltern zunächst auf sich beruhen ließen. Von daher verfügte sie über viel Zeit und es ist plausibel, dass sie „mit größter Selbstverständlichkeit bei Ballmers ein- und ausging", wie sie in den Erinnerungen feststellt.

Die Familie zog 1946 wieder weg nach Turgi im Aargau; von dort aus entwickelte sich dann der erhaltene Briefwechsel. Zu dieser Zeit war die junge Frau in Fragen der Ausbildungs- und Berufswahl hin- und hergerissen zwischen ihren Interessen für Musik (sie spielte Geige) und bildende Kunst; die Fragen des Briefes sind also nicht rein „theoretische".

Dem Briefwechsel sind sicherlich weitere Briefe vorangegangen, die aber verschollen sind.

168 *mein jüngerer Bruder Fritz*: Der offizielle Name ist Friedrich; beim Geburtsjahr hat Ballmer wohl versehentlich sein eigenes Geburtsjahr 1891 geschrieben; richtig dürfte aber 1892 sein. Mit Friedrich Ballmer konnte die Fußballmannschaft des FC Aarau 1912 zum ersten Mal Schweizer Meister werden. Friedrich war der Großvater von Steve Ballmer, langjähriger Microsoft-CEO.

169 *Ich hoffe meinen „Brief" zum Druck zu bringen.*: Dies geschah erst posthum: siehe *Deutsche Physik – von einem Schweizer*, Edition LGC 1995. Der von Ballmer erwähnte „sympathisierende" erste Antwortbrief von Joachim Fleckenstein ist dort auf S. 95 f abgedruckt.

169 *Nebenbei verzapfe ich MARGINALIEN*: Die beiden Hefte, auf die es die von Ballmer angedachte „Rivista" brachte, sind (mit Kommentaren der Herausgeber, auch zur Geschichte dieses Projektes) enthalten in: Karen Swassjan, *Die Karl-Ballmer-Probe*, Edition LGC 2. Aufl. 2013.

169 *Herr Horisberger*: Hugo Horisberger, 1907–1985, war ein Freund Ballmers. Erreichbare biographische Informationen sind sehr spärlich. Horisberger war ebenfalls Maler. Zu Ballmers Zeit war er in Hamburg Lehrer an der Wandsbeker Waldorfschule (Goetheschule). Ballmer scheint ihn dann an die von Friedrich Widmer mitbegründete Rudolf Steiner Schule Basel vermittelt zu haben, wohl zwei bis drei Jahre bevor er selbst im Herbst 1938 nach Basel flüchtete.

169 *BAGUTTI*: Es handelt sich hier offenbar um jenen *Bruno* (Bagutti), der in Ballmers „belletristischem" Versuch *Anknüpfend an eine Bemerkung über James Joyce* von 1951 (veröffentlicht bei Edition LGC 1996) eine Rolle spielt. Ob der Vorname für den „Joyce"-Text verändert wurde (wie aus dem Ortsnamen „Lamone" „Malone" wurde), wissen wir nicht. Der im Joyce-Text erwähnte *Nonno*, dessen Kremation dort geschildert wird und der beiläufig als Großvater Brunos identifiziert wird, ist nach anderweitigen Notizen ein *Nonno Zavesio Bagutti* aus Rovio am Monte Generoso, geboren am 23. Februar 1861 (also wenige Tage vor Rudolf Steiner und am gleichen Jahrestag wie Ballmer – an welchem Jahrestag Bruno nun also Ballmer aufsuchte). Die Kremation geschah am 1. Februar 1950, also recht kurz nach diesem Brief an Agnes Kern – so dass es verwunderlich ist, dass Ballmer im übernächsten Brief vom 3. Februar nicht darauf Bezug nimmt, im Hinblick auf die Bedeutung, die der Vorgang offenbar für ihn hatte. – Weder über Nonno noch über Bruno stehen Informationen zur Verfügung; jedoch war der Ort Rovio, ganz in der Nähe von Ballmers Wohnort, offenbar Heimat einer verzweigten Familie Bagutti, die bereits im 18. Jahrhundert berühmte Künstler hervorbrachte.

173 *Betrachten des Selbstgeschaffenen*: Zum Thema dieses Absatzes siehe Ballmers *Kleine Geschichtsphilosophie* von 1944. Dieser wichtige Text zur Kernfrage des „Schönen" hätte überhaupt die vorliegende Sammlung sehr passend ergänzt; davon wurde Abstand genommen aus Platzgründen, und weil er optimal vorliegt in: Karl Ballmer, *Der Macher bin ich – den Schöpfer empfange ich*, Verlag Fornasella, 3. Auflage 2007.

175 *Zyklus 17, im ersten Vortrage vom 25. Oktober 1909*: Rudolf Steiner, *Der Christus-Impuls und die Entwickelung des Ich-Bewusstseins* (GA 116).

175 *im Zyklus 9 vom August 1909 im achten Vortrage*: Rudolf Steiner, *Der Orient im Lichte des Okzidents. Die Kinder des Luzifer und die Brüder Christi.* (GA 113), Vortrag vom 30. August 1909

178 *Eurythmie*: Ballmers Frau Katharina war Eurythmistin. Als Karl und Katharina 1919/1920 in Dornach lebten, haben sie sicherlich entsprechende Eindrücke aus der eurythmischen Arbeit gewonnen. In einem Brief Ballmers an den Theologen Kurt Plachte vom 16. Oktober 1932 findet sich folgende Schilderung:

> Doch zur „Transzendenz": Ich versuche mir das Problem der Transzendenz bildhaft anschaulich zu machen. Ich habe treffende Gründe, um für *möglich* zu halten, dass Steiner in seiner Mitarbeiterin – seit Beginn der theosophischen Arbeit – Fräulein von Sievers (so viel mir bekannt, eine Schwester des Generals von Sievers, der 1914 eine russische Armee in den Masuren kommandierte) den wiederverkörperten römischen Kaiser Augustus gewusst habe. Ich bin mir der Abenteuerlichkeit dieses meines Gedankens bewusst, aber ich möchte ein Bild gewinnen. Fräulein von Sievers (seit 1915 formal die „Gattin" Steiners, also Frau Marie Steiner) hatte die Leitung der Eurythmie an sich genommen, ohne ein inneres Verhältnis zu dieser in den Anfängen steckenden Kunst zu haben. Bei den Proben pflegte sie auf einem er-

höhten Thron, [einem] Podium vor der Bühne zu sitzen, eine Holzstange in der Hand, mit der sie stampfend Zeichen herrschte. Sie pflegte sich autoritär zu geben, war aber innerlich ganz abhängig von den künstlerischen Ratschlägen Steiners, die sie mit Vorliebe nicht befolgte. Kam Steiner von Zeit zu Zeit aus seinem Atelier zur Eurythmie-Probe herein, so pflegte er sich in einen winzigen Korbsessel unterhalb des Thron-Podiums zu setzen und sah dann komisch winzig aus, und langmütig und geduldig, dass man hätte irrsinnig werden mögen. Wenn ich mir nun ausmale, dass der am Throne der „Leitung" zusammengekauerte kleine Mann ein Augustus-Schauspiel genoss, so habe ich eine lebendige Anschauung davon, wie der Bewusstseinsinhalt Steiners transzendent ist – für die Anderen an dem Schauspiel Beteiligten. Für Steiner selbst sehe ich keine Möglichkeit, dass ihm etwas transzendent sein konnte. Die ungeheure Schwere seiner Gottestragik wäre ja gemildert, wenn er nicht zu Allem hätte „Ich" und „Ja" sagen sollen.

182 *Heute ist die AUSSEN-Welt das vordringliche Problem*: Angesichts seiner Wertschätzung Freudscher „Fehlleistungen" (vgl. etwa S.140f) sei vermerkt, dass Ballmer hier „vordingliche" schrieb. Vgl. dazu die Ausführungen zum Thema „Leibniz, oder: Was sind Dinge?" in *Deutsche Physik – von einem Schweizer*, Edition LGC 1995, S.98–115.

186 *„Memorandum über Herausgeber-Notwendigkeiten"*: Ballmer hatte in diesen ersten Wochen des Jahres 1950 durch mehrere Briefe bei der Rudolf-Steiner-Nachlassverwaltung interveniert, um auf offensichtliche Mängel (Text-„Fälschungen") in der Herausgabe von Steiner-Texten aufmerksam zu machen und dagegen zu protestieren. Diese Bemühungen zogen sich über Jahre hin, blieben aus Ballmers Sicht aber erfolglos, weswegen er Anfang 1954 im Verlag Fornasella zwei kleine Broschüren erscheinen ließ: *Philologin Marie Steiner* und *Editorin Marie Steiner*.

187 *Das Auge ist seinem Wesen nach befähigt*: Diese These breitet Ballmer wenige Monate später ausführlich aus, beim Tod Herman Schmalenbachs, „als der Entschluss zu fassen war, den Beginn der Epoche des neuen *Sensualismus* mit dem 3. November 1950 zusammenzudenken"; z.B.: „Wir sind geist-sehend. Wir sehen durch das physische Auge geistige 'Idee', ohne uns etwas daraus zu machen." Siehe *Ehrung – des Philosophen Herman Schmalenbach*, Edition LGC 2006.

191 *Goethe definiert: Monadenpack, Weltgesindel*: Diese Verwendung von Goethes „Definition" zur knappen Kennzeichnung „der Menschen" (im Plural) bzw. des „gewöhnlichen Menschen" ist hochinteressant. Es sei zunächst eine weitere Stelle mit diesem Zitat angeführt; in einer Notiz wohl ebenfalls von 1950 heißt es: „Barth versteht unter dem Antichrist denjenigen, der da behauptet, der gewöhnliche Mensch (Goethe: Monadenpack, Weltgesindel) sei befähigt, durch Kunststücke des logischen Denkens aus der Natur heraus den Gott zu erkennen. Barth sieht in dieser Behauptung nichts als arroganten Unsinn."
Die beiden Ausdrücke entstammen einem Gespräch Goethes mit Johannes Daniel Falk am 25. Januar 1813. Es findet sich bei: Johannes Falk, *Goethe aus näherm persönlichen Umgange dargestellt*. 3.Aufl. Leipzig 1856. Zitiert wird es auch in: *Goethes Gespräche*. Herausgegeben von Woldemar Freiherr von Biedermann, Band 1–10 [hier: Bd. 3], Leipzig 1889–1896.
In diesem Gespräch, am Tag des Begräbnisses von Christoph Martin Wieland, offenbart der von dem Hingang seines Dichterfreundes tief betroffene Goethe seine Gedanken über „die persönliche Fortdauer unserer Seele nach dem Tode" – eingebettet in seine universelle Naturanschauung: „Vorläufig will ich nur dieses zuerst bemerken: ich nehme verschiedene Klassen und Rangordnungen der letzten Urbestandteile aller Wesen an, gleichsam der Anfangspunkte aller Erscheinungen in der Natur, die ich Seelen nennen möchte, weil von ihnen die Beseelung des Ganzen ausgeht, oder noch lieber Monaden

– lassen Sie uns immer diesen Leibnitz'schen Ausdruck beibehalten! Die Einfachheit des einfachsten Wesens auszudrücken, möchte es kaum einen bessern geben." Mitten im Gespräch bellt ein Hund auf der Straße, und Goethe, „der von Natur eine Antipathie wider alle Hunde besitzt", schimpft heftig aus dem Fenster; daher werden die folgenden Sätze, wo dann die Ausdrücke „Weltgesindel" und „Monadenpack" fallen, von der Interpretation oft wahlweise schlicht auf Hunde oder eben doch auf „Menschen" bezogen – zumal es im Gespräch auch um etwas wie „Wiederverkörperung" geht und Goethe dabei den „gewaltigen Unterschied" zwischen der „Monas einer gebildeten Menschenseele und der eines Bibers" betont. Der Gesprächs-Überlieferer macht jedoch selbst darauf aufmerksam, dass der „Zusammenhang Goethescher Ideen" komplexer ist: Unmittelbar vorher hatte Goethe nämlich von der Gefahr gesprochen, „von irgend einer mächtigen und dabei gemeinen Monas unterwegs angehalten und ihr untergeordnet zu werden", und dieser Gefahr sei „auf dem Wege einer bloßen Naturbetrachtung" nicht beizukommen. Wenn Ballmer die Goetheschen Ausdrücke zur Kennzeichnung des von massenpsychologischen Effekten gesteuerten Plural-Menschen (andernorts spricht er dann mit dem Steinerschen Wort von der „Gruppenseele") nimmt, interpretiert er Goethe also durchaus sinnvoll. Hier die Passage des in Gänze sehr lesenswerten Gesprächs im Zusammenhang:

> „Da haben wir völlig die Geschichte von unsern Monaden nach ihrem irdischen Ableben. Jede Monade geht, wo sie hingehört, ins Wasser, in die Luft, in die Erde, ins Feuer, in die Sterne; ja, der geheime Zug, der sie dahin führt, enthält zugleich das Geheimnis ihrer zukünftigen Bestimmung. An eine Vernichtung ist gar nicht zu denken; aber von irgend einer mächtigen und dabei gemeinen Monas unterwegs angehalten und ihr untergeordnet zu werden, diese Gefahr hat allerdings etwas Bedenkliches, und die Furcht davor wüsste ich auf dem Wege einer bloßen

Naturbetrachtung meinesteils nicht ganz zu beseitigen." Indem ließ sich ein Hund auf der Straße mit seinem Gebell zu wiederholten Malen vernehmen. Goethe, der von Natur eine Antipathie wider alle Hunde besitzt, fuhr mit Heftigkeit ans Fenster und rief ihm entgegen: „Stelle dich wie du willst, Larve, mich sollst du doch nicht unterkriegen!" Höchst befremdend für den, der den Zusammenhang Goethescher Ideen nicht kennt; für den aber, der damit bekannt ist, ein humoristischer Einfall, der eben am rechten Orte war. „Dies niedrige Weltgesindel", nahm er nach einer Pause und etwas beruhigter wieder das Wort, „pflegt sich über die Maßen breit zu machen; es ist ein wahres Monadenpack, womit wir in diesem Planetenwinkel zusammengerathen sind, und möchte wenig Ehre von dieser Gesellschaft, wenn sie auf andern Planeten davon hörten, für uns zu erwarten sein."

Im Fortgang des Gesprächs fällt dann auch Goethes berühmte Äußerung: „Ich bin gewiss, wie Sie mich hier sehen, schon tausendmal dagewesen und hoffe wohl noch tausendmal wiederzukommen."

192 *I. Naturwissenschaftlicher Kurs*: Rudolf Steiner, *Geisteswissenschaftliche Impulse zur Entwickelung der Physik* (GA320), Vortrag vom 30. Dezember 1919.

194 *Wenn Sie ein Kamel ansehen*: In Steiners mitgeschriebenen Vorträgen wurde eine solche Bemerkung bisher nicht aufgefunden. Denkbar ist, dass Ballmer, der einige Zeit in Dornach lebte, sie direkt gehört hat. Er zitiert sie ähnlich in seinem Aufsatz über die Tierplastiken seines Freundes Richard Haizmann (*Richard Haizmanns Tiergestalten*, in: *Gäa Sophia* – Jahrbuch der Naturwissenschaftlichen Sektion der Freien Hochschule für Geisteswissenschaft am Goetheanum in Dornach, Bd. V „Die Tierwelt", Dresden 1930).

195 *die erste Zeitschrift der anthr. Bewegung*: Steiner hatte im Oktober 1902 die Leitung der neugegründeten *Deutschen Sektion der Theosophischen Gesellschaft* übernommen und bemühte sich sogleich um den Aufbau einer eigenen Zeitschrift; die erste Nummer derselben erschien im Juni 1903 unter dem Titel *Luzifer – Zeitschrift für Seelenleben und Geisteskultur – Theosophie.*

195 *Das Edelgeschwätz des Herrn Jedlicka*: In der NZZ war am 22. Februar 1952 ein Artikel des Kunsthistorikers Gotthard Jedlicka *Zur Kunst der Gegenwart* erschienen, den Ballmer diesem kurzen Brief beilegt. Er ist online unter den „Addenda" zu vorliegendem Buch zu finden.

Literatur (Kurzbezeichnungen)

Bildband 1990 = *Karl Ballmer – 1891-1958 – Der Maler*. Herausgegeben vom Aargauer Kunsthaus, Aarau. Verlag Lars Müller, CH-5401 Baden, 1990. 167 Seiten.

Bildband 2016 = *Karl Ballmer – Kopf und Herz*. Die bildreiche Wiederentdeckung eines beeindruckenden Künstlers. Herausgegeben von Thomas Schmutz, Aargauer Kunsthaus, Aarau. Verlag Scheidegger & Spiess, Zürich, 1.Aufl. 2016. 200 Seiten.

Kunst in der Krise: = Maike Bruhns, *Kunst in der Krise*, 2 Bände: 1) Hamburger Kunst im 'Dritten Reich', 2) Künstlerlexikon Hamburg 1933–1945, Dölling und Galitz Verlag, Hamburg/München 2001 (auch www.kunst-in-der-krise.de).

Die Schriften von Karl Ballmer, auch die im Verlag Fornasella erschienenen, sind auf der Website www.edition-lgc.de verzeichnet.

Personenregister

Nicht aufgelistet werden Rudolf Steiner, Katharina Ballmer sowie die Namen der BriefpartnerInnen innerhalb der entsprechenden Korrespondenz und der dazugehörigen Anmerkungen.